salis

RAUBZUG AUF DEN REGENWALD

AUF DEN SPUREN DER MALAYSISCHEN HOLZMAFIA

LUKAS STRAUMANN

HERAUSGEGEBEN DURCH DEN **BRUNO MANSER FONDS**

VERLAG SALIS VERLAG AG, ZÜRICH
www.salisverlag.com info@salisverlag.com
Sie finden uns auch auf Facebook und Twitter

LEKTORAT PATRICK SCHÄR, BASEL
KORREKTORAT INA SERIF, BASEL
REGISTER LAURA LEUPOLD, ZOLLIKOFEN
UMSCHLAG- UND BUCHGESTALTUNG DANIELA TRUNK, ZUG
SATZ DANIELA TRUNK, ZUG
GESAMTHERSTELLUNG FGB, FREIBURG IM BREISGAU

FSC www.fsc.org MIX Papier aus verantwortungsvollen Quellen FSC® C106847

DIESES BUCH WURDE AUF CIRCLE OFFSET PREMIUM WHITE 90 G/M² GEDRUCKT, DAS ZU 100% AUS RECYCLING-PAPIER BESTEHT.

1. AUFLAGE 2014

ISBN 978-3-906195-05-6

PRINTED IN GERMANY

INHALT

IM GEDENKEN AN BRUNO MANSER (1954–2000)

Penan-Nomade aus dem Regenwald von Sarawak in den 1950er-Jahren.

Bild: Hedda Morrison
Silbergelatine-Abzug, National Gallery of Australia, Canberra
Aus dem Nachlass von Hedda Morrison 1992

PROLOG

DER EHRENWERTESTE HERR REGIERUNGSCHEF

KUCHING, SARAWAK, 29. MÄRZ 1999 • Die Penan stehen vor der großen Moschee von Kuching im Schatten einer Schirm-Akazie. Hunderte von Kilometern sind die Nomaden aus dem Urwald von Borneo hierhergereist. Jetzt starren sie in den Tropenhimmel und warten auf ihren Freund aus Europa.

Plötzlich geht alles sehr schnell. Kurz nach elf Uhr vormittags erscheint ein dunkler Punkt am Himmel und nähert sich mit rasender Geschwindigkeit. Ein Motor dröhnt, und schon braust über ihren Köpfen ein Mann an einem Hängegleiter vorbei. »Huuuu«, ruft er, und nochmals: »Huuuuu«, fast wie eine Eule, während er an dem kleinen Grüppchen vorbeisegelt. Die Penan bleiben ganz still stehen. Jetzt kann man auch die gepinselten Lettern auf der Unterseite der Tragfläche lesen: »Taib + Penan«, dazu ein großes »Peace«. Daneben prangen die bunten Flaggen von Malaysia und Sarawak.

Bruno Manser, der Schweizer Umweltschützer, dreht mit dem Hängegleiter drei große Runden hoch über den Dächern der Demak Jaya, dem Palast von Chief Minister Taib Mahmud. Dann steuert er zielgerichtet in die Tiefe und bringt sein Fluggerät vor der hohen Betonmauer des Anwesens sicher zum Landen.

Der Regierungschef von Sarawak ist nicht zu Hause, als Manser vor seiner Residenz in der Provinzhauptstadt Kuching landet, um gegen die Abholzung der letzten Urwälder in Malaysias größtem Bundesstaat zu protestieren. Dafür warten 20 Polizisten und ein Dutzend Journalisten, einige von ihnen mit Fernsehkameras, als Manser seine Fliegerbrille abnimmt. Hastig aufgestellte Barrikaden sollen die Journalisten von ihm fernhalten.

Zwei nervöse Polizeibeamte laufen zum ungebetenen Gast aus der Luft und zerren ihn zum Kastenwagen der Bereitschaftspolizei. Manser wehrt sich nicht und folgt ihren Anweisungen. Er steigt ruhig ein, winkt in die Kameras und formt mit der Hand ein Victory-Zeichen, dann schließt sich die Hecktür.

Wenige Stunden danach sitzt Manser bereits in einem Flugzeug nach Kuala Lumpur. Er wird in die malaysische Hauptstadt geflogen und für einige Tage inhaftiert, bevor er in die Schweiz abgeschoben wird.

Ein Jahr später, im Mai 2000, verschwindet Bruno Manser spurlos im Regenwald von Borneo. Sein Schicksal ist bis heute ungeklärt.

BARAM RIVER, SARAWAK, JULI 2013 • Wie von Geisterhand gesteuert reißt der gelbe Bulldozer dünne Bäumchen, Büsche und Lianen aus dem Boden. Seine breiten Raupen hinterlassen eine Spur der Zerstörung im roten Lehm. Nur noch ein paar platt gewalzte Farnwedel zeugen davon, dass hier einst dichter tropischer Regenwald wuchs. Große Baumstämme gibt es schon lange keine mehr. Sie sind gefällt, zersägt und ins Ausland verschifft worden. Doch jetzt wird auch die restliche Vegetation beseitigt. Alles, was hier noch wächst, muss weg. Platz muss her für Ölpalmen.

Unten am Fluss ist die Arbeit der Bulldozer schon weiter fortgeschritten. Verkohlte Baumstrünke ragen aus dem Tropenboden, sorglos zu hohen Stapeln aufgeschichtete Stämme modern vor sich hin, bis an den Horizont ist der nackte Erdboden zu sehen. Der »Fortschritt« ist in Malaysias Bundesstaat Sarawak auf Borneo nicht aufzuhalten. Im Land des Nashornvogels *kenyalang* ist die Abholzung des Regenwalds in vollem Gang.

BASEL, DEZEMBER 2013 • Nächsten Sommer ist es zehn Jahre her, dass ich als Geschäftsleiter die operative Verantwortung für den Bruno Manser Fonds (BMF) übernommen habe – ein Grund zur Reflexion und Anlass dazu, meine Erfahrungen bei dieser ganz besonderen Organisation in einem Buch festzuhalten.

1991 riefen Bruno Manser und eine Handvoll seiner Freunde den »Bruno Manser Fonds – Verein für die Völker des Regenwaldes« ins Leben, um sich für die Rechte der Ureinwohner von Sarawak und den Schutz der tropischen Regenwälder zu engagieren. Manser hatte zuvor sechs Jahre mit einer Gruppe von Penan-Nomaden, den letzten Sammlern und Jägern Südostasiens, im Urwald gelebt. Angesichts der Bedrohung ihres Lebensraums durch Abholzung entschloss er sich, in die Schweiz zurückzukehren und von hier aus eine internationale Kampagne zu führen.

Heute zählt der Bruno Manser Fonds 4000 Mitglieder, die meisten aus der Schweiz, und wird von weiteren 12 000 Gönnerinnen und

Gönnern unterstützt. Ein kleines Team von engagierten Mitarbeitenden kümmert sich um unsere Kampagnen, Projekte vor Ort im Regenwald, die Dokumentationsstelle in Basel, das Fundraising und die Administration. Außerhalb von Malaysia ist der Bruno Manser Fonds weltweit die einzige Organisation, die ihre Aktivitäten seit zwei Jahrzehnten kontinuierlich und ausschließlich auf Sarawak konzentriert hat.

»Der Fonds muss nicht auf ewig bestehen und aktiv sein«, sagte Manser optimistisch auf der Gründungsversammlung des Vereins. »Wenn sein Ziel erreicht ist – der Schutz und die Erhaltung der letzten Primärwälder Sarawaks –, soll eine Auflösung, Neuorientierung oder andere Zweckbestimmung möglich sein.«[1]

Dafür, dass der Bruno Manser Fonds sein Ziel bis heute nur zu einem kleinen Teil erreichen konnte, trägt ein einzelner Mann die Hauptverantwortung, der seit Jahrzehnten die Geschicke des Tropenstaates beherrscht und seine öffentlichen Ämter systematisch zur persönlichen Bereicherung missbraucht hat: Taib Mahmud, genannt Taib.

DER POTENTAT VON SARAWAK • Taib – mit vollem Namen und Titeln Yang Amohat Bermohat Pchin Sri Haji Abdul Taib bin Mahmud – ist ein Potentat wie aus dem Lehrbuch. In der Öffentlichkeit zeigt er sich fast immer lächelnd – im Anzug oder in bunten Gewändern –, doch seine Augen zeugen von einer inneren Unruhe. Das Rot seiner Lippen wirkt wie geschminkt und bildet einen eigenartigen Kontrast zu seiner fahlen Haut, dem Grau seines Kinnbärtchens und dem Goldrand seiner übergroßen Brille. An der rechten Hand trägt er einen schweren Ring mit einem haselnussgroßen gelben Diamanten. Taib ist in bescheidenen Verhältnissen als ältestes von zehn Kindern eines Tischlers aufgewachsen. Heute beherrscht er Malaysias größten Bundesstaat wie kein zweiter vor ihm. Die Politik und Sarawaks edle Hölzer haben ihn zum Milliardär gemacht.[2]

Seit 50 Jahren ist Taib Minister, seit 1981 Regierungschef eines Bundesstaates, der dreimal so groß ist wie die Schweiz, aber dreimal weniger Einwohner zählt. Als Chief Minister (Regierungschef), Finanzminister und Minister für natürliche Ressourcen genießt der 77-Jährige eine fast unumschränkte Macht in dem Staat, den er de facto zum Privatbesitz seiner Familie umgebaut hat. Taib hat sich die »Entwicklung« der einst riesigen Regenwälder von Sarawak zum persönlichen Anliegen gemacht. Nur was ihm Geld bringt, darf bleiben. Deshalb muss der Urwald weichen.[3]

Wenn Taib durch sein Land fährt, lässt er sich in einem silbernen Rolls-Royce chauffieren, dessen Nummernschild die Aufschrift »Der ehrenwerteste Regierungschef von Sarawak« trägt. An seiner Seite sitzt die um fast ein halbes Jahrhundert jüngere Ragad Waleed Alkurdi, eine attraktive Libanesin, die er nach dem Tod seiner ersten Ehefrau Laila heiratete.[4]

»Ich habe mehr Geld, als ich je in meinem Leben ausgeben kann«,[5] sagte Taib 2010, kurz nachdem er eine Darmkrebserkrankung nur knapp überlebt hatte. Doch allem Reichtum zum Trotz hat der Alte noch nicht genug und weigert sich standhaft, einem jüngeren Nachfolger Platz zu machen.

Wie viele andere Potentaten ist auch Taib abergläubisch und paranoid. Sein spirituelles Medium »Stella«, eine wasserstoffblondierte Australierin, soll ihm Glück bei wichtigen Entscheidungen bringen und seine Gegner verhexen. Im Untergeschoss seiner Residenz haben pakistanische Zauberer über Jahre geheimnisvolle Geisterbeschwörungen abgehalten.[6] Weil die Farbe Gelb ihn beschützen soll, trägt Taib mit Vorliebe gelbe Kleidung. Und falls das nicht helfen sollte, so kann er immer noch auf seine persönliche Waffe zurückgreifen: eine goldene Pistole – wie sie auch Libyens gestürzter Diktator Muammar al-Gaddafi besaß.

Der alte Mann von Sarawak und sein Clan beherrschen nicht nur die Politik, sondern auch die Wirtschaft des ressourcenreichen Staates in Ost-Malaysia. Die US-Botschaft in Kuala Lumpur kabelte im November 2009 nach Washington: »Chief Minister Taib regiert unangefochten nach 27 Jahren im Amt. Seine Regierung erteilt Abholzungslizenzen, während sie in dem unterentwickelten Staat mit 14 Helikoptern patrouilliert, und seine Familie kontrolliert einen großen Teil der Wirtschaft.«[7]

Der Chief Minister und seine vier Kinder besitzen das größte private Unternehmen im Staat, den Baukonzern Cahya Mata Sarawak, und sie halten Anteile an weltweit tätigen Holzkonzernen, die aus Malaysia operieren. Doch Taibs wirtschaftliche Macht geht noch weiter: Mit Beteiligungen an über 400 Unternehmen in 25 Staaten und Offshore-Finanzplätzen ist seine Familie ein globaler Player. Taibs geschätztes Vermögen von 15 Milliarden US-Dollar macht ihn zu einem der reichsten und mächtigsten Männer Südostasiens.[8]

Während zweier Jahrzehnte war Sarawak der weltgrößte Exporteur von Tropenholz. Doch die Holznutzung war nicht nachhaltig, der Holzvorrat geht zur Neige und neue Verdienstquellen mussten her. Bereits 2001 sagte Taib, dass 90 Prozent der nutzbaren Stämme geschlagen seien.[9] Die Lösung lag in der Entfernung des Naturwaldes und der Umstellung auf Plantagen für die Holz- und Palmölproduktion.

Bis 2010 bepflanzten Holz- und Plantagenkonzerne in Sarawak eine Million Hektar ehemaligen Regenwald – ein Viertel der Fläche der Schweiz – mit Ölpalmen. Die Taib-Familie verdiente mit. Wenn es nach dem Willen des Chief Minister geht, soll sich die Fläche der Ölpalmmonokulturen bis zum Jahr 2020 nochmals verdoppeln.[10] Weitere sechs Millionen Hektar Regenwald sollen durch Holzplantagen aus schnellwüchsigen Baumarten ersetzt werden.[11]

»Fair Land Sarawak« (Schönes Land Sarawak) hieß die 1973 abgeschaffte Hymne der ehemaligen britischen Kolonie in Borneo. Die Fotografin Hedda Morrison, Ehefrau eines britischen Diplomaten, dokumentierte seit den 1950er-Jahren das Leben der Indigenen in den Langhäusern entlang der großen Urwaldströme.[12] Heute ist von diesem »Fair Land Sarawak« nicht viel übrig geblieben, und eine Rückkehr an die Schauplätze der starken Bilder von Morrison bietet Grund zur Tristesse. Allein in den letzten zwei Jahrzehnten wurden 80 Prozent des Waldes im malaysischen Teil von Borneo (Sarawak und das benachbarte Sabah) durch Abholzung geschädigt. In Sarawak mit seinem Waldanteil von

57 Prozent machten intakte Urwälder (Primärwälder) 2009 gemäß Analysen des Bruno Manser Fonds noch höchstens 11 Prozent der Landfläche von 124 450 Quadratkilometern aus; weniger als 3 Prozent sind gesetzlich geschützte Urwälder. Unter der Herrschaft von Taib Mahmud ist Sarawak zu einem Hotspot der globalen Krise der Tropenwälder geworden.[13]

Bereits vor 40 000 Jahren lebten in den Niah-Höhlen, einer der ältesten prähistorischen Fundstätten Südostasiens, Menschen im Regenwald von Borneo. Das moderne Sarawak ist ein Vielvölkerstaat mit über 40 verschiedenen ethnischen Gruppen und einer Bevölkerung von rund 2,6 Millionen Einwohnern (Malaysia: 29 Mio.). Die größten Städte Kuching (die Hauptstadt), Miri und Sibu sind chinesisch geprägt; die Küstenregionen sind vorwiegend durch die muslimischen Malaien und die Melanau bewohnt, zu denen die Taib-Familie zählt. Demgegenüber ist das Landesinnere das Stammland indigener Völker wie der Iban, Bidayuh und Orang Ulu, die zusammen gut die Hälfte der Bevölkerung ausmachen. Im Unterschied zum 700 Kilometer entfernten, mehrheitlich islamischen West-Malaysia sind in Sarawak die Christen gegenüber den Muslimen und den Buddhisten in der Überzahl.

In der Volkswirtschaft von Sarawak spielt die Öl- und Gasindustrie die Hauptrolle vor der Land- und Forstwirtschaft. Nur 5 Prozent der vom Staat erhobenen Lizenzerträge für die Öl- und Gasförderung bleiben allerdings in Borneo. Der Rest fließt an Malaysias Bundesregierung in der Hauptstadt Kuala Lumpur. Während Öl und Gas in Malaysia eine Bundesangelegenheit sind, genießen die ostmalaysischen Bundesstaaten Sarawak und Sabah volle Autonomie über ihre Waldnutzung. Die Ureinwohner von Borneo sehen vom Gewinn aus der Abholzung ihrer Wälder aber so gut wie nichts. Einige indigene Gemeinden erhalten eine geringfügige Entschädigung von wenigen Ringgit pro Kubikmeter, viele gehen ganz leer aus. So ist es denn kein Wunder, dass nach Jahrzehnten intensiver Abholzung viele Indigene fast so arm sind wie zu der Zeit, als Taib und die Holzbarone unter dem Banner der Entwicklung ihren Raubzug auf den Regenwald begannen.

Wie konnte ein einzelner Politiker sich ein so großes Land aneignen und dessen Urwälder bis auf wenige Reste abholzen lassen? Weshalb wurde Malaysias größter Bundesstaat zu einer Brutstätte der Korruption und Umweltzerstörung von globaler Bedeutung? Dieses Buch gibt eine Antwort und geht dabei auch der Rolle westlicher Konzerne und Regierungen bei Taibs Angriff auf die Umwelt nach, den der britische Ex-Premier Gordon Brown als »das wahrscheinlich größte Umweltverbrechen unserer Zeit« bezeichnet hat.[14]

Wenn der Regenwald von Borneo verschwinden muss, damit sich ein korrupter Potentat rund um den Globus Luxusimmobilien kaufen und Geld auf Bankkonten horten kann, läuft etwas grundlegend falsch. Die Tragödie von Sarawak steht als Sinnbild für die Auswirkungen einer entfesselten globalen Wirtschaft, in der nur der kurzfristige Gewinn zählt – auf Kosten einer nachhaltigen Nutzung der natürlichen Ressourcen und sozialer Gerechtigkeit für indigene Völker, die wie die Penan seit Menschengedenken im Regenwald leben.

Die Situation in Sarawak mag extrem sein, doch sie ist leider kein Einzelfall. Solange Potentaten und Politiker sich an der Abholzung des tropischen Regenwaldes persönlich bereichern und ihr Vermögen ungehindert ins Ausland schaffen können, ist das artenreichste Ökosystem der Erde nicht zu retten. Nur wenn Korruption und Geldwäscherei Einhalt geboten wird, lassen sich die Regenwälder erhalten – nicht nur in Malaysia, sondern in allen Tropenwaldregionen der Erde.

MALAYSIA
SARAWAK
THAILAND
PHILIPPINEN
Kuala Lumpur
SINGAPUR
BORNEO
INDONESIEN
INDISCHER OZEAN
SÜDCHINES
Städte
Siedlungen
Gebirge
Flüsse
Gipfel
Penan-Gebiet
Mukah
Sibu
Kuching
Sarawak
Krang

SABAH
Lawas
Trusan
Limbang
Brunei
Brunei
Baram
Miri
Marudi
Limbang
Long Gita
Gunung Murud
Batu Lawi
Bareo
Tutoh
Long Bangan
HES MEER
Long Keseh
Akah
Tinjar
Long Kerong
Long San
Long Ajeng
Kemena
Bintulu
Sungai Asap
Silat
Hose-Gebirge
INDONESIEN
RAWAK
N
W
E
S
nw
ne
sw
se
0 15 30 60 90 120
Kilometer

FOLLOW

EIN INSIDER PACKT AUS:

THE

REGENWALDPOTENTAT TAIB MAHMUD

MONEY

BESITZT RUND UM DEN GLOBUS IMMOBILIEN IM WERT VON HUNDERTEN VON MILLIONEN DOLLAR. SOGAR DIE AMERIKANISCHE BUNDESPOLIZEI FBI ZÄHLT ZU TAIBS MIETERN. DAS NERVENZENTRUM LIEGT IN EINEM VILLENVIERTEL DER KANADISCHEN HAUPT-STADT OTTAWA. EIN HEIMLICHES TREFFEN MIT DEM WHISTLEBLOWER WIRD ZUM ALBTRAUM.

01

TAIBS GEHEIMES IMMOBILIENIMPERIUM

Das Blackberry von Clare Rewcastle blinkte, als am 15. Juni 2010 eine geheimnisvolle Nachricht in ihrer Inbox landete: »Ich war Sulaiman Taibs Chief Operating Officer in den USA während zwölf Jahren. Ich verfüge über brisante Informationen und bin bereit, diese mit Ihnen zu teilen. Sind Sie bereit, sich für einen Sieg über Taib zu engagieren? Vorsicht, mein Telefon wird abgehört und mein Computer wird überwacht. Ross Boyert.« – Vier Monate später war Boyert tot.

Clare Rewcastle, eine frühere *BBC*-Journalistin und die Schwägerin des ehemaligen britischen Premiers Gordon Brown, zögerte nicht lange und kontaktierte den Bruno Manser Fonds. »Wir müssen Boyert sofort treffen«, sagte sie mit atemloser Stimme am Telefon. »Dieser Mann hält den Schlüssel zu Taibs geheimem Immobilienimperium. Wir müssen so rasch wie möglich in die USA reisen. Ich hätte nicht damit gerechnet, dass wir ihn noch finden würden.« Eine Woche darauf saß ich im Flugzeug nach Los Angeles.

Die in London lebende Rewcastle hatte ihre Kindheit als Tochter britischer Kolonialbeamter in Sarawak verbracht, bevor sie mit elf Jahren das Land verließ und mit ihrer Familie nach England zurückkehrte. Ende 2005 reiste sie für eine Umweltkonferenz nach Sarawak – und war schockiert, das Land ihrer Kindheit kaum mehr wiederzuerkennen. Wo sich dichte Urwälder erstreckt hatten, waren weit und breit nur noch Ölpalmen zu sehen. Wo Langhäuser der Ureinwohner gestanden hatten, befanden sich jetzt Camps der Holzfirmen. Die Leute auf dem Land waren ärmer und lebten elender als damals, dafür glänzten in den Städten die Paläste der führenden Politiker und Holzbarone.

Im Sommer 2009 besuchte Clare Rewcastle erstmals den Bruno Manser Fonds in Basel und wir vereinbarten eine strategische Zusammenarbeit für die Aufdeckung der Korruption von Regierungschef Taib Mahmud und seinen Verbündeten. Anfang 2010 lancierte die umtriebige Journalistin ihren Blog *Sarawak Report,* der rasch zu einer von Malaysias meistgelesenen News-Seiten werden sollte. Gemeinsam durchforsteten Clare und ich von Basel und London aus das Internet nach Informationen zu Taibs globalen Geschäften. Denn eines war uns rasch klar geworden: Der Mann musste Millionen, wenn nicht Milliarden Dollar aus dem Holzgeschäft illegal verdient und ins Ausland verschoben haben. »Follow the money« lautete unsere Devise, und jetzt hatte sich ganz unverhofft eine heiße Spur zu Taibs Auslandsinvestments ergeben. Über die kalifornische Nichtregierungsorganisation (NGO) The Borneo Project hatten wir schon vorher von Boyerts Existenz erfahren, doch alle Versuche, den Whistleblower aufzuspüren, waren gescheitert. Wir wussten nicht einmal, ob er noch am Leben war.

Wir trafen Ross Boyert und seine Frau Rita (Name geändert) am Donnerstag, den 23. Juni 2010, morgens um 8 Uhr in der Bar des Marriott-Hotels am Flughafen von Los Angeles. Clare Rewcastle und ich waren am Vorabend aus London und Zürich hier eingetroffen. Die Boyerts stellten sich als makelloses kalifornisches Ehepaar heraus, beide um die sechzig und teuer ausgestattet. Der dunkelhaarige, kräftige Ross mit seinen buschigen Augenbrauen begrüßte uns jovial. Auch Rita, eine zierliche blonde Frau in dunklem Kleid und mit Perlenkette, freute sich sichtlich, uns zu sehen.

»Sagt nicht im Voraus, wann ihr kommt, und ruft erst an, wenn ihr hier seid!«, hatte Boyert am Telefon gewarnt. »Wir werden sofort zum Flughafen kommen. Nur so können wir uns treffen, ohne dass wir beschattet werden. Seit ich die Taib-Familie verklagt habe, ist unser Leben zur Hölle geworden.«

Bald nach der Begrüßung ziehen wir uns in ein fensterloses Sitzungszimmer im Untergeschoss des Marriott zurück, um uns ungestört unterhalten zu können. Zuvor richtet Boyert noch einen beunruhigten Blick in Richtung Hoteleingang, doch da ist niemand zu sehen.

»Es ist schrecklich, wir werden Tag und Nacht verfolgt«, bricht es aus Rita Boyert heraus, kaum haben wir die Tür zum Sitzungszimmer geschlossen. Und Ross fügt hinzu: »Taib und seine Leute haben uns das Gleiche angetan wie dem Regenwald von Borneo: Zerstörung, Vernichtung, Ausraubung und Verrat. Ruinierung um der Ruinierung willen. Ich sehe keine Zukunft mehr, und das ist genau, was sie wollen.«

Als gewiefte Journalistin hat Clare inzwischen ihr Tonbandgerät eingeschaltet und begonnen, klare Fragen zu stellen und das Gespräch zu strukturieren, während ich mich im Hintergrund halte und mich aufs Beobachten und Zuhören konzentriere.

»Taib Mahmud hält in San Francisco und Seattle Immobilien im Wert von 80 Millionen US-Dollar«, erklärt Boyert, »und ich habe sie im Auftrag seines Sohnes Sulaiman während zwölf Jahren verwaltet. Sakti International Corporation, Wallysons Inc. und W.A. Boylston sind Gesellschaften der Taib-Familie mit Immobilien an der US-Westküste. Die

Gesellschaften sind auf Taibs Kinder und Geschwister registriert, doch in Tat und Wahrheit gehören sie ihm persönlich. Hier sind die Beweise!«[1]

Boyert greift in seine Ledertasche und nimmt einen Stapel Fotokopien heraus. Er legt ein erstes Dokument in die Mitte des breiten Sitzungstisches. »Articles of Incorporation of Sakti Corporation« heißt es da als Titel der Gründungsurkunde der Immobiliengesellschaft vom 5. März 1987.

Boyert blättert im Stapel und kramt ein zweites Dokument hervor. »Certificate of Amendment of Articles of Incorporation« steht da unter einem Stempel des kalifornischen Staates. Das Dokument bezeugt eine Namensänderung von Sakti Corporation in Sakti International Corporation, vollzogen am 10. September 1987 und bezeugt mit säuberlichen Unterschriften durch die einzigen Direktoren der Firma: Taibs zwei Brüder Onn und Arip sowie Taibs älterer Sohn Bekir.

»Aber jetzt kommt der eigentliche Beweis«, sagt Boyert und steht auf. Triumphierend zeigt er auf ein zweiseitiges Dokument vom 8. April 1988 mit dem umständlichen Titel »Action by Unanimous Written Consent of the Board of Directors of Sakti International Corporation«. Das Dokument berichtet über die Ausgabe von 1000 Sakti-Aktien im Wert von je 1 Dollar an Taibs zwei Brüder Onn und Arip sowie an die drei Taib-Kinder Bekir, Jamilah und Sulaiman Abdul Rahman.

»Alle Aktien werden formell von Taibs Brüdern und Kindern gehalten«, erklärt Boyert. »Der Clou ist aber, dass sie die Hälfte der Aktien treuhänderisch für Taib Mahmud persönlich halten. Sein Name erscheint nicht im Aktienregister, obwohl er der größte Aktionär von Sakti ist!« Und tatsächlich: Unter der Spalte »Number of Shares« (Anzahl Aktien) ist mit Schreibmaschine fein säuberlich aufgelistet, für wen Taibs Brüder und Kinder die Aktien halten: »200 of which to be held in trust for Abdul Taib Mahmud« – 200 Aktien müssen treuhänderisch für Taib gehalten werden, heißt es da etwa bei den 400 Aktien von Bruder Onn, bei Bruder Arip sind es 100 und bei Taibs beiden Söhnen auch je 100. Das macht zusammen 500 von 1000 Aktien, die für Taib gehalten werden, und mit den 50 Prozent geheimem Aktienanteil ist auch klar, wer die Kontrolle über das Unternehmen hält: Der Chief Minister persönlich.

Jetzt überreicht uns Boyert die Dokumente zur Prüfung und setzt sich wieder. Kaum ist er mit seiner Rede am Ende, scheint auch sein inneres Feuer erloschen und die ganze Beklommenheit ist wieder da. Langsam, leise und immer wieder stockend beginnen Ross und Rita Boyert, ihr Leben als Taibs heimliche Helfer in den USA zu erzählen.

THE AMERICAN DREAM

Der 1950 geborene Ross Boyert wuchs in Kalifornien in einer aus Polen stammenden Familie auf. Einer schweren Jugend zum Trotz schaffte er es, ein Studium an der University of Southern California in Los Angeles zu absolvieren und sich emporzuarbeiten. Er wählte eine solide Studienrichtung, Buchhaltung, und später die Spezialisierung zum Immobilientreuhänder.

Zu Studentenzeiten teilte Boyert die Wohnung mit dem späteren Filmstar Kurt Russell und bewegte sich in einem Kreis aufstrebender junger Leute. Hollywood war in der Nähe und damit die Illusion von Wohlstand, Glamour und einem unterhaltsamen, erfüllten Leben. Die Realisierung des amerikanischen Traums war in Griffweite. Ein Jobangebot führte ihn mit Anfang 30 nach Texas in die Erdölmetropole Houston. Dort heiratete er 1984 Rita, die wie er polnischen Ursprungs war. Die gemeinsame Tochter kam im folgenden Jahr zur Welt.

Nach verschiedenen verantwortlichen Stellungen im Immobiliengeschäft in Texas und Kalifornien stieß Boyert Ende 1994 zu Taibs Sakti International Corporation mit Sitz in San Francisco. Das Unternehmen steckte damals in ernsthaften finanziellen Schwierigkeiten.

»Taibs Sohn hatte innerhalb kurzer Zeit einen Haufen Geld in den Sand gesetzt und das Unternehmen stand kurz vor dem Bankrott«, sagt Boyert dazu. »Er war geschäftlich völlig unerfahren, als er von Taib damit betraut wurde, Projekte auszuführen, von denen er keine Ahnung hatte. Er brauchte dringend einen fachkundigen Immobilienverwalter. Dieser Job war ganz auf mich zugeschnitten.« [2]

Angeheuert wurde Boyert von Taibs jüngerem Sohn Sulaiman Abdul Rahman, der sich hier »Rahman« oder kurz »Ray« nannte, während er zu Hause in Malaysia als »Sulaiman« bekannt war (um Verwechslungen mit Taibs Onkel auszuschließen, nennen wir ihn in der Folge Sulaiman). Der 1968 geborene Sulaiman, das dritte Kind von Taib und seiner ersten Frau Laila, war Ende der 1980er-Jahre für sein Studium nach Kalifornien gekommen. Als Sohn des Chief Minister von Sarawak war ihm der Reichtum in die Wiege gelegt worden, und der leidenschaftliche Automobilfan war wild entschlossen, den American Way of Life in vollen Zügen zu genießen.

Ein damaliger Studienfreund von den Philippinen schrieb später über Sulaiman: »Er war mein erster Bekannter mit einer riesigen Zahl von ultraexotischen Automobilen. Alle paar Wochen fuhr er einen neuen Wagen, und er hatte einen speziellen Autohändler, der ihm jeden Wunsch erfüllte. Er hatte einfach alles, vom Mercedes-Benz-K-Oldtimer, der über eine Million Dollar wert war, über einen SL Gullwing, Ferrari 355 Spider, Rolls-Royce Corniche, Maserati Khamsin bis hin zum ›gewöhnlichen‹ Mercedes S 500. Er besaß so viele Autos, dass er regelmäßig einige nach Sarawak verschickte, um seine Garage zu entrümpeln.«[3] An Geld mangelte es dem Studenten aus Sarawak nicht. Ein Bekannter, der eines Tages heimlich in Sulaimans Scheckbuch spähte, sah dort den Betrag von 4 Millionen Dollar stehen – offensichtlich Taschengeld von seinem Vater Taib.

1991 heiratete der 23-jährige Sulaiman die 20-jährige Elisa (später Anisa) Chan, Tochter von George Chan, einem chinesischstämmigen Politiker aus Sarawak, der bald zu einem von Taibs wichtigsten politischen Verbündeten und sogar zu seinem Stellvertreter aufsteigen sollte.[4] Die eheliche Verbindung innerhalb des politischen Establishments wurde in Sarawak als Hochzeit des Jahres mit 7000 Rosen und 20 000 Gästen gefeiert. Sarawaks regierungstreue Presse berichtete in epischer Länge und zeigte Bilder, auf denen die jungen Brautleute vor der meterhohen Hochzeitstorte um die Wette strahlten.

Doch Sonnyboy Sulaiman hatte auch seine dunkle Seite: »Einmal zertrümmerte er in einem Wutanfall einen seiner Bugattis, eines der exklusivsten Autos der Welt, mit einem Feuerlöscher«, sagt Boyert. »Ich habe selber den völlig zerstörten Sportwagen gesehen. Windschutzscheibe und Kühlerhaube waren kaputt, ein schockierender Anblick.« Später schlug Sulaiman auch seine Frau (nach einigen Jahren hatte sie genug und ließ sich von ihm scheiden), und 2003 machte er Schlagzeilen, weil er seine Geliebte, eine bekannte malaysische Fernsehmoderatorin, in einer Bar in Kuala Lumpur krankenhausreif prügelte.[5]

Mit dem über 20 Jahre älteren Boyert hatte Sulaiman einen fähigen und verschwiegenen Verwalter der familieneigenen Immobilien an der US-Westküste gefunden. Dieser machte sich gleich ans Werk. Zuerst arbeitete er von zu Hause aus, nach einigen Monaten bezog er ein Büro im Hauptsitz von Sakti im Finanzdistrikt von San Francisco, wo die Cable Cars gleich vor der Haustür vorbeirattern. Das historische Hochhaus an der 260 California Street war kurz nach dem großen Erdbeben von 1906, als die ganze Stadt in Trümmern lag, erbaut worden. 1988 hatten die Taibs das stilvolle elfstöckige Gebäude für 13 Millionen US-Dollar erworben.[6]

Sulaiman verließ schon bald die USA und siedelte mit seiner Familie nach Malaysia über. Der Kontakt zu Boyert wurde über Telefon und Fax aufrechterhalten. Er musste an verschiedene Tarnadressen in Singapur und Kuala Lumpur über die Finanzergebnisse von Sakti berichten, immer unter dem Siegel der Verschwiegenheit und so, dass niemand Genaueres über die Eigentumsverhältnisse bei Sakti International erfahren konnte.

»Mach weiter so mit deiner guten Arbeit!«, schrieb Sulaiman Ende 1995 aus Malaysia freundschaftlich an Boyert, berichtete ihm über die Geburt seiner Tochter und schickte ihm Fotos, damit er einen Eindruck von ihrem Leben in Malaysia gewinnen konnte. Boyert arbeitete in dieser Zeit pausenlos für Sakti, organisierte Hypotheken, verhandelte geschickt mit potenziellen Mietern und überwachte die Renovierungsarbeiten an den sanierungsbedürftigen Taib-Liegenschaften in San Francisco und Seattle.

Für den fachkundigen Immobilienverwalter Boyert zahlte sich die Arbeit bei Sakti aus. Zusätzlich zu seinem Basishonorar von 115 000 US-

Dollar kamen Zulagen auf die Einwerbung von Hypotheken und den Abschluss von Mietverträgen für die Taib-Liegenschaften.[7] In seinem geschäftlich erfolgreichsten Jahr 1999 kassierte er Boni von über 700 000 US-Dollar. Alle waren mit seiner Arbeit zufrieden.

Den reichlich sprudelnden Taib-Dollars verdankten die Boyerts ihren sozialen Aufstieg, und sie suchten die Nähe zu Amerikas Wohlhabenden. Im Frühjahr 1999 zogen sie von San Francisco in den 30 Meilen südlich gelegenen Nobelvorort Atherton, wo sie in einem Villenquartier inmitten von alten Bäumen ein schmuckes Millionenanwesen erwarben. Die einzige Tochter erhielt ein Pferd und wurde auf eine teure Privatschule geschickt. Doch schon bald sollten am kalifornischen Himmel dunkle Wolken aufziehen. Just in Boyerts größten Erfolgen war auch schon sein Niedergang angelegt.

TOP SECRET – DIE TAIBS UND DAS FBI

Ross Boyerts größter Coup gelang ihm Ende 1998, als er für das Taib-eigene Abraham-Lincoln-Gebäude, ein Hochhaus aus den 1960er-Jahren in der Innenstadt von Seattle, einen langjährigen Mietvertrag mit der US-Bundesregierung aushandeln konnte. Das FBI-Hauptquartier für den Nordwesten der USA benötigte dringend neue Räumlichkeiten. Boyert verhandelte hartnäckig und erfolgreich mit den Beamten der zuständigen General Services Administration.

Für die Sanierung des Gebäudes waren Investitionen von über 10 Millionen Dollar nötig, und zwar äußerst schnell. Zu diesem kritischen Zeitpunkt soll Sulaiman versprochen haben, Boyert an der Hälfte der Liegenschaftsprofite zu beteiligen, falls eine Sanierung ohne zusätzliches Aktienkapital möglich würde. Das Versprechen war schnell gegeben, doch Sulaiman legte sich nicht schriftlich fest, so wie er Boyert auch nie einen schriftlichen Arbeitsvertrag gegeben hatte.

Nach einem Jahr waren die Renovierungsarbeiten in der 1110 E 3rd Avenue beendet und die amerikanische Bundespolizei zog ein. Auf einem mannshohen FBI-Wappen im Eingangsraum gleich hinter der Sicherheitsschleuse ist seither, umrahmt von 13 goldenen Sternen auf blauem Grund, das Motto der professionellen Verbrechensbekämpfer zu lesen: »Fidelity – Bravery – Integrity« (Treue – Tapferkeit – Integrität). Taib konnte zufrieden sein, dass Boyert eine so respektable Mieterschaft in seine Immobilie gebracht hatte.

»Als Verwalter des FBI-Gebäudes brauchte ich eine Top Secret Security Clearance, eine Sicherheitsüberprüfung für die höchste Geheimhaltungsstufe, um das Gebäude betreten zu dürfen«, sagt Boyert nicht ohne Stolz. »Schließlich ist Seattle einer der beiden Standorte, von denen aus die Bemühungen des FBI zur Bekämpfung des globalen Terrorismus koordiniert werden.« Jedes Mal, wenn Ross im Ausland war, musste er sich anschließend einer Befragung durch die Bundespolizisten stellen und genaue Auskünfte über Zweck, Route und Dauer des Auslandsaufenthaltes erteilen.

Dass das Gebäude der Familie eines korrupten Politikers aus Malaysia gehörte, konnte der amerikanischen Bundespolizei nicht entgangen sein. Doch offensichtlich schien das die Verantwortlichen nicht sonderlich zu stören – obwohl sich das FBI Seattle auf seiner Webseite damit brüstet, dass die »Bekämpfung von öffentlicher Korruption auf allen Ebenen« zu seinen Prioritäten gehöre.[8] Und vielleicht halfen im Hintergrund ja auch Taibs immer bessere Kontakte bis in höchste politische und wirtschaftliche Kreise: Schon Mitte der 1990er-Jahre soll er den amerikanischen Magnaten David Rockefeller getroffen und dessen Bank Chase Manhattan mit der Verwaltung von über 100 Millionen US-Dollar betraut haben. Und hartnäckig halten sich Gerüchte, dass Taib Mahmud im Januar 2001 bei der Amtseinsetzung des neu gewählten republikanischen Präsidenten George W. Bush zu den geladenen Gästen zählte.

Die Vermietung des Abraham-Lincoln-Gebäudes an das FBI war für Boyert eine Bestätigung, dass es mit der vermuteten Korruption und den Machenschaften der Taibs nicht so schlimm sein konnte und dass es ganz in Ordnung war, wenn er für diese Familie arbeitete. Als aufmerksamer Zeitgenosse hatte er im noch jungen Internet die Nachrichten aus Sarawak verfolgt und sich so seine Gedanken gemacht, wie die Taibs zu ihrem großen Geld gekommen waren und weshalb alles geheim bleiben musste.

»Sulaiman war natürlich ein verwöhnter Taugenichts. Aber im Grunde genommen war er ein netter junger Kerl, und auch Laila und der Rest der Familie, die immer wieder in den USA Ferien machten, schienen mir anständige Leute«, sagt Boyert rückblickend. »Ich wusste damals noch nicht, zu welcher Grausamkeit diese Leute fähig sind und wie viel Elend sie verantworten. Und ich sagte mir, wenn das FBI die Hintergründe der Taibs abgecheckt hat und kein Problem darin sieht, sich bei ihnen einzumieten, weshalb soll ich mir denn ein schlechtes Gewissen machen?«

Einzig Taibs kanadischen Schwiegersohn Sean Murray, den Ehemann seiner ältesten Tochter Jamilah, konnte Boyert von Anfang an nicht ausstehen. Als die Rede auf ihn kommt, erhält Boyerts Stimme eine bittere Note. »Sean prahlte schon bei unserem ersten Treffen, dass das Taib-Familienvermögen über eine Milliarde US-Dollar betrage. Doch später, als ich dringend frisches Kapital für Renovierungsarbeiten gebraucht hätte, war kein Geld da und ich musste alles selbst organisieren.«

Anlässlich seiner ersten Besprechung bei Sakti vom 8. Dezember 1994 notierte Ross Boyert unter »Sean Murray« drei Telefonnummern: eine für die Schwestergesellschaft Sakto Corporation in Ottawa, eine für »Residence« und eine für »London«, wo Sean den Aufbau einer neuen Immobiliengesellschaft vorantrieb.[9] Zwei Monate später, an einem milden Februarsonntag, traf Ross in San Francisco zum ersten Mal den rotblonden 32-jährigen Kanadier, der aus dem 4000 Kilometer entfernten, eisig kalten Ontario angereist war.

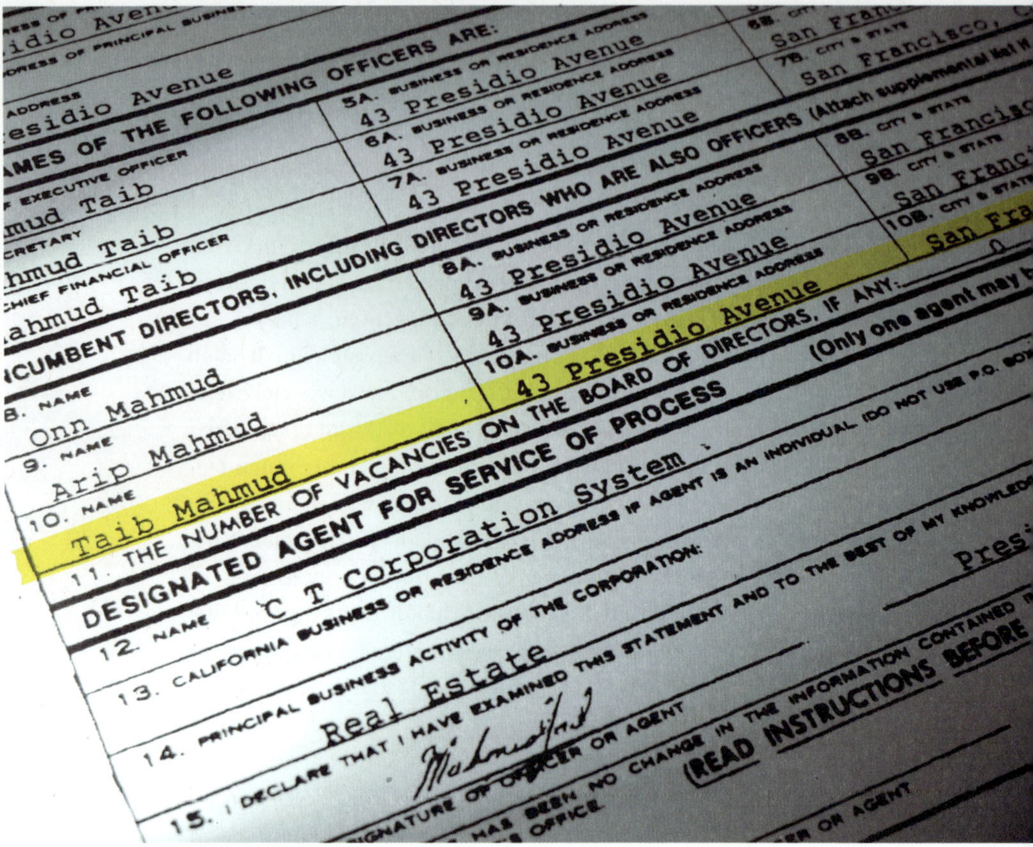

1 Firmendokument der Taib-US-Immobilienfirma Sakti.
2 Ross Boyerts Lager mit geheimen Dokumenten.
3 Taib-Villa in Seattle.
4 Taibs Hilton-Hotel, Adelaide.
5 Das FBI-Hauptquartier Nordwest, Seattle.
6 Taibs historisches Hochhaus in San Francisco.
7 Ross Boyert, Los Angeles, Juni 2010.

2

4

5

6

7

HEIRATSPOLITIK ODER »LIFE IS ONLY WHAT YOU MAKE OF IT«

Der 1963 geborene Sean Murray war im Nobelvorort Rockcliffe Park der kanadischen Hauptstadt Ottawa als Kind irischer Einwanderer aufgewachsen. Sein Vater Tim (Timothy) war nach einem Architekturstudium in Dublin und Liverpool 1957 nach Kanada gekommen, wo er vier Jahre später mit seinem Bruder Pat (Patrick) in Ottawa die Architekturfirma Murray & Murray gründete.

Die beiden Murray-Brüder, talentierte Architekten und geschickte Netzwerker in der irisch-kanadischen Community, fassten am Ottawa River schon bald im Establishment Fuß. Sie erarbeiteten sich rasch einen guten Namen und schnappten sich jede Menge öffentlicher Aufträge: den Bau des internationalen Flughafens von Ottawa, Umbauten am Hauptquartier von Kanadas traditionsreicher Bundespolizei (Royal Canadian Mounted Police, RCMP) und die Sanierung des Bundesgerichts (Supreme Court) von Kanada beispielsweise. Auch das neue Rathaus (City Hall) von Ottawa, die Botschaft von Saudi-Arabien und selbst der päpstliche Altar für den Besuch von Johannes Paul II. in Kanada 1984 wurden auf dem Reißbrett der Murrays geplant.[10]

Ihre Söhne sandten sie aufs schicke Knabengymnasium Ashbury College in ihrer Wohngemeinde Rockcliffe Park. Sean und sein Bruder Thady absolvierten das College ebenso wie ihre Cousins (Pats Söhne) Patrick, Brian und Christopher; Seans Schwester Sarah und ihre Cousine Fiona dagegen besuchten Rockcliffes nicht minder prestigeträchtiges Mädchengymnasium Elmwood mit dem hochtrabenden Schulmotto »Summa summarum« – das Höchste des Höchsten. Eine ganze Reihe dieser Verwandten sollte später im Familienbusiness der Taibs eine wichtige Rolle spielen.

Das auf einem Hügel gelegene, baumreiche Villenviertel Rockcliffe Park ist eines der wohlhabendsten Wohngebiete von ganz Kanada und mutet mit seinen 2000 Einwohnern fast an wie ein Dorf. Jeder kennt jeden, und auch die Villen der Superreichen sind durch keinerlei Zäune geschützt. Neben den Botschafterresidenzen aller Staaten von Rang und

Namen befinden sich hier die Villen erfolgreicher Geschäftsleute wie das steinerne Landhaus des Software-Barons und Flugzeugsammlers Michael Potter oder der Glaspalast von Corel-Gründer Michael Cowpland, der mit der Grafiksoftware Corel Draw ein Vermögen machte. Während 15 Jahren war Sean Murrays Onkel Pat Bürgermeister von Rockcliffe Park, bevor die Gemeinde 2001 zu einem Stadtteil von Ottawa wurde.

Anfang der 1980er-Jahre tauchte hier eine Familie aus Malaysia auf, die gute Ausbildungsplätze für ihre Kinder und einen sicheren Hafen für ihr Fluchtgeld suchte. Ihr Familienoberhaupt war nach einer langen Ministerkarriere in Kuala Lumpur eben gerade Regierungschef von Sarawak geworden. Die Taibs und ihr schon damals riesiges Vermögen wurden in Rockcliffe Park mit offenen Armen empfangen.

Sean Murray hatte im Sommer 1981 von Malaysia noch keine Ahnung und wusste wohl kaum, wo die Insel Borneo lag. Der Pennäler hatte nach neun Jahren Ashbury College genug von allem, was mit Schule zu tun hatte. Viel lieber saß der 18-Jährige zu Hause und spielte Synthesizer oder Schlagzeug mit Freunden in seiner Rockband. Nur für die Rugby- und Eishockey-Matches seines Schulteams konnte sich der Junge noch begeistern. War er etwas verschlossen, dass er von seinen Schulkollegen den Spitznamen »Clam« (Sandmuschel) erhielt?[11] Jedenfalls wartete er sehnlichst auf den Schulabschluss und träumte von einem Studium als Ingenieur – und von einer reichen, schönen Frau.

Die sollte schneller auf den Plan treten, als sich das der junge Sean in seinen kühnsten Träumen erhofft hatte. In seinem letzten Schuljahr erhielt er einen neuen Schulkameraden, den 18-jährigen Bekir aus dem malaysischen Sarawak, der die Klasse 12 A bei Dr. D.E. Hopkins besuchte.[12] Zusammen mit Bekir war dessen drei Jahre ältere Schwester Jamilah, eine selbstbewusste junge Frau mit wallendem Haar und schwarz funkelnden Augen, nach Ottawa gekommen. Die bildhübsche Jamilah besuchte wenige hundert Meter vom Ashbury College entfernt die Abschlussklasse der Elmwood School.[13] Gegenüber Außenstehenden gaben sich die Geschwister gerne als Abkömmlinge des malaysischen Königshauses aus; die extrovertierte Jamilah trug schon bald den Spitz-

»IM KREIS DER FAMILIE« – TAIB MAHMUDS FAMILIEN-NETZWERK

Quelle: BMF 2012; The Taib Timber Mafia

namen »The Princess« und war bei den Jungs in ganz Rockcliffe Park bekannt und begehrt. Im Sommer 1982 schlossen Sean, Jamilah und Bekir gleichzeitig die Schule ab.

Wo und wie Sean Murray seiner malaysischen Märchenprinzessin näherkam, soll hier nicht interessieren. Tatsache bleibt, dass er seinen Traum vom Ingenieurstudium aufgab und sich stattdessen für Business Management an Ottawas Carleton University einschrieb, das gleiche Fach, für das Jamilah sich entschieden hatte. Gemeinsam Geschäfte zu machen, das schien die Passion der beiden jungen Liebenden. »Life is only what you make of it« (Das Leben ist einzig, was du daraus machst) war die Devise von Schulabgänger Sean.[14] Und er hatte vor, mit seiner neuen exotischen Bekanntschaft Jamilah noch ganz viel daraus zu machen.

Die Liaison zwischen Jamilah und Sean sollte sich für ihre beiden Familien, die Taibs und die Murrays, als äußerst vorteilhafte Verbindung erweisen. Die Potentatentochter aus Borneo trifft auf den Sohn eines irisch-kanadischen Baulöwen, frisches Kapital aus Fernost trifft auf politische Connections in Ontario. Das ist der Stoff, aus dem in Rockcliffe Park die Träume sind.

Studienfreunde der beiden erinnern sich, wie die Studentin Jamilah ihrem Schatz Sean ein rotes Mercedes-Cabriolet schenkte, in dem das Traumpaar in Ottawa herumkurvte. Doch den beiden war es mit ihrer Liaison ernst: Fünf Jahre nach Schulabschluss wurde geheiratet, und Sean sprang für seine Liebe sogar über den irisch-katholischen Schatten seiner Vorfahren. Er konvertierte zum Islam und ehelichte 1987 als Mohammad Nor Hisham Murray die älteste Tochter von Sarawak-Regierungschef Taib Mahmud und seiner Frau Laila Chalecki. Seine malaysischen Verwandten nannten ihn jetzt Hisham, doch in Ottawa wollte Sean Murray seinen neuen muslimischen Namen nicht benutzen.

FAMILY BUSINESS

»Die Hochzeit mit Jamilah war für Sean Murray der Eintritt in das Taib-Familienunternehmen«, sagt Ross Boyert. »Trotzdem wurde Sean von den Taibs nie wirklich als Teil der Familie angesehen. Aber es gibt keinen Ausweg mehr für ihn; er ist im Taib-Imperium gefangen und kann es nicht mehr lebend verlassen, selbst wenn er wollte.« Das sind die starken Worte eines Insiders, der aus dem Taib-Imperium ausgestoßen wurde, dagegen aufbegehrte und die vollen Konsequenzen zu spüren bekam.

Kurz nach der Hochzeit gründeten die 27-jährige Jamilah und der 24-jährige Sean im Dezember 1987 zusammen eine Firma mit Sitz in Ottawa.[15] Zweck des Unternehmens war die Bewirtschaftung von Immobilien, insbesondere die Gebäude der vier Jahre zuvor von den Taibs in Ottawa registrierten Sakto Development Corporation.[16] Bei Sakto war Jamilah bereits 1983, ein Jahr nach ihrem Schulabschluss, Direktorin geworden, gemeinsam mit ihrem jüngeren Bruder Bekir und mit Onkel Onn, demjenigen Bruder von Taib Mahmud, der in Hongkong die Schmiergelder aus dem Tropenholzexport aus Sarawak einkassierte SIEHE KAPITEL 5.

Das Immobilienunternehmen der Taibs hatte es in sich: Bereits im ersten Geschäftsjahr kaufte Sakto über 400 Wohnungen in und um Ottawa.[17] Im folgenden Jahr erwarben die Taibs ein großes Stück Land im Westen des Stadtzentrums von Ottawa und begannen mit der Planung eines 46 Meter hohen und 15 Millionen Dollar teuren Büroturms aus Glas, der 1989 fertiggestellt wurde.[18] Finanzberichte von Sakto zeigen, dass die Firma im ersten Jahrzehnt nach ihrer Gründung fast in jedem Jahr hohe Verluste auswies. Trotzdem wuchs das Sakto-Immobilienvermögen auf wundersame Weise innerhalb weniger Jahre auf einen zweistelligen Millionenbetrag an.[19] Das Aktienkapital bestand aus nur 10 000 Aktien zu je einem Dollar.

Nachdem sich Jamilahs Ehe mit Sean einige Jahre bewährt hatte, durfte er Anfang der 1990er-Jahre auch Direktor von Sakto werden, wo das eigentliche Geld lag. Das Sagen hatte aber immer noch Onn beziehungsweise im Hintergrund Taib selbst. 1992 verfügte Sakto bereits über Immobilien im Wert von 40 Millionen kanadischen Dollar und Darlehen über 48 Millionen.[20] Die Darlehen kamen von der Taib-Familie selbst und von ihren Finanzgesellschaften in Hongkong und auf Jersey.[21] Später erhielt Sakto Hypotheken von mindestens 73 Millionen Dollar von Manulife, einer großen kanadischen Versicherungsgesellschaft, und bezahlte dafür bis zu 20 Prozent Zins im Jahr – eine Finanzierungsstrategie, die ökonomisch keinen Sinn ergibt und auf Geldwäscherei hindeutet.[22]

Wer die Inhaber des Sakto-Aktienkapitals sind, wissen wir bis heute nicht. Die laxe kanadische Gesetzgebung erlaubt es den Aktionären eines Unternehmens, anonym zu bleiben. Doch ohne Zweifel war Sakto von Beginn weg – wie Sakti in Kalifornien – ein Taib-Familienunternehmen, das vermutlich bis zum heutigen Tag von Taib Mahmud persönlich kontrolliert wird. Und wie in den USA gelang es auch in Kanada, Regierungsstellen als Mieter anzuwerben: Die kanadische Bundesregierung und nicht weniger als elf Ministerien der Provinzregierung von Ontario sind in den Taib-Immobilien eingemietet.[23] Das war die beste Versicherung nach außen, dass mit Sakto alles in Ordnung war.

Jamilahs Liaison mit Sean war für die Taibs die ideale Tarnung. Jetzt konnte das Geschäft bei Sakto nochmals zulegen und jeder würde glauben, dass die Sakto-Immobilien Eigentum der bekannten Architekten Murray & Murray seien. Zu diesem Eindruck trug auch bei, dass allmählich immer mehr Murray-Geschwister und Cousins bei Sakto tätig waren: Seans älterer Bruder Thady übernahm die Präsidentschaft der Sakto-Schwestergesellschaft City Gate International, Cousin Chris schwang sich an die Spitze von Ridgeford Properties in London und Cousin Brian übernahm die Vermietung der Sakto-Immobilien in Ottawa.

Doch in Tat und Wahrheit spielten Seans Vater Tim und Onkel Pat bei Sakto nie eine Rolle, und es gibt keine Hinweise darauf, dass sie je Geld in Sakto investierten. Ihr Architekturbüro Murray & Murray verkauften sie erst viele Jahre später an eine große internationale Architekturgruppe.[24]

TAIBS GEHEIMES IMMOBILIENIMPERIUM

Quelle: BMF 2013

Gegenüber der Öffentlichkeit tritt die Sakto-Gruppe heute mit ihren »Schwesterfirmen« City Gate International in Kanada, Ridgeford Properties in London und Sakti in den USA als Familienunternehmen der Murrays auf. Doch Insider wie Ross Boyert wissen, dass das alles nur eine Fassade ist, welche die Murrays unter großen Anstrengungen errichtet haben, um von den wahren Eigentumsverhältnissen und Taibs geheimer Kontrolle über ein globales Immobilienimperium im Wert von Hunderten von Millionen Dollar abzulenken.

RESTRUKTURIERUNG

»Als ich Sakti Ende 1994 übernahm, waren Sean Murray und sein Schwager, ein Architekt aus Ottawa, mit der Renovierung des Sakti-Hauptsitzes in San Francisco beauftragt. Doch das Projekt lief finanziell aus dem Ruder und ich musste es wenige Monate nach meinem Stellenantritt stoppen«, erzählt Ross Boyert.[25] »Sean nahm mir das übel, und ich hatte zehn Jahre lang keinerlei Kontakt mehr mit ihm.«

Auch zu Sulaiman wurde der Kontakt immer spärlicher. »Es war äußerst schwierig, Sulaiman in dieser Zeit ans Telefon zu kriegen. Er sagte ständig, er sei auf Reisen in China und anderen Ländern, und wenn ich ihn endlich in der Leitung hatte, dauerten die Gespräche kaum eine halbe Minute.«

In dieser Zeit verwaltete Boyert Sakti weitgehend selbstständig und berichtete nur gelegentlich an Sulaiman, der von Taib in Malaysia mit neuen wichtigen Aufgaben betraut wurde. Sulaiman war Taibs Lieblingskind und sollte dereinst seine Nachfolge übernehmen.

Sulaiman war 1982 seinen älteren Geschwistern Jamilah und Bekir nach Ottawa gefolgt, wo er wie sie das Ashbury College absolvierte und 1986 abschloss. Auch Großvater Abu-Bekir Chalecki, Taibs Schwiegervater litauischen Ursprungs, lebte mittlerweile in Ottawa. Der pensionierte Arzt war vom australischen Adelaide nach Kanada übergesiedelt, wo er ein Auge auf die Enkelkinder haben konnte.[26] Kein Wunder, dass sich der freiheitsliebende Sulaiman bald einen Studienplatz in Kalifornien, am anderen Ende Nordamerikas, suchte. Hier konnte er sich der gestrengen großväterlichen Überwachung viel besser entziehen.

Nach ausschweifenden Studentenjahren in San Francisco, wo Sulaiman einen Bachelor in Business Administration erwarb, rief Taib seinen Sohn nach Sarawak zurück. Anfang 1995 traf Sulaiman mit seiner jungen Familie zu Hause ein und übernahm sogleich das Amt eines Direktors im Familienunternehmen Cahya Mata Sarawak (CMS).[27] Unter väterlicher Protektion erfuhr Sulaiman in Malaysia einen kometenhaften Aufstieg.

Vier Jahre später stieg er ins Bankgeschäft ein und wurde Verwaltungsrat der familieneigenen Utama Banking Group (UBG). Im Mai 2003 übernahm er, mittlerweile Präsident von CMS, auch den Vorsitz der RHB, Malaysias viertgrößter Bank, welche die Taibs zwei Jahre zuvor dem malaysischen Geschäftsmann Rashid Hussain für 1,8 Milliarden Ringgit (600 Mio. CHF) abgekauft hatten.[28] Und dank Taibs guter Beziehungen zum malaysischen Königshaus war Sulaiman zwischenzeitlich auch zum Dato' Sri (Sir) ernannt worden – ein Titel, der nur Individuen zusteht, welche sich um Malaysia oder einen seiner Teilstaaten höchste Verdienste erworben haben.

2005 nahm die Karriere des mittlerweile 37-jährigen Taib-Sohns eine abrupte Wendung. Überraschend weigerte sich Malaysias Zentralbank, Sulaiman als Präsident (Chairman) der RHB zu bestätigen. Die Zentralbank Bank Negara Malaysia, seit der asiatischen Finanzkrise von 1997 eine starke und unabhängige Aufsichtsbehörde, betrachtete Sulaiman offensichtlich als ungeeignet für die verantwortungsvolle Position an der Spitze einer der größten Banken des Landes.

Für Ross Boyert, der von Sulaiman angestellt und protegiert war, hatte der Karriereknick des Taib-Lieblingssohns gravierende Folgen. Taib verlor das Vertrauen in Sulaimans Geschäftstüchtigkeit und ordnete eine Umstrukturierung seines ausländischen Immobilienbesitzes an. Im September 2005 übernahm Sean Murray von Kanada aus die Verantwortung für die Taib-Immobilien in den USA. Jetzt sollte sich rächen, dass sich Boyert zehn Jahre zuvor mit Sean Murray angelegt hatte. Denn dieser hatte noch eine Rechnung mit ihm offen.

»Taib persönlich instruierte Sean Murray, die Geschäfte meiner Firmen zu übernehmen«, erzählt Boyert. »Ich wollte es zuerst nicht wahrhaben, dass man mich einfach so fallen ließ, doch Sulaiman sandte schließlich seinen schriftlichen Rücktritt – für mich ein riesiger Schock. Ich war so wütend, dass ich Sulaiman als ›Judas‹ titulierte.«

Ross Boyert fürchtete um seinen mit Sulaiman mündlich vereinbarten Anteil an den Sakti-Erträgen und wehrte sich gegen die Übergabe der Geschäfte an Murray – vergebens. Ende Oktober 2006 überreichten ihm die Anwälte der Taibs ein Schreiben mit den Unterschriften aller Sakti-Aktionäre, in dem sie sich mit der Ernennung von Sean Murray zum alleinigen Direktor einverstanden erklärten.[29]

In einem letzten Versuch, die Dinge wieder einzurenken, sandte Ross Boyert Ende 2006 einen langen persönlichen Brief an den Chief Minister. Anhand von 200 Seiten Dokumentenbeilagen belegte er detailliert all seine Anstrengungen für Sakti. Doch Taib schwieg und Boyerts Widerstand war umsonst. Zwei Monate später reichte er beim Superior Court von Kalifornien in San Francisco Klage ein gegen seinen ehemaligen Arbeitgeber Sakti und die Taib-Familie wegen Vertragsbruch, Betrug und Verletzung des Arbeitsrechts. In der Klageschrift beschrieb er im Detail den US-Immobilienbesitz der Taibs und die Verschleierung ihrer Eigentümerschaft über Offshore-Gesellschaften in der Karibik und auf den britischen Kanalinseln.[30]

»Das war der Anfang unseres Martyriums«, sagt Ross Boyert. »Nach Einreichung der Klage wurde in unser Haus immer wieder eingebrochen, unser Auto wurde beschädigt, wir erhielten Todesdrohungen und wir werden ständig beschattet. Doch ich bereue nichts. Ich musste diese Klage einreichen, um der Gerechtigkeit willen. Und ich bin entschlossen, gegen Taib bis zum Ende zu kämpfen!«

Boyert presst seine Fäuste zusammen, und schließlich zitiert er entschlossen einen griechischen Klassiker. »Wie sagte Leonidas von Sparta, als er vom Perserkönig Xerxes in seiner aussichtslosen letzten Schlacht zur Niederlegung seiner Waffen aufgefordert wurde? *Molon labe!* Komm und hol sie dir! – Ich werde nicht aufgeben!«

Eines wird klar in der Besprechung mit Ross und Rita Boyert: Diese Menschen sind nervlich am Ende und brauchen dringend Beistand und Erholung. Doch eine seltsame Ahnung beschleicht mich, dass für Ross die Hilfe zu spät kommen könnte.

VERFOLGUNGSWAHN

Mittlerweile ist es Mittag geworden in Kalifornien, und trotz des bewegenden Berichts von Ross und Rita Boyert müssen wir dringend eine Pause einlegen. Clare schaltet ihr Mikrofon aus und wir verlassen das Sitzungszimmer im Untergeschoss des Marriott.

Jetzt gilt es in erster Linie, die von den Boyerts mitgebrachten Dokumente zu sichern, welche Taibs Eigentümerschaft am Immobilienkonzern Sakti beweisen. Während Clare sich um die Boyerts kümmert, nehme ich den Dokumentenstapel mit ins Business Center im Erdgeschoss des Hotels zu den Kopierapparaten. Ein Set Fotokopien für den Bruno Manser Fonds, ein Set für Clare, dazu zwei Sets von Scans auf CD. Die CDs verpacke ich gleich in Kuverts und versende sie am FedEx-Schalter im Hotel nach London und Basel. Nur mehrfache Kopien können im Fall eines Diebstahls oder Gepäckverlusts sicherstellen, dass uns diese zentralen Beweismittel nicht abhandenkommen.

Noch während ich am Kopieren bin, fällt mir ein schlanker, mittelgroßer Mann auf, der in der Lobby des Hotels herumtigert. Scheinbar desinteressiert betritt er das Business Center und mustert mich und die Dokumente mit unruhigen Blicken. Er spricht mich nicht an und ich bin zu beschäftigt mit der Durchsicht der Kopien, als dass ich mich weiter um ihn kümmern könnte. Bald ist er wieder verschwunden.

Als Clare und die Boyerts im Business Center auftauchen, sind Ross und Rita sichtlich beunruhigt. Auch sie haben den Mann bemerkt und halten ihn für einen Taib-Spitzel. »Unser iPhone hat GPS. Wahrscheinlich hat er uns deshalb gefunden«, sagt Rita. – Warum um Himmels willen hat sie denn ihr Telefon nicht einfach ausgeschaltet, geht mir durch den Kopf. »Schaut mal her«, sagt Rita, als ob sie meine stumme Frage gehört hätte: »Mein Telefon lässt sich nicht ausschalten.« Rita Boyert drückt auf den Off-Knopf, die Anzeige erlischt. Doch keine 20 Sekunden später springt das Gerät von selbst wieder an, wie wenn es nie ausgeschaltet worden wäre.

Bei einem der zahllosen Einbrüche bei den Boyerts verschwand das iPhone und tauchte später plötzlich wieder auf. Rita und Ross vermuten, dass es in der Zwischenzeit kopiert und ersetzt wurde. So können die Verfolger ihre Kommunikation überwachen, sie jederzeit orten und per Fernbedienung das Gerät manipulieren. »Alle unsere elektronischen Geräte werden überwacht«, sagt Boyert. »Wir haben uns längst daran gewöhnt. Und weil wir jederzeit für unsere Tochter erreichbar sein wollen, müssen wir Kompromisse machen. Auch ein neues Gerät würde nur für kurze Zeit mehr Sicherheit bringen.«

Was er nicht sagt: dass ihm das Geld für ein neues Handy fehlt. Das zeigt sich erst später, als wir im schwarzen Jaguar der Boyerts, dem einzig verbliebenen Statussymbol des einst wohlhabenden Ehepaars, den Hotelparkplatz verlassen. Vor der Schranke bei der Ausfahrt bittet mich Boyert um einige Dollar, um die Parkgebühr zu bezahlen. Seine Brieftasche ist leer. Der Mann ist bankrott – und fährt noch immer einen Jaguar.

Der Plan wird gefasst, noch heute gemeinsam nach San Francisco zu fliegen, wo die Boyerts weitere Dokumente eingelagert haben, die sie uns zeigen möchten. Doch zuerst nimmt Ross Kurs auf Costa Mesa, einen Vorort von Los Angeles, wo das Ehepaar nach der Zwangsräumung ihres Hauses temporär untergekommen ist. Es gilt, die Koffer mit dem Nötigsten zu packen und den Hund, einen wuscheligen Pinscher namens Scipio, abzuholen. Dann geht es sofort weiter zum Flughafen von Los Angeles.

Der Virgin-America-Nachmittagsflug 933 von Los Angeles nach San Francisco ist wenig besetzt; wir sitzen weit hinten im Flugzeug. Im Bordfernsehen läuft Fußball, WM in Südafrika, letzte Phase der Gruppenspiele. Doch Fußball interessiert jetzt keinen. Die Enthüllung von Taibs Machenschaften und Immobilienbesitz beschäftigt alle zu sehr.

Während des Flugs schauen wir mit den Boyerts Bilder von Taib-Immobilien in Kanada, England und Australien durch, die Clare im Internet recherchiert und ausgedruckt hat: der achtstöckige Wohnblock »The Adelaide« mit 158 Luxuswohnungen in Ottawa, drei Bürotürme in Ottawas »Little Italy«, ein Krankenhaus im hippen Londoner Stadtteil Fitzrovia, der wuchtig gebaute Kalksteinpalast am Tokenhouse Yard neben der Bank of England, das Hilton-Hotel in Adelaide …

Mehrere 100 Millionen Dollar stecken in diesen Gebäuden, und der Gedanke stimmt nachdenklich, dass Taib den jahrtausendealten Regenwald von Borneo abholzen lässt, nur um sich damit Paläste aus Stein und Glas in westlichen Metropolen zu erwerben. Was würde wohl Penan-Häuptling Along Sega im Regenwald von Sarawak zu diesen Bildern sagen, wenn er wüsste, dass sein Waldreservat am Limbang-Fluss für diese toten Bauten weichen musste? Warum konnte sich Taib nicht mit einfach erworbenem Wohlstand zufriedengeben, sondern musste raffgierig die Zerstörung der Natur und die Ausbeutung seines Landes immer weitertreiben?

Im Gespräch mit Ross Boyert wachsen die Sorgen um seinen Gesundheitszustand. Boyert zweifelt plötzlich ernsthaft daran, dass er derjenige war, der den Vertrag mit dem FBI für die Miete des großen Taib-Hochhauses in Seattle aushandelte. »War wirklich ich ausschlaggebend bei diesem Deal mit dem FBI oder wurde noch auf einer höheren Ebene verhandelt, ohne dass ich davon Bescheid wusste?«, fragt er im Flugzeug. »Es könnte sein, dass die US-Regierung mit Taib einen geheimen Deal geschlossen hat. Wer steckt wirklich hinter dem FBI, dem CIA und der US-Regierung? Werden sie insgeheim von Taib beherrscht?«

So schlimm hätte ich mir Boyerts Verfolgungswahn nicht vorgestellt, auch wenn es verständlich ist, dass er nach jahrelanger Belästigung eine veritable Paranoia entwickelt hat und Reelles wie Imaginäres durcheinanderkommen. Und noch weniger war mir klar, dass das Gefühl, verfolgt zu werden, so ansteckend sein kann wie gerade jetzt nach unserer Ankunft in San Francisco.

»Da ist er!«, zischt Rita Boyert und deutet auf einen groß gewachsenen, glatzköpfigen Herrn in der Schar der Wartenden beim Ausgang am Flughafen. »Dieser Mann stellt uns seit Jahren nach und ist unserer Familie sogar in die Ferien nach Hawaii gefolgt, wo wir uns erholen wollten. Breit grinsend saß er gut sichtbar an einem Tisch in unserem Ferienresort, wohl wissend, dass unsere Ferien so verdorben waren.« Bereits bei der Besprechung am Morgen haben Rita und Ross uns Bilder dieses grobschlächtigen Mannes gezeigt. Dass er jetzt plötzlich leibhaftig vor uns auftaucht, macht die Sache doch etwas unheimlich.

Im Taxi geht es vom Flughafen los auf die Suche nach Unterkunft. Wir sind noch nicht lange unterwegs, da folgt uns in einiger Entfernung ein grauer Wagen. Er fährt genau unserem Taxi nach, auch nach mehreren Abzweigungen ist er immer noch da. Endlich sind wir im Hotel Embassy Suites angekommen, um einzuchecken. Doch welche Enttäuschung, das Hotel ist belegt! Die nette Dame am Empfang empfiehlt uns, es in einem nahe gelegenen Hotel der gleichen Kette zu versuchen. Doch zuvor hinterlegt Rita Boyert ihr iPhone an der Rezeption, um unseren Verfolgern ein Schnippchen zu schlagen.

Unser Taxi wartet noch vor dem Hotel, und als das Gepäck im Kofferraum verstaut ist, sehe ich plötzlich, wie aus der Lobby ein Mann unauffällig, doch angestrengt in unsere Richtung schaut. Jetzt zücke ich meine Kamera, meine einzige Waffe gegen Verfolger, imaginäre wie reelle, und drücke ab. Einmal, zweimal, dreimal, und jetzt habe ich tatsächlich einen zwielichtigen Herrn hinter dem Fenster fotografiert, der in unsere Richtung späht und sofort verschwindet, als er meiner Kamera gewahr wird. Erst das Foto beweist: Es war keine Halluzination, sondern ein Mensch aus Fleisch und Blut. Und jemand hat diesen Menschen damit beauftragt und dafür bezahlt, hier zu stehen und uns nachzuspähen.

STINKTIER-ATTACKE

»Wir sprechen über eine ausgeklügelte, teure Kampagne«, sagt Ross Boyert mit sonorer Stimme. »Das Ziel besteht darin, uns zu brechen und an einen Punkt zu bringen, an dem uns niemand mehr glauben wird. Wir haben gegen die Taibs Klage eingereicht und verfügen über viele Beweismittel. Doch sie tun ihr Bestes, um uns zu diskreditieren und unseren Fall von der Öffentlichkeit fernzuhalten.« Boyerts Anzeichen von Paranoia zeigen, wie die Kampagne gegen den Whistleblower ihrem Ziel schon bedrohlich nahe gekommen ist.

Es ist Abend geworden in San Francisco und wir sitzen beim Essen im Hotelzimmer der Boyerts. Das Fernsehgerät ist laut aufgedreht, damit niemand unser Gespräch abhören kann. So schützten sich die Menschen in der DDR vor der Stasi, und so schützen wir uns im freien Kalifornien vor dem langen Arm eines korrupten Potentaten aus Borneo.

Jetzt erzählen die Boyerts im Detail, wie sie während dreier Jahre eingeschüchtert und terrorisiert wurden, und diese Details sind erschreckend. Zwei Mal in kurzer Zeit flog auf der Autobahn ein Raddeckel in Richtung ihres Autos. Einmal wurde ihre Windschutzscheibe zertrümmert, das zweite Mal traf es ein anderes Auto. Manchmal wurde in ihr Wohnhaus eingebrochen und nichts gestohlen, nur die Bilder an den Wänden wurden umgehängt. Wie soll man da zur Polizei gehen und eine glaubwürdige Anzeige machen? Ist das alles nur Zufall und Einbildung?

In einer Bar wurden Boyerts Tochter von einem wildfremden Mann Substanzen in den Drink gemischt, sodass sie plötzlich in Ohnmacht fiel. Rita Boyert erhielt einen Anruf, in dem ihr gesagt wurde, sie brauche sich bloß von Ross scheiden zu lassen, dann würden die Belästigungen sofort aufhören. Bei Geschäftspartnern und Bekannten wurden Gerüchte über angebliche Verfehlungen der Boyerts gestreut und verbreitet, es laufe eine Untersuchung gegen sie. Nach und nach zogen sich die Freunde zurück und wollten sich nicht mehr verabreden. Wer will schon mit Leuten zu tun haben, die so viele Probleme anziehen? Am Schluss standen sie ganz allein da.

Die Anzeigen der Boyerts bei der Polizeistation an ihrem Wohnort Atherton mehrten sich, doch ernsthafte Unterstützung erhielten sie von den Behörden keine. Von den vielen Politikern und Entscheidungsträgern, welche sie um Hilfe ersuchten, schenkte ihnen einzig der jüdische Kongressabgeordnete und Holocaust-Überlebende Tom Lantos Gehör. Doch als der 80-jährige Lantos wenig später im Februar 2008 starb, verloren sie auch diesen letzten Funken Hoffnung.

Nach so vielen beunruhigenden Neuigkeiten fällt es mir am Abend schwer, zur Ruhe zu kommen. Die Fotokopien der Sakti-Dokumente sind im Koffer verstaut, der Wecker ist gestellt, und endlich kann ich einschlafen.

Da plötzlich, mitten in der Nacht, schrecke ich auf und bin hellwach, als sich bei mir im Zimmer ein seltsamer Gasgeruch ausbreitet. Rasch schalte ich das Licht an, alarmiere den Nachtportier und eile im Pyjama aus dem Zimmer. Ist das eine Warnung der Taib-Schergen, die Nase nicht in ihre Angelegenheiten zu stecken, oder geht meine Einbildungskraft bereits mit mir durch?

»Das war wohl ein Stinktier«, sagt mit rauer Stimme der Hotelangestellte, der auf mein Zimmer gekommen ist, die Fenster öffnet und mir den Schlüssel für ein anderes Zimmer in die Hand drückt. Ein Stinktier soll im sechsten Stock eines Hotels durchs geschlossene Fenster einen solch bestialischen Geruch verbreiten können? Ich traue der Sache nicht und beschließe, die zweite Nachthälfte in der Lobby des Hotels zu verbringen. Schnell kleide ich mich an und packe meinen Koffer. Noch zwei Stunden bis zum Morgengrauen, der Jetlag und ein Kaffee halten mich wach, und ich bin froh, als es endlich wieder hell wird und aus allen Richtungen die Hotelgäste aus ihren Zimmern zum Frühstücksbuffet erscheinen.

LEID UND TRÄNEN

Der Swiss-Airbus mit Destination Zürich ist bis auf den letzten Platz besetzt und rollt auf die Startbahn. Als die Beschleunigung mich in den Sitz presst und die Maschine Richtung Osten in den Nachthimmel Nordamerikas startet, atme ich erleichtert auf. Noch selten zuvor war ich so froh, einen Ort verlassen zu können, wie jetzt bei der Abreise aus San Francisco. Den ursprünglichen Plan, noch ein paar Ferientage in den USA anzuhängen, habe ich fallen gelassen. Ich will nur noch weg von hier.

Vor einer Stunde habe ich mich von Clare und den Boyerts verabschiedet, die ihrerseits die Rückreise nach London beziehungsweise Los Angeles angetreten haben. In San Francisco haben uns die Boyerts zu allen Taib-Immobilien geführt und zu ihrem ehemaligen Haus in Atherton, das jetzt verlassen ist und wo der ungemähte Rasen wuchert. Dann ging es nach Menlo Park, wo Ross in einem gemieteten Lagerraum Kopien aller Firmenakten von Sakti aufbewahrte. Die wichtigsten Dokumente sind jetzt gesichert und sollen bald im Internet publiziert werden.

Nach zwölf Jahren im Dienst der Taibs kündigte Ross Boyert die Loyalität mit seinem ehemaligen Arbeitgeber auf – und bezahlte dafür einen hohen persönlichen Preis. Organisiertes Verbrechen »bedeutet am Ende immer Tränen, Trauer, Tod, Gefängnis, Blut, Armut«, sagt Pietro Grasso, Leiter der italienischen Sonderstaatsanwaltschaft zur Bekämpfung der Mafia.[31] Ähnliches ließe sich von Taibs globalem Netzwerk von Umweltzerstörung, Korruption und Geldwäscherei sagen. Ross Boyert spielte in Taibs kriminellem Netzwerk nur eine Nebenrolle, doch bedeutend genug, um eine harte Vendetta gegen seine Familie auszulösen. Und Boyert muss vom ersten Tag an bei Sakti geahnt haben, dass er sich mit dem Job auf ein gefährliches Spiel einließ.

»Es wäre ein Segen gewesen, hätten sie uns gleich getötet, anstatt uns derartig fertigzumachen«, sagte Rita Boyert auf dem Höhepunkt ihrer Verzweiflung. Doch einen kruden Mord konnte sich Taib nicht erlauben. Bei seinem Rachefeldzug setzte er auf Psychoterror, gesellschaftliche Isolierung und Zerstörung der wirtschaftlichen Basis seines Widersachers. Offen bleibt, wer Taibs Auftrag in den USA ausführte und umsetzte.

In den Wochen nach dem Besuch bei den Boyerts in Kalifornien folgt eine intensive Kommunikation mit dem Ehepaar. Ein wohlwollender Spender wird gefunden, der bereit ist, ihnen mit einigen tausend Dollar finanziell aus der Patsche zu helfen. Eine Sicherheitsfirma in Kalifornien wird angeheuert, die sich um das Paar kümmert, wenn es sich wieder bedroht fühlt. Doch Boyert wittert in den Angestellten der Sicherheitsfirma eine neue Bedrohung und schickt sie weg.

Auch der Plan, die Boyerts für einen Erholungsurlaub und die Kontaktaufnahme mit malaysischen Oppositionellen nach Europa zu bringen, schlägt fehl. Im entscheidenden Augenblick weigert sich Ross, das Flugzeug zu besteigen und die USA zu verlassen. Plötzlich verliert er das Vertrauen in Clare Rewcastle und vermutet, wegen ihres prominenten Schwagers könnten die britische Regierung oder andere dunkle Mächte hinter ihr stehen. Der Mann ist in einem kafkaesken Gedankengebäude gefangen, aus dem er keinen Ausweg mehr findet.

Zwei Monate nach unserem Besuch erreicht Clare Rewcastle ein Notruf von Rita Boyert: Ross hat seinen Jaguar zu Schrott gefahren und ist nach einem Suizidversuch in eine psychiatrische Klinik eingeliefert worden. Clare reist noch am gleichen Tag nach San Francisco und kümmert sich um den depressiven ehemaligen Taib-Angestellten. Doch alle Hilfe ist vergebens. Wenige Wochen später, am 3. Oktober 2010, einem Sonntag, hat Taib sein Ziel erreicht: Ross Boyert wird in einem Hotel in Los Angeles leblos aufgefunden. Mit einer über den Kopf gestülpten und zugebundenen Plastiktüte hat er sich das Leben genommen.

DAS VERLORENE PARADIES

SEIT JAHRTAUSENDEN LEBEN DIE PENAN ALS SAMMLER UND JÄGER IN DEN REGENWÄLDERN VON BORNEO. GENERATIONEN VON FORSCHERN SIND VON DEN URWALDNOMADEN UND IHREM EINZIGARTIGEN LEBENSRAUM FASZINIERT. DANN TRETEN DIE HOLZFÄLLER AUF DEN PLAN UND ZERSTÖREN DAS LETZTE PARADIES AUF ERDEN.

02

ERINNERUNGEN EINES HÄUPTLINGS

Schwere Regentropfen prasseln auf die Wellblechdächer der Hüttensiedlung, während es im Regenwald von Borneo Nacht wird. Das metallische Trompeten der Dämmerungs-Zikaden in den Kronen der Urwaldriesen hat sich gelegt, aus der Ferne sind leise quakende Baumfrösche zu hören. Tiefschwarz kündigt sich die Nacht an in einem der einsamsten Winkel von Sarawak.

Im Schein des Feuers sind die Gesichtszüge von Along Sega zu erkennen. Der alte Penan-Häuptling wirkt müde und traurig. Ein bewegtes, anstrengendes Leben hat seine Spuren hinterlassen. Alongs Kopfschmuck aus den schwarz-weißen Federn des Nashornvogels hängt am Balken, der die Hütte trägt, sein Ohrschmuck aus Holzrondellen liegt auf einer von seiner Frau Yut geflochtenen Matte aus Rattan, den Fasern einer wilden Palme. Blasrohr und Gewehr des gewandten Jägers stehen an der aus rohen Brettern gezimmerten Wand.

Nachdenklich starrt Along in die Flammen. Seine Miene bleibt unbewegt, als er mir von seiner Kindheit im einst unberührten Urwald zu erzählen beginnt. »Meine Geburt wurde nirgends registriert. Ich weiß nur, dass ich heute schon älter als 70 Jahre bin«, hebt er an. Fernab unserer Zeitrechnung wird Along irgendwann gegen Ende der 1930er-Jahre im Regenwald geboren. Das Urwaldvolk der Penan orientiert sich einzig am Jahreslauf der Natur, der Regen- und der Trockenzeit sowie den alle paar Jahre wiederkehrenden Fruchtzeiten, wenn die Bäume des Regenwaldes wie auf ein geheimes Zeichen alle zur gleichen Zeit besonders üppig blühen und Früchte tragen.

Alongs Geburtsort liegt nicht weit von Long Gita, dem jetzigen Standort seiner Gruppe am Oberlauf des Limbang-Flusses. Long steht in der Sprache der Indigenen für Flussmündung, und da die Penan ihre Siedlungen meist an Flussmündungen aufbauen, werden die Siedlungsorte mit *long* oder *ba,* dem Wort für Wasser, bezeichnet.

Als jüngstes von sechs Geschwistern wird Along von seinem Vater Sega schon als Kind spielerisch in die Jagd eingeführt. Ein abgebrochener Ast dient als erster Speer, ein Bambusrohr als erstes Blasrohr für Zielübungen. Schon bald ist der junge Along geschickt genug, um selber Tiere zu jagen.

»Als ich besser wurde im Blasrohrschießen, trug mir mein Vater auf, in der Nähe unseres damaligen Camps Vögel zu jagen. Dann gab er mir einen Speer für die Wildschweinjagd. Schließlich zeigte er mir, wie man das Mark der wilden Sagopalme verarbeitet. So lernte ich schon früh alles Notwendige, um im Wald zu überleben, gemeinsam mit meinen vier Brüdern und meiner Schwester.«[1]

Als letzte nomadische Sammler und Jäger Südostasiens kennen die Penan den Regenwald von Sarawak bis ins letzte Detail. In Gruppen von vielleicht 50 Personen leben sie seit Jahrhunderten im Wald und haben das gebirgige Zentrum von Borneo durchstreift wie kein zweites Volk. Hunderte von Flussläufen, Bergrücken und Jagdrouten im Urwald haben sie erkundet und mit Namen in ihrer eigenen Sprache benannt. Hier, wo auf einem Hektar Wald mehr Baumarten vorkommen als in ganz Europa, haben die Penan auch über 1000 Pflanzenarten erforscht, benannt und sich nutzbar gemacht.

Wichtigste Pflanze für die Penan-Kultur ist die wild im Regenwald wachsende Sagopalme *uvut,*[2] deren Mark viel reine Stärke enthält. Aus Sagomehl kochen die Penan ihr Grundnahrungsmittel *na'o,* einen zähen, faden Brei, den sie mit Wildschweinfett versetzen und ihm so etwas mehr Geschmack verleihen. Weshalb sollten sie auch mit großer Mühsal Reis anbauen, wenn ihnen die Natur mit Sago eine leicht zu erntende Stärkequelle schenkt?

Eine weitere grundlegende Pflanze ist der Pfeilgiftbaum *tajem,*[3] aus dem die Penan das tödliche Gift für die Jagd mit dem Blasrohr gewinnen. Es wirkt so schnell, dass ein vom Pfeil getroffener Affe innerhalb weniger Minuten stirbt. Ist das Gift einmal in die Blutbahn eines Säugetiers oder eines Menschen gelangt, so soll es keine Rettung mehr geben, außer durch den Saft eines unscheinbaren Krauts und natürlichen Antidots, das die Penan *getimang* nennen.[4] Vor Jahrhunderten haben die Ureinwohner von Borneo seine Wirkung entdeckt und das Wissen darüber ihren Nachfahren überliefert.[5]

Als junger Mann besuchte Along alle paar Monate die von der britischen Kolonialverwaltung organisierten *tamu*-Handelstreffen. Dort konnten die Penan mit benachbarten Völkern und Händlern aus der Stadt ihre Urwaldprodukte gegen andere Erzeugnisse tauschen. »Wir verkauften Rattanfasern und die Hornschnäbel von Nashornvögeln, die als Schmuck verwendet wurden.« Besonders gefragt waren auch Baumharze sowie Magensteine von Affen, sogenannte *bezoar,* die in der chinesischen Medizin eine wichtige Rolle spielen. »Den Murud, einem benachbarten Volk aus der Gegend, brachten wir aus dem Wald Harze und erhielten von ihnen dafür Hunde, die wir für die Jagd brauchen konnten.«

Ihre Sammelwaren tauschten die Penan gegen Kochgeschirr, Werkzeuge und Gewehre ein. Alle vier Monate fanden die *tamu*-Treffen statt. »Da wir damals keinen Kalender hatten, behalfen wir uns mit einer Rattanschnur, in die wir 120 Knoten machten. Jeden Tag knüpften wir einen Knoten auf. Wenn nur noch wenige Knoten übrig waren, packten wir unsere Sachen und machten uns auf den Weg. So waren wir immer rechtzeitig beim *tamu*.«

»Schon seit Langem wohnen wir in der Gegend rund um den Berg Batu Lawi«, erzählt Along weiter und schaut durch die Dunkelheit flussaufwärts ins Gebirge, wo in weiter Ferne die zwei Kalktürme des Batu Lawi in den Nachthimmel ragen. Jetzt senkt er seine Stimme und fährt leise fort – wie immer, wenn die Penan etwas Wichtiges zu erzählen haben: »Der Batu Lawi ist die Heimat des guten Geists Shinan, der dort im Fels wohnt. Und so sind die Gipfel des Batu Lawi entstanden: Vor langer Zeit waren die Felsen zwei Menschen, Mann und Frau, die sich sehr liebten. Doch die bösen Geister wurden eifersüchtig und töteten zuerst die Frau und anschließend auch den Mann. Darauf sind sie beide zu Stein erstarrt. Meine Großeltern haben die Gegend um den Batu Lawi beschützt. Als sie starben, übernahm mein Vater diese Rolle. Jetzt bin ich dafür verantwortlich.«

Nicht nur der Batu Lawi, auch andere Berge, wie der 2423 Meter hohe Gunung Murud, oder bestimmte Bäume und Urwaldgebiete mit besonders reichhaltiger Flora und Fauna wurden schon von den Vorfahren der Penan besonders geschätzt. Ihre Tradition, bestimmte Gegenden, Bäume oder Pflanzen für sich zu beanspruchen, nennen die Penan *molong:* »Wenn jemand im Urwald als Erster einen Fruchtbaum sieht und ihn mit dem *parang,* seinem Buschmesser, markiert, dann wissen alle, dass dieser Baum unter der Obhut dieser Person steht. Wer immer seine Früchte essen will, muss zuerst um Erlaubnis fragen«, erklärt Along.

Die Penan nutzen Bäume, Berge und Waldgebiete nicht nur wirtschaftlich, sondern haben auch eine starke spirituelle Beziehung zu ihnen. »Wir haben viele Geheimnisse im Wald, wo unsere Vorfahren begraben sind.«

Vor ihrem Übertritt zum Christentum glaubten die Penan an den Adlergeist und viele andere Geister. Wenn der Adler mit seinen Flügeln Zeichen gab, konnte das ein schlechtes Omen sein.[6] Zu seiner Besänftigung schnitzten die Penan *seperuts,* sogenannte Lockenstäbe, und stellten sie im Wald auf. Doch Along spricht lieber über die Menschen als über die stets bedrohlich wirkende Welt der Geister.

Die ersten Fremden, die Along in seiner Jugend traf, waren Angehörige benachbarter, vom Reisanbau lebender Völker, Berawan und Kayan. Während des Zweiten Weltkriegs sah er in einer Dschungelsiedlung aus der Ferne einen japanischen Soldaten. Als ersten Weißen traf er den Briten John Griffin, der während über 20 Jahren in der Kolonialverwaltung von Sarawak für das Gebiet der Penan verantwortlich war. Später kamen dann die australischen Missionare der Borneo Evangelical Mission in die Region.

»Wir hatten es sehr gut in dieser Zeit. Der Wald war intakt und wir lebten von seinem Reichtum. Überall waren genug Wildschweine, viele Sagopalmen und genug sauberes Wasser für die Sagoverarbeitung. Das Leben war damals für uns Nomaden richtig paradiesisch. Wenn wir an einen Ort kamen, an dem es uns gefiel, ließen wir uns für einige Monate nieder und lebten von den reifen Sagopalmen in der Umgebung.«

Waren die meisten Sagopalmen geerntet, packten die Penan ihre wenigen Habseligkeiten zusammen und gingen einen oder zwei Tagesmärsche weiter bis an einen neuen Ort. Doch das war in der Zeit, bevor Taib Mahmud Regierungschef von Sarawak wurde und die Limbang Trading Company damit begann, den Wald in Alongs Gebiet abzuholzen. Die meisten der rund 10 000 Penan waren auf Anraten der Missionare und der Regierung damals schon sesshaft geworden und hatten gelernt, Reis anzubauen. Nur wenige hundert Penan wollten noch wie Along Sega als Nomaden weiterleben.

Als er schon älter war, lernte Along einen weiteren Fremden kennen, den 30-jährigen Schweizer Bruno Manser. Der Alphirte und Aussteiger war auf der Suche nach einem Leben ohne Geld 1984 zu den letzten Nomaden von Borneo gestoßen und schloss sich Alongs Gruppe an, um das Leben im Urwald zu erlernen und in seinen Tagebüchern zu dokumentieren. Along verstand sich so gut mit dem jungen Schweizer, dass er ihn als Adoptivsohn in seine Familie aufnahm und zu seinem Mentor wurde. Die Faszination für das Leben in der Natur verband die ungleichen Freunde. Und später kämpften sie gemeinsam gegen die Zerstörung ihres irdischen Paradieses.

DER REGENWALD VON BORNEO

Unter den Wäldern der Erde zählt der tropische Regenwald von Borneo zu den schönsten, ältesten und artenreichsten überhaupt. Wer einmal hier den Urwald betreten hat, möchte immer wieder zurückkehren. Die Kronen der Baumriesen aus der Familie der Flügelfruchtgewächse *(Dipterocarpaceae)* stehen so dicht, dass darunter eine permanente Dämmerung herrscht, in der die Stimmen der Urwaldtiere besonders gut zu hören sind. Die Balzrufe des wilden Pfaus, das Krächzen der Nashornvögel, der gutturale Ruf von aufgescheuchten Makaken. Zehntausende von Insektenarten, Hunderte von Vögeln und Dutzende verschiedene Säugetiere beleben diesen archaischen Lebensraum. Wir befinden uns in einer von sechs Weltregionen mit der höchsten Biodiversität. Orang-Utans, Malaienbären, Baumleoparden und viele weitere scheue Kreaturen bewohnen den dichten Dschungel. Auf den Baumwipfeln und im Unterwuchs sprießen fleischfressende Kannenpflanzen, Orchideen, wilde Bananen und bunt blühende Ingwergewächse. Die Wälder Borneos existieren seit Urzeiten, und seit mindestens 40 000 Jahren leben hier Menschen.

»Hunderte von Meilen im Umkreis nach allen Richtungen hin breitet sich ein prachtvoller Wald über Ebene und Berg, Fels und Sumpf aus«,[7] schrieb 1869 der Naturforscher Alfred Russel Wallace (1823–1913) über den Regenwald von Borneo in seinem Reisetagebuch *Der Malayische Archipel.* »Der Wald ist äußerst reich an riesigen Bäumen mit zylindrischen, gestützten und oft ausgehöhlten Ästen, während der Reisende gelegentlich auch auf einen wundervollen Feigenbaum stößt, dessen Stamm selbst ein Wald von Ästen und Luftwurzeln ist.«[8] Bei einer Flussfahrt sah Wallace »den herrlichen Urwald bis an den Rand des Wassers treten, mit seinen Palmen und Schlinggewächsen, seinen hohen Bäumen, seinen Farnkräutern und Schmarotzerpflanzen.«[9]

Der Waliser Wallace, ein Zeitgenosse von Charles Darwin (1809–1882), erforschte Mitte des 19. Jahrhunderts systematisch die Inselwelt Südostasiens und legte dabei rund 20 000 Kilometer zurück. Eine Fotografie vor seiner Abreise aus London zeigt den vollbärtigen 30-Jährigen 1853 im Frack, zusammen mit seiner Mutter und seiner Schwester, das dichte dunkle Haar seitlich gescheitelt, ein interessierter Blick dringt durch die dicken Gläser seines Zwickers nach außen. Wallace war kurz zuvor von einer vierjährigen Amazonas-Expedition zurückgekehrt. Jetzt brannte er danach, den Dschungel Südostasiens zu erforschen.

Am 1. November 1854 traf Wallace an der Mündung des mächtigen Sarawak River im Norden von Borneo ein, wo er von James Brooke, dem britischen »weißen Raja« SIEHE KAPITEL 3, empfangen und freundlich beherbergt wurde. Wallace war so angetan von Sarawak, dass er über ein Jahr blieb, zahlreiche Expeditionen ins unwegsame Landesinnere unternahm und intensive zoologische und botanische Studien betrieb. Er spürte Orang-Utans auf und schoss Belegexemplare des Menschenaffen für seine Sammlung. Den Einheimischen, die ihm Käfer und tropische Schmetterlinge brachten, zahlte er Prämien. Von der in Sarawak wild wachsenden Tropenfrucht Durian, in Europa auch als »Stinkfrucht« bekannt, war er so begeistert, dass er seinen Lesern für dieses ganz besondere Geschmackserlebnis eine Reise in den Fernen Osten empfahl.[10]

Als Wallace 1862 nach acht Jahren in Südostasien nach England zurückkehrte, führte er 125 000 gesammelte naturkundliche Objekte mit, davon allein über 80 000 Käfer. Wallaces Expedition verdankt die Wissenschaft über 1000 neu beschriebene Tier- und Pflanzenarten. Zu den eigentümlichsten zählt der Wallace-Flugfrosch,[11] ein in den Baumkronen des Regenwalds lebender Frosch, der dank Flughäuten zwischen seinen Zehen bis zu 20 Meter weit durch die Luft segeln kann.

Durch die Auseinandersetzung mit dem Formenreichtum der Flora und Fauna Südostasiens entwickelte Wallace unabhängig und parallel zu Charles Darwin verblüffend ähnliche Überlegungen zur Entstehung der Artenvielfalt der Natur. Während seines Aufenthalts in Borneo verfasste er 1855 einen Artikel, in dem er das sogenannte »Sarawak-Gesetz« der Evolution formulierte, wonach jede Tier- oder Pflanzenart ihre Existenz einer vorher existierenden ähnlichen Art verdanke.[12] Nach weiteren drei Jahren Forschung kam Wallace zu dem Schluss, dass natürliche Auslese die Ursache dieser Evolution sein müsste, und schickte einen Aufsatz mit diesem Inhalt dem 14 Jahre älteren Darwin heim nach England.

Charles Darwin hatte bereits 20 Jahre zuvor seine legendäre Forschungsreise durch die südliche Hemisphäre an Bord der *Beagle* unternommen. Die Auswertung seines umfangreichen Forschungsmaterials von den Galapagosinseln hatte ihn zu dem bahnbrechenden Ergebnis geführt, dass ein Naturgesetz die Ursache der Biodiversität sein musste, nicht die Erschaffung unveränderlicher Arten durch einen Schöpfergott wie in der Bibel beschrieben. Dieses Naturgesetz beschrieb Darwin als Evolution durch Mutation und natürliche Selektion. Noch behielt er diese für die Zeitgenossen skandalträchtige Theorie für sich, doch da Wallace nun unabhängig von ihm zu ähnlichen Ergebnissen gekommen war, wusste Darwin, dass er sich mit der Publikation beeilen musste.

Auf Veranlassung von Darwin wurde Wallaces Aufsatz zusammen mit einem Auszug aus Darwins unveröffentlichtem Manuskript *Natural Selection* am 1. Juli 1858 vor der Londoner Linné-Gesellschaft verlesen. Ein Jahr später – Wallace weilte immer noch im Fernen Osten – erschien Charles Darwins epochales Werk *Über die Entstehung der Arten (On the Origin of Species)*, in dem er seine Evolutionstheorie veröffentlichte.

Während Charles Darwin in die Geschichtsbücher einging, ist der Sarawak-Reisende Wallace als Naturwissenschaftler weitgehend in Vergessenheit geraten. Biogeografen kennen noch die nach ihm benannte Wallace-Linie, welche die Grenze zwischen der asiatischen und der besonderen australischen Tierwelt markiert. Auch in anderer Hinsicht erwies sich Wallace als Visionär: In seinem 1878 erschienenen Aufsatzband *Tropical Nature and Other Essays* warnte er vor der Abholzung des tropischen Regenwalds und der dadurch drohenden Erosion der Böden.[13]

DIE EDLEN WILDEN

Drei Jahrzehnte nach Wallace reiste wiederum ein naturkundlich begeisterter junger Brite nach Sarawak. Charles Hose (1863–1929) sollte in den Diensten des zweiten »weißen Rajas« als Kolonialbeamter Karriere machen. An ihn erinnert heute das Hose-Gebirge in Zentral-Sarawak, und seinen Namen trägt gleich ein Dutzend Wirbeltierarten, von denen die meisten in Borneo endemisch sind. Dazu zählen neben Fröschen, einem Affen und einer Schleichkatze auch zwei Vogelarten, der sogenannte Breitschnabel und der Schwarze Pirol. Die Mehrheit dieser exotischen Arten steht heute auf der Roten Liste der vom Aussterben bedrohten Tierarten. Der Grund dafür: Lebensraumverlust durch Abholzung der Regenwälder.

Hose, Sohn eines englischen Landgeistlichen, hatte eben lustlos ein Studium in Cambridge begonnen, als ihm 1884 sein Onkel, der anglikanische Bischof von Singapur, eine Stelle im Kolonialdienst von Sarawak vermittelte. Der 21-Jährige zögerte nicht lange, hängte sein Studium an den Nagel und schiffte sich nach Borneo ein. Was Hose in den Colleges von Cambridge an Unterricht verpasste, holte er im Regenwald im Selbststudium nach. Dabei erwies er sich als äußerst exakt beobachtender und disziplinierter Zoologe. Nach neun Jahren in Sarawak publizierte er ein bis heute beachtetes Standardwerk über die Säugetiere Borneos.[14]

Im Anschluss an seine Studien der Tierwelt wandte sich Hose den Menschen zu und verfasste einen ausführlichen anthropologischen Artikel über Sarawaks Ureinwohner, den er später zu einem zweibändigen

Buch über »die heidnischen Stämme von Borneo«[15] ausbaute. Fast ein Vierteljahrhundert blieb Hose in Sarawak; 16 Jahre lang arbeitete er als Kolonialoffizier in Claudetown (heute: Marudi), dem Tor zu einer der unbekanntesten und am wenigsten erforschten Regionen der Insel.

Borneo war an der Wende zum 20. Jahrhundert einer der letzten verbliebenen weißen Flecken auf den Landkarten der europäischen Kolonisatoren und galt als sagenumwobene Insel am Rande der Zivilisation, in deren dichtem Dschungel Kopfjäger ihr Unwesen trieben. Romanautoren wie Joseph Conrad, H.G. Wells und später William Somerset Maugham ließen dort ihre Protagonisten Grenzerfahrungen der menschlichen Existenz durchmachen. Mit seinen Studien und Publikationen über die Indigenen von Sarawak trug Charles Hose wesentlich dazu bei, westliche Vorurteile über die »Wilden« in Borneo abzubauen. Doch gleichzeitig etablierte er neue wirkungsmächtige Klischees.[16]

Als Erster beschrieb Hose detailliert das Leben der Menschen im Dschungel und an den Flüssen von Sarawak, insbesondere am Flusssystem des Baram, eines mächtigen Urwaldstroms, der im Innern von Borneo an der heutigen Grenze zu Indonesien entspringt. Hier lebten indigene Völker wie die Iban, Kayan, Kenyah, Berawan und Kelabit. Hose besuchte ihre Langhäuser – große Gemeinschaftsbauten aus Holz, in denen jeder Abschnitt von einer anderen Familie bewohnt wird –, studierte ihr Sozialsystem, ihre Landwirtschaft, ihre Werkzeuge, ihr Kunsthandwerk, ihren Schmuck und ihre Tätowierungen und ließ sich über ihre Kriege und Konflikte unterrichten. Zu den kulturellen Eigentümlichkeiten zählte, dass viele Langhausbewohner rituelle Kopfjagden auf andere Indigene unternahmen; die Schädel der Opfer wurden in den Häusern gut sichtbar aufgehängt und waren ein Zeichen von Sozialprestige.

Hose betrachtete es als wichtige Aufgabe eines aufgeklärten Kolonialherren, seine Untertanen zu verstehen. Trotz fehlenden Studiums machte ihn sein hervorragendes wissenschaftliches Talent innerhalb weniger Jahre zu einer international respektierten Kapazität auf dem Gebiet der Borneo-Forschung.

Besonderen Gefallen fand Hose an einem zurückgezogen lebenden nomadischen Waldvolk am Oberlauf der Flüsse von Sarawak, das vor ihm noch kein Europäer beschrieben hatte und das er »Punan« nannte. In ihm vermutete er die eigentlichen Ureinwohner von Borneo. »Die Haut eines Punan ist von einer feinen seidenartigen Beschaffenheit und sie ist entweder blassgelb oder weist sogar mit einem Stich ins Grünliche, da sich der Punan nur selten auch nur dem indirekten Sonnenlicht aussetzt und es vorzieht, stets im tiefen Zwielicht des Dschungels zu bleiben«,[17] beschrieb Hose die scheuen Waldmenschen. »Sie sind großartige Jäger und können sich durch den Dschungel ohne das geringste Geräusch bewegen. Für jedes Lebewesen haben sie einen Namen, den selbst kleine Jungen kennen. Sie sind wunderbar geschickt im Gebrauch des Blasrohrs und schießen ihre Giftpfeile mit solcher Präzision, dass sie selten das kleinste Ziel verfehlen, doch trotz dieser Geschicklichkeit im Umgang mit Waffen sind sie eine sehr scheue Rasse, können aber in Selbstverteidigung kämpfen.«[18]

Als einziges Volk von Sarawak waren die »Punan« keine Krieger und Kopfjäger, trieben keine Landwirtschaft, bauten keine Langhäuser, hielten kein Vieh und benutzten keine Boote. Sie lebten einzig von der Jagd mit dem Blasrohr, von der Verwertung von Sago und vom Sammeln von Waldprodukten. »Wenn zu diesen eigentümlichen Tatsachen hinzukommt, dass sie in jeder Weise dem Ideal des ›sanften‹ oder ›edlen‹ Wilden entsprechen [...], wächst die Überraschung.«

Charles Hose beschrieb seine »edlen Wilden«, in deren Gesichtszügen und Körperhaltung er auch »etwas von der Erscheinung eines unzähmbaren wilden Tieres«[19] sah, nicht nur als äußerst einfach, sondern auch als moralisch überlegen: »Sie sind ein ehrliches und selbstloses Volk und [...] wenn man sie einmal besser kennt, dann sind sie zweifellos die sich am anständigsten aufführenden Leute von allen wilden Stämmen auf der Insel.«[20]

Hatte Charles Hose tief im Innern von Borneo den Menschen in seinem paradiesischen, unverdorbenen Naturzustand gefunden? Mit dem »edlen Wilden« bediente sich Hose eines umstrittenen Begriffes, den der britische Dramatiker John Dryden 1672 geprägt hatte und der seither durch die Kulturgeschichte geisterte.[21] Fälschlicherweise wurde der »edle Wilde« oft Jean-Jacques Rousseau zugeschrieben, der bekanntlich davon überzeugt war, dass die Menschen von Natur aus gut waren, ursprünglich im Wald lebten und erst durch die Erfindung des Eigentums und der Zivilisation moralisch verdorben wurden. Der Genfer Philosoph sprach in seinem kulturkritischen Diskurs *Über den Ursprung der Ungleichheit unter den Menschen* von 1755 aber nie von »edlen Wilden«, sondern einzig vom »wilden Menschen« (»l'homme sauvage«), »dem Wilden« (»le sauvage«) oder dem »Naturmenschen« (»l'homme naturel«).[22]

Der empirische Nachweis des »edlen Wilden« entsprach jedenfalls einer tiefen Sehnsucht der Europäer im Zeitalter der Entdeckungen und des Imperialismus und war für die Bücher von Charles Hose auch unter einem Marketingaspekt nicht zu unterschätzen. Gegen Ende seines Lebens rückte der nach England zurückgekehrte Hose die »Punan« noch stärker in den Vordergrund seiner Schriften. *Natural Man* nannte er die 1926 erschienene Zusammenfassung seiner anthropologischen Forschungen in Borneo. Im Vorwort schrieb ein mit Hose befreundeter Professor: »Wenn dieses Buch keinen andern Zweck erreicht, als die Tatsache von grundlegender Wichtigkeit zu etablieren, dass der Mensch von Natur aus friedlich und gutartig ist, wird er eine Revolution in der Doktrin der Anthropologie erreicht haben.«

Die zeitgenössische Wissenschaft wollte von einer solchen Revolution allerdings nichts wissen und zeigte sich kritisch gegenüber dieser Neuauflage von Rousseaus Theorie der natürlichen Güte (»bonté naturelle«) des Menschen. Doch *Natural Man* wurde ein Verkaufsschlager und ist ein bis heute interessantes Buch geblieben.

EIN VEGETARIER UNTER JÄGERN

»Charles Hose hat die Penan fälschlicherweise als ›Punan‹ bezeichnet, weil er eine Kayan-Frau als Geliebte hatte. Die Kayan nennen die Nomaden in ihrem Gebiet so, aber die Nomaden selber bezeichnen sich als ›Penan‹ – mit einem stummen ›e‹«, sagt Rodney Needham.

Intakter Urwald im oberen Baram.

Der alte Professor liegt rücklings auf der Couch in seinem Wohnzimmer. Er spricht langsam und schwer atmend, aber trotz der Anstrengung klar und deutlich. Seine Miene ist sorgenvoll. Hin und wieder wendet er den Kopf zu mir, und seine hellen blauen Augen versichern sich mit einem strengen Blick, dass der Gast aufmerksam zuhört.

Wir schreiben den 26. April 2005, es ist Dienstagnachmittag. Ein Stockwerk tiefer, auf der belebten Holywell Street, nimmt das Universitätsleben von Oxford seinen gewohnten Lauf. Liebespaare schlendern untergehakt über den Gehsteig, ihre Taschen schwer beladen mit akademischen Lehrbüchern. Asiatische Touristen schlurfen zum wenige Meter entfernten Eingang der Bodleian Library, der altehrwürdigen Universitätsbibliothek von Oxford. Im King's Arms Pub an der Ecke sitzen ein paar Studenten vor großen Biergläsern.

Von hier brach 1932 eine vom British Museum finanzierte Studentenexpedition zur Erforschung des Dschungels von Sarawak auf, die Oxford University Expedition.[23] Hier in Oxford hat aber auch Rodney Needham (1923–2006) über ein halbes Jahrhundert lang als Sozialanthropologe geforscht und gelehrt, unterbrochen von Feldaufenthalten in Sarawak und Indonesien.

Ich habe den emeritierten Professor um Auskunft zu seiner Forschung über die Penan-Nomaden gebeten und er hat eingewilligt, mich zu treffen. Der 82-jährige, an einem Lungenleiden erkrankte Needham kämpft um jeden Atemzug und wird eineinhalb Jahre später sterben. Doch bis ans Lebensende hat er sich seine wissenschaftliche Neugier und seine Hilfsbereitschaft erhalten.

Needham gilt als einer der führenden Köpfe der britischen Anthropologie des 20. Jahrhunderts. Seine Aufsätze und Bücher stehen noch heute auf den Pflichtlektürelisten der Studienanfänger der Sozialanthropologie. Während des Zweiten Weltkriegs kämpfte er als junger Hauptmann in Burma gegen die Japaner und überlebte nur knapp die Schlacht um Kohima, das »Stalingrad des Ostens«. Nach Kriegsende kehrte er nach Südostasien zurück, diesmal in friedlicher Mission, um für seine Dissertation am Merton College der Universität Oxford die Penan zu erforschen.

Als erster Wissenschaftler lebte Rodney Needham Anfang der 1950er-Jahre während mehrerer Monate mit nomadischen Penan-Gruppen und erlernte ihre Sprache. Minutiös erhob er ihre Namen, die Größe ihrer Sippen, ihre Gewohnheiten, Verwandtschaften und Streifzüge durch den Dschungel. Die Ergebnisse schrieb er in kleiner, krakeliger Schrift in Dutzende von Feldbüchern, welche die Grundlagen für seine Doktorarbeit und verschiedene wissenschaftliche Artikel bildeten. Publiziert wurde Needhams von Legenden umrankte Dissertation nie, doch mit den Jahren begann eine heimlich angefertigte Kopie des Originals zu zirkulieren, die auch den Bruno Manser Fonds erreichte.

Als Vegetarier hatte Needham es besonders schwierig bei einem Volk von Jägern, dessen Hauptbeute die in Borneo vorkommenden Wildschweine[24] sind, und angeblich soll ein Feldaufenthalt bei den Penan mit einem Nervenzusammenbruch geendet haben. Doch Needham hat auch schöne Erinnerungen und zeigt mir auf dem Kaminsims seines Wohnzimmers ein mit Glasperlen besetztes Rattanarmband, das eine junge Penan-Frau für ihn geflochten hat.

Eine von Needhams wichtigsten Erkenntnissen war, dass sich die Penan in zwei deutlich verschiedene Gruppen unterscheiden, deren Siedlungsgebiet durch den Lauf des Baram-Flusses getrennt ist. Rechts des Baram, wo der Selungo-Fluss in den Baram mündet, leben die östlichen Penan (Penan Selungo), links des Baram, im Einzugsgebiet des Silat-Flusses, die westlichen Penan (Penan Silat).[25]

Mit der Beschreibung der Penan durch Charles Hose als sanftmütige, scheue »edle Wilde« waren ausschließlich die östlichen Penan gemeint, die (wie Along Sega) am längsten als Nomaden ausharrten und sich mit zivilem Ungehorsam gegen die Abholzung wehrten. Mit diesem Volk arbeitet der Bruno Manser Fonds seit seiner Gründung zusammen und es ist im Allgemeinen gemeint, wenn in diesem Buch von »Penan« die Rede ist. Im Unterschied zu ihnen sind die ihre Konflikte offen austragenden, mitunter auch laut werdenden westlichen Penan auch schon als »New Yorker des Regenwaldes« bezeichnet worden.[26]

Needham schätzte die Penan-Bevölkerung Anfang der 1950er-Jahre auf nur 2650 Personen, von denen rund zwei Drittel als nomadische

Kapitel 2 – gesamte Bildserie

Impressionen aus der Penan-Urwaldsiedlung Ba Lai (o.r.) und Nachbardörfern im oberen Baram, 2012 dokumentiert durch den französischen Fotografen Julien Coquentin.

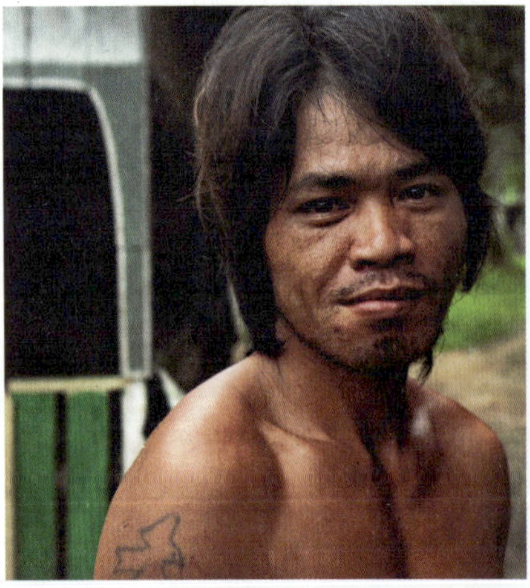

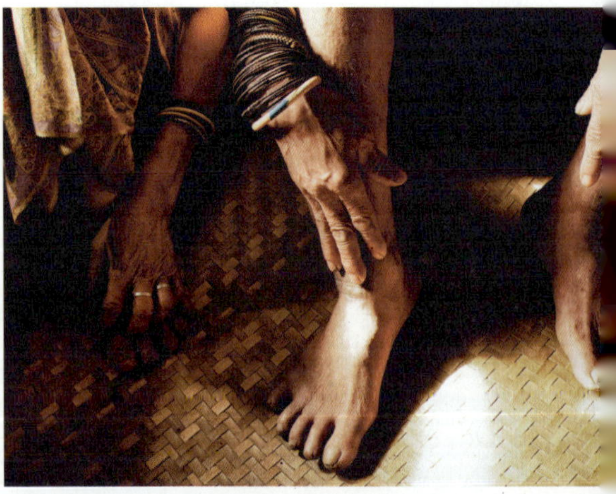

Die früher als nomadische Sammler und Jäger lebenden Penan haben sich seit Mitte des 20. Jahrhunderts in Dörfern sesshaft niedergelassen.

Sammler und Jäger lebten. Die Übrigen, fast alles westliche Penan, hatten das nomadische Leben bereits aufgegeben und sich in Dörfern niedergelassen, wo sie »in einer ähnlichen Art wie die bekannteren Völker aus Borneo«[27] lebten.

Rodney Needham war das Wohl der Penan noch im hohen Alter ein wichtiges Anliegen. Auf meine Bitte hin gab er bei einem Notar eine eidesstattliche Erklärung (Affidavit) ab, in der er beurkunden ließ, in welchen Regenwaldgebieten er bei seiner Feldforschung Penan-Nomaden antraf. Diese Erklärung sollte den Penan beim Kampf um ihre Landrechte und für die Erhaltung des Regenwaldes helfen.

Bei meinem zweiten Besuch in Oxford gibt mir der Professor ein Geschenk besonderer Art mit: die Abzüge von Schwarz-Weiß-Porträts von Penan, die er 1951 im Dschungel von Sarawak anfertigte – die erste größere Bildserie aus der Geschichte der Regenwaldnomaden überhaupt

SIEHE KAPITEL 3.

Wenig später schickt mir Professor Needham einen Brief, fein säuberlich getippt auf seiner mechanischen Schreibmaschine: »Schlechte Gesundheit hat mich davon abgehalten, Ihre letzte Nachricht zu beantworten, aber ich werde das tun, wenn ich genug erholt bin. Ich befürchte, dass ein weiterer Besuch zu anstrengend wäre.«[28] Doch der bedeutende Gelehrte sollte sich leider nicht mehr erholen. Ende 2006 erreicht den Bruno Manser Fonds die Nachricht von seinem Tod.

DIE TRAGÖDIE DER PENAN

Mit den Bildern von Rodney Needham und seinem Affidavit im Gepäck reise ich im Herbst 2006 nach Sarawak, um unsere Penan-Freunde und ihre Rechtsanwälte zu treffen. Nach sechs Stunden Fahrt auf der Holzfällerstraße erreiche ich das Penan-Dorf Long Bangan. Dort hoffe ich, Zeugen ausfindig zu machen, welche bei der Identifizierung der Needham-Bilder helfen können.

»Das bin ich als junge Frau, ganz eindeutig«, sagt Aren Umai und betrachtet die alte Fotografie genau. Die Penan-Frau strahlt über das ganze Gesicht, verbirgt aber ansonsten ihre Aufregung. »Hier ist der Beweis: Seht euch die Tätowierung auf meinem rechten Unterarm an. Und jetzt seht euch die Tätowierung der Frau auf der Fotografie an. Diese fünf Punkte ließ ich mir tätowieren, weil mir innerhalb kurzer Zeit fünf gute Dinge passiert sind.«

Der Fall ist klar: Die junge barbusige Schönheit auf dem Schwarz-Weiß-Foto und die gealterte, aber noch rüstige Penan-Frau vor uns sind identisch. Wir schreiben den 7. September 2006, ein wichtiger Tag für Aren, und sie ist richtig gut gelaunt. Noch nie zuvor hat die über 70-Jährige ein Bild von sich selbst als junge Frau gesehen, und sie ist ganz erstaunt, denn sie kann sich nicht mehr daran erinnern, den britischen Anthropologen Needham getroffen und für ihn posiert zu haben. Wohl wusste sie zu jener Zeit auch nicht, was eine Fotokamera ist und wie sie funktioniert.

Das Bild von Aren entstand 55 Jahre zuvor im November 1951 bei einem *tamu*-Handelstreffen am Tutoh River, einem Zufluss des Baram, der weit oben in den Bergen entspringt. »Wir haben damals schöne Preise gelöst für unsere Waren aus dem Dschungel«, sagt Aren und lässt zum Beweis die Goldzähne in ihrem Mund blitzen, die sie sich als junge Frau durch einen Zahnarzt einsetzen ließ.

Heute lebt sie mit ihren sechs Kindern und zahlreichen Enkelkindern nur wenige Kilometer vom UNESCO-geschützten Mulu-Nationalpark entfernt im 400-Seelen-Dorf Long Bangan. Das Dorf am Unterlauf des Tutoh besteht aus 68 einfachen, auf Stelzen stehenden Häusern aus dunklen Holzbrettern.

»Schaut mein Kleid auf dem Bild an, das *talun*«, sagt Aren zu den neugierig sie umringenden Kindern. »Das habe ich aus Baumrinde selbst hergestellt. Es war unser typisches Frauenkleid, als wir noch als Nomaden im Dschungel lebten.« Besonders stolz war Aren als junge Frau auf ihren Ohrschmuck aus großen Holzrondellen. Zwar war es sehr schmerzhaft, die Ohren einzuschneiden. Doch die dadurch verlängerten Ohrläppchen galten als Symbol für Erfolg im Leben.

Für Jagd, Fischfang und das Sammeln von Waldprodukten sind die Penan auf den intakten Regenwald angewiesen.

Handarbeiten, das Sammeln von Pflanzen und das Worfeln des Reises sind alltägliche Aufgaben der Penan-Frauen.

Die Penan-Sprache kennt über 1300 Ausdrücke für Bäume und Waldpflanzen, von denen viele als Nahrung, Heilmittel oder Rohstoff genutzt werden.

Mittlerweile ist auch der Häuptling von Long Bangan, Unga Paren, zu uns gestoßen. »1960 gründete mein Vater dieses Dorf, als er einen geeigneten Ort suchte, wo unsere Nomadengruppe sich niederlassen konnte«, sagt er. »Vor der Sesshaftwerdung mussten wir zum Christentum übertreten, denn unser alter Geisterglaube hätte es uns nicht gestattet, länger an einem Ort zu verweilen.«

Als Sarawak von den »weißen Rajas« und später von der britischen Krone regiert wurde, bestand das ganze Penan-Gebiet noch aus intaktem Urwald. Erst nach dem Abzug der Kolonialmacht begann die Abholzung im Landesinnern. »1986 erreichten die Bulldozer der Holzfirmen unser Gemeindeland«, erzählt der Häuptling. Er wirkt ruhig und gefasst, auch wenn es ihm sichtlich schwerfällt, über das Leid seines Volkes zu sprechen. »Wir wollten mit der Regierung verhandeln und die Holzfirma bitten, unsere Bäume nicht abzuholzen«, sagt er. »Doch niemand wollte auf uns hören, und man sagte uns, wir hätten keine Rechte über unser Land.«

Als die Verhandlungen scheiterten, errichteten die Dorfbewohner von Long Bangan eine große Straßenblockade. Sie dauerte nur zwei Tage. Die Holzgesellschaft rief die Polizei und eine Armee-Einheit, die mit aller erdenklichen Härte vorgingen: 100 Penan wurden verhaftet und ins Gefängnis gesteckt. Über zwei Wochen verbrachte der Häuptling hinter Gittern.

Als Unga wieder freikam, waren die Bulldozer und Motorsägen der Holzgesellschaft bereits daran, unter Polizeischutz den Gemeindewald abzuholzen. Ohnmächtig musste der Häuptling zuschauen, wie die schönsten Urwaldriesen gefällt und weggekarrt wurden. Pfeilgiftbäume, Sagopalmen, alles wurde zerstört, auch wenn die Holzfäller zuerst nur an wenigen leicht verkäuflichen Edelhölzern wie Meranti und Belian (Eisenholz) interessiert waren.

In der Zwischenzeit wurde im Regenwald rings um Long Bangan schon dreimal abgeholzt, alle großen Bäume sind weg und der nahe Fluss und die Trinkwasserfassung sind verschmutzt. Mitten im einstigen Regenwald gibt es kein sauberes Quellwasser mehr, und die Dorfbewohner sind gezwungen, das Regenwasser von ihren Hausdächern in großen blauen Plastiktanks zu sammeln. Die Tanks haben sie von der Holzgesellschaft als »freiwillige Kompensation« geschenkt bekommen.

Seit der Holzvorrat des umliegenden Waldes erschöpft ist, haben die Konzerne ihre Strategie geändert. Sie warten gar nicht erst, bis der Wald nachgewachsen ist, sondern räumen die natürliche Vegetation lieber gleich ganz ab, um den Wald durch schnellere Rendite versprechende Ölpalmen zu ersetzen. Wie ein rasch wucherndes Krebsgeschwür rücken in letzter Zeit die Ölpalmplantagen immer näher an die Reisfelder um Long Bangan heran.

Die Geschichte von Long Bangan ist symptomatisch für die Tragödie der Ureinwohner von Sarawak in der zweiten Hälfte des 20. Jahrhunderts, ihre Entrechtung und die mutwillige Zerstörung ihrer einzigartigen Regenwaldkultur. Sie ist aber auch Sinnbild für die Schattenseiten der Entwicklung in Sarawak insgesamt, die wenigen Menschen extremen Reichtum gebracht hat, für viele aber mit Armut, Krankheit und dem Verlust ihres wichtigsten Besitzes, ihres traditionellen Landes, verbunden war.

Häuptling Unga macht sich große Sorgen um die Zukunft und befürchtet, dass die Regierung und die Holzkonzerne das Gemeindeland von Long Bangan in eine Ölpalmplantage umwandeln werden. Zum Abschied verspreche ich ihm und Aren Umai, dass der Bruno Manser Fonds sein Dorf nicht vergessen wird und bereit ist, bei der Kartierung des Gemeindelandes und der Erarbeitung einer Landrechtsklage zu helfen.

DIE LETZTEN NOMADEN VON BORNEO

Der Hubschrauber mit dem kanadischen Fernsehteam landet weich auf der Lichtung im Regenwald. In einer knappen halben Stunde hat er von der Küstenstadt Miri aus den Oberlauf des Limbang erreicht. Ian Mackenzie, der Linguist aus Vancouver, steigt aus, hält sich die Ohren zu, um sich vor dem Rotorlärm zu schützen, und nähert sich den bescheidenen Holzhütten am Rand der Lichtung. Der »große Walddämon«, wie die Penan ihren hoch gewachsenen Freund nennen, ist in seiner Wahlheimat angekommen. In seinem Schlepptau folgt das Kamerateam. Die Kanadier sind auf der Suche nach den letzten Nomaden von Borneo.[29]

Seit 1993 erforscht Mackenzie die Sprache der östlichen Penan. Damals lebten noch rund 400 von ihnen als nomadische Sammler und Jäger im intakten Urwald im Norden von Sarawak. Mackenzie war von ihrer Lebensweise fasziniert, waren sie doch das letzte verbliebene Volk Südostasiens, das weder Ackerbau noch Viehzucht betrieb.

Die Begegnung mit den Penan veränderte das Leben des kanadischen Forschers und Privatgelehrten und er verbringt seither jedes Jahr mehrere Monate in Sarawak, um Begriffe und Geschichten aus ihrer Kultur zu sammeln. Über 15 000 Penan-Wörter hat Mackenzie registriert und in seinem *Dictionary of Eastern Penan* festgehalten, einem in Umfang und Anspruch einzigartigen Dokumentationswerk einer indigenen Sprache. Allein für die verschiedenen Bäume und Waldpflanzen hat Mackenzie über 1300 Ausdrücke gefunden. Das zeigt, welch zentrale Rolle die Natur im Leben dieser Urwaldkultur spielt.

»Reisbauer« war für die Nomaden, die von der Ernte des wilden Sago im Urwald lebten, immer ein Schimpfwort, weiß Mackenzie zu berichten. Er vermutet, dass die Penan-Kultur sekundär entstanden ist, begründet von ehemaligen Bauern, die durch Krieg aus ihren Siedlungen vertrieben wurden und in den Tiefen des Waldes Zuflucht fanden. »Die Penan haben herausgefunden, dass im intakten Urwald die nomadische Lebensweise effizienter ist als die Sesshaftigkeit«, sagt der Linguist.

Doch unter dem Druck der zunehmenden Abholzung ihrer Rückzugsgebiete verschwand dieser Vorteil der traditionellen Lebensweise der Penan, da Jagdwild und Sagopalmen knapp geworden sind. In den ersten Jahren des 21. Jahrhunderts ließen sich auch die letzten Nomaden sesshaft nieder und begannen mit dem Anbau von Reis und Maniok: »Das ist eine kollektive Entscheidung, die sie gemeinsam getroffen haben. Sie haben sich gesagt, dass ihre Zukunft in der Sesshaftigkeit liegt und dass das moderne Leben Möglichkeiten bietet, die sie nutzen wollen.«

Heute sucht Mackenzie Häuptling Along Sega, den überzeugten Nomaden und Kämpfer für die Sache der Penan. Er soll die allerletzte

Nomadengruppe im Regenwald von Sarawak anführen. Doch die Suche endet mit einer Enttäuschung: Auch Along hat mittlerweile in einer armseligen Hüttensiedlung ein festes Domizil gefunden.

»Das habe ich befürchtet und erwartet. Sie haben sich hier im Sekundärwald rings um ein paar Bretterbuden niedergelassen«, sagt der sichtlich bewegte Penan-Forscher. »Als ich sie das letzte Mal traf, waren sie die stolzesten Menschen der Welt. Sie wollten keine Landwirtschaft betreiben. Und jetzt mussten sie kapitulieren, Reis pflanzen, sich niederlassen und ihren althergebrachten nomadischen Lebensstil aufgeben.«

Keine 120 Jahre nach ihrer »Entdeckung« durch Charles Hose ist die uralte Lebensform der Penan-Nomaden ihrem Ende nahe. Die »edlen Wilden« in ihrem Urwaldparadies wurden von der Zivilisation eingeholt, die eine Lebensweise ohne Erwerbsarbeit, ohne Geld und fast ohne Eigentum nicht mehr zulässt.

»Ich muss jetzt einfach akzeptieren, dass diese Kultur verschwindet«, sagt Mackenzie. »Alles, was ich tun kann, ist, der Penan-Kultur einen Grabstein zu setzen und eine Grabinschrift zu verfassen. Aber ich möchte, dass dieser Grabstein so groß wie möglich ist und dass die Grabinschrift eine Million Wörter lang ist. Und ich glaube, dass ich den Rest meines Lebens daran schreiben werde.«

Häuptling Along Sega sollte die sesshafte Lebensform kein Glück mehr bringen. Wenige Jahre nach seiner Sesshaftwerdung stirbt er am 2. Februar 2011 im Krankenhaus des Städtchens Limbang an einer Wundinfektion, arm und enttäuscht von der malaysischen Regierung und von Chief Minister Taib Mahmud, der den Penan Entwicklung und Wohlstand versprochen hatte.

»Wenn ich tot bin, werden meine Kinder den Kampf für unsere Landrechte und den Wald weiterführen«, sagte mir Along, als ich ihn das letzte Mal traf. Und tatsächlich: Bereits vier Wochen nach seinem Tod reichen die Penan aus dem oberen Limbang-Gebiet gemeinsam mit ihren indigenen Nachbarn, den Kelabit und Lun Bawang, eine Landrechtsklage ein. Dem legendären Häuptling war es nicht mehr vergönnt, diesen historischen Moment zu erleben. Doch sein Sohn Menit ist einer der

Kläger. Sie verlangen von der Regierung von Sarawak eine Anerkennung ihrer Landrechte, eine Annullierung der Abholzungskonzessionen und eine Rückgabe des verbliebenen Waldes an die Ureinwohner. Rodney Needhams Fotografien und seine eidesstattliche Erklärung werden wichtige Beweismittel für die Gerichtsverhandlung sein.

Dum spiro spero (So lange ich atme, hoffe ich) lautete das Familienmotto der Brookes, der »weißen Rajas« von Sarawak. Ein besseres Motto hätten sie den Ureinwohnern des Landes nicht hinterlassen können. Denn die Hoffnung auf Gerechtigkeit und eine bessere Zukunft stirbt zuletzt.

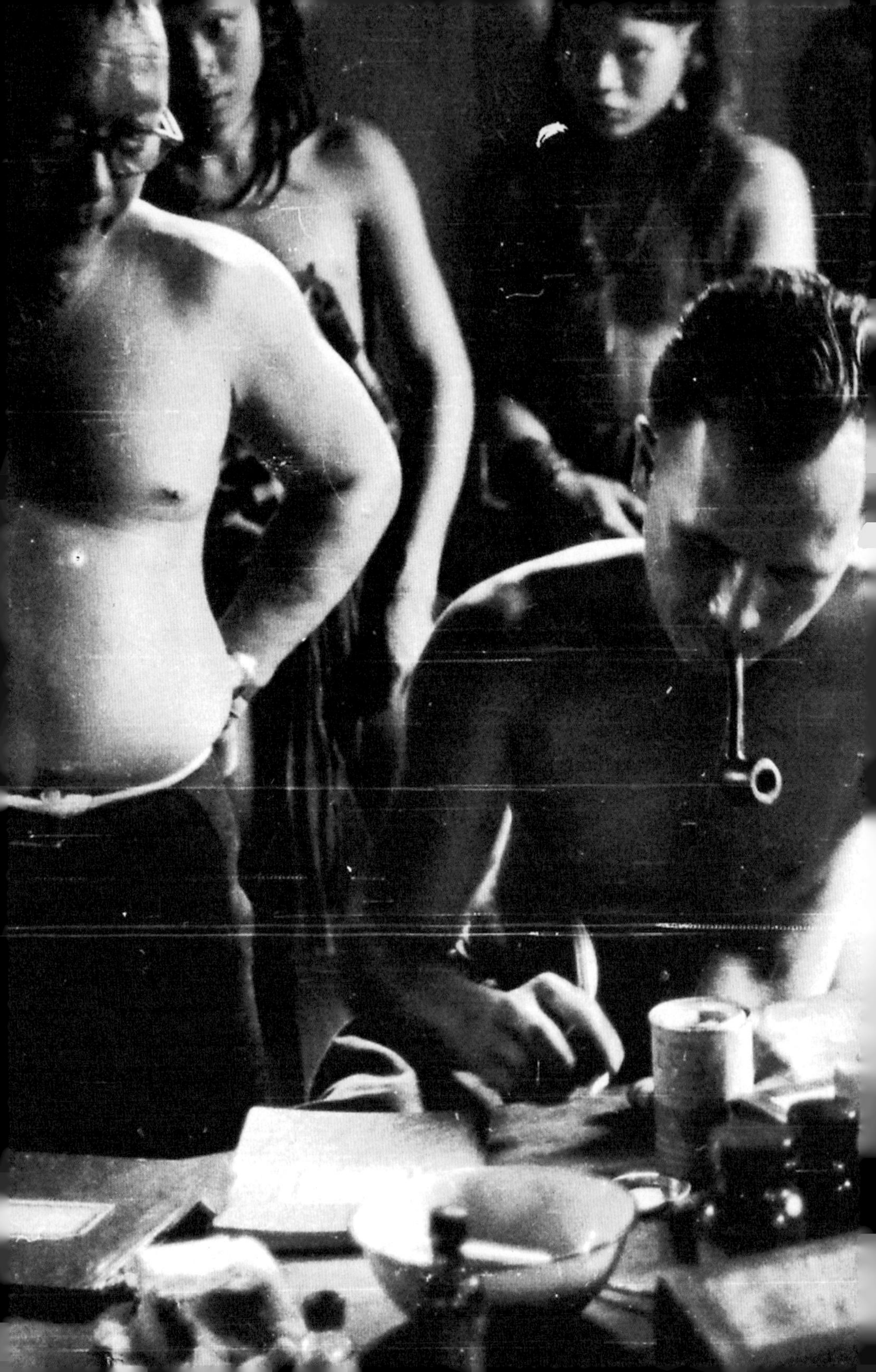

DIE »WEISSEN RAJAS«

DER BRITISCHE ABENTEURER JAMES BROOKE SCHAFFT SICH 1841 EINE PRIVATKOLONIE AUF BORNEO. WÄHREND 100 JAHREN REGIEREN DIE BROOKES ALS KÖNIGE. PALASTINTRIGEN UND DER KALTE KRIEG FÜHREN SARAWAK NACH DEM ENDE DES ZWEITEN WELTKRIEGS INS BRITISH EMPIRE UND SCHLIESSLICH IN DEN NEUEN STAAT MALAYSIA.

03

EIN KÖNIGREICH FÜR EINEN BRITEN

Die Kolonialgeschichte von Sarawak liest sich wie ein Abenteuerroman, der statt im Wilden Westen im Fernen Osten spielt. Die Beschäftigung mit ihr zeigt, dass wesentliche Probleme des heutigen Sarawak historische Wurzeln haben: die Machtkonzentration beim Regierungschef, die Korruption der Eliten sowie das Fehlen einer Mittelschicht und einer demokratischen Tradition. Alle diese Voraussetzungen haben dem Clan von Chief Minister Taib Mahmud Ende des 20. Jahrhunderts seinen beispiellosen Raubzug auf den Regenwald erleichtert.

Am Anfang der Geschichte des Staates Sarawak steht der Brite James Brooke, der 1803 als Sohn eines Kolonialoffiziers im damaligen Britisch-Indien geboren wurde. Im Alter von zwölf Jahren wurde Brooke zur Erziehung nach England geschickt; mit 16 heuerte er als Soldat bei der East India Company an, um Militärdienst im Fernen Osten zu leisten. Die mächtige East India Company verwaltete Indien damals mit Rückendeckung der britischen Krone als Kolonie und versorgte die britischen Inseln mit Tee, Opium, Salpeter, Gewürzen und anderen Kolonialwaren. Brooke kämpfte für seinen Arbeitgeber im britisch-burmesischen Krieg; 1825 kehrte er verwundet nach England zurück.

Nach seinem Austritt aus den Diensten der East India Company träumte der romantisch veranlagte James Brooke davon, im fernen Borneo ein Netzwerk von britischen Handelsstationen aufzuziehen. Dazu wurde er durch die Schriften von Sir Thomas Stamford Raffles (1781–1826) angeregt, dem Stadtgründer von Singapur und leidenschaftlichen Naturforscher, nach dem die Rafflesia, die parasitische Urwaldpflanze mit ihren Riesenblüten, benannt ist. Raffles Plan, Borneo für die Briten zu kolonisieren, war am Widerstand seiner Regierung und der East India Company gescheitert, die vor einem teuren Abenteuer mit ungewissem Ausgang zurückschreckten.[1] Dies gedachte der unternehmungslustige junge Brooke auf eigene Faust zu korrigieren.

Seine Gelegenheit kam, als er von seinem verstorbenen Vater 30 000 Pfund erbte und damit 1836 die *Royalist* erwerben konnte, ein mit sechs Kanonen bewaffnetes privates Kriegsschiff von 142 Tonnen. Nach verschiedenen Probefahrten stach die *Royalist* am 16. Dezember 1838 in See, am 1. August 1839 landete Brooke bei stürmischem Wetter an der Nordküste von Borneo. 14 Tage später ankerte er im Sarawak River vor Kuching.

Das Gebiet um den Sarawak River war damals Eigentum des Sultans von Brunei. Der im 14. Jahrhundert erstmals urkundlich erwähnte Name »Serawak« geht auf das alt-malaiische Wort für Antimon zurück, einen der im Einzugsgebiet des Flusses vorkommenden Bodenschätze.[2] Unter westlichen Seeleuten war die Nordküste von Borneo wegen Iban-Piraten gefürchtet, die die Gewässer unsicher machten. James Brooke und seine gut bewaffnete *Royalist* kamen wie gerufen, um gegen die Piraten vorzugehen und einen Aufstand gegen den Sultan von Brunei niederzuschlagen. Dank erfolgreicher Kriegsführung, viel politischem Geschick und mit Unterstützung von lokalen Verbündeten gelang es Brooke, sich beim Sultan Respekt zu verschaffen. Dieser willigte schließlich am 24. September 1841 ein, Brooke gegen Bezahlung einer jährlichen Gebühr die Regierungsgewalt über Sarawak zu übertragen.[3]

James Brooke nannte sich fortan »Raja« (König) und betrachtete sich als Oberhaupt eines souveränen Staats, den er mit einer Handvoll britischer Beamter regierte und schon bald um zwei Provinzen erweitern sollte. Brooke wusste seine Kräfte präzise einzuschätzen und wog jederzeit ab, wie er seinen persönlichen Machtanspruch durchsetzen konnte, ohne die Bewohner von Sarawak über Gebühr vor den Kopf zu stoßen.

Die malaiischen Notablen, die Sarawak zuvor im Auftrag des Sultans von Brunei regiert hatten, speiste James Brooke mit Ehrentiteln und untergeordneten Chargen in der Verwaltung ab. Durch viele Reisen ins Landesinnere und direkten Kontakt mit der Bevölkerung erwarb er sich loyale Anhänger und baute so eine eigene Machtbasis auf. Wenn nötig, wusste Brooke seinen Herrschaftsanspruch aber auch mit Waffengewalt durchzusetzen. Dabei halfen ihm nicht unwesentlich seine guten Kontakte zur britischen Royal Navy, deren militärische Unterstützung er in den 1840er-Jahren mehrmals anforderte.

Untertanen, die bei ihm Rat suchten, soll James Brooke jederzeit empfangen haben. Bei Streitfällen, die nicht geschlichtet werden konnten, übte er persönlich die Gerichtsbarkeit aus. Es scheint, dass der umsichtig regierende Brooke die lokalen Gepflogenheiten und Traditionen so weit als möglich respektierte und nur korrigierend eingriff, wenn er keine andere Lösung sah. Darin lag zweifellos ein Schlüssel seines Erfolgs als Staatsgründer und Landesvater. Besondere Anliegen waren ihm die Entwicklung des Handels, die Bekämpfung der Piraterie und die Abschaffung der damals bei den Ureinwohnern, insbesondere bei den Iban, immer noch sehr beliebten Kopfjagden.

Anlässlich eines Heimaturlaubs in England Ende der 1840er-Jahre ließ sich James Brooke von der Queen zum Ritter (Sir) schlagen, zum

Generalgouverneur von Borneo ernennen und in der britischen Presse für seine Heldentaten feiern. Innerhalb von wenigen Jahren hatte sich der charismatische Eroberer einen erstaunlichen Namen gemacht. »Ich besuchte Teile von Borneo, in denen noch nie ein Europäer war, und selbst dort nannten die Leute mir den Namen Brooke«, berichtete ein hoher britischer Offizier 1852 fasziniert. »Sein Name war überall zu einer Art Talisman geworden.«[4]

Sir James Brookes personalisierte Herrschaft stieß bei den Bewohnern von Sarawak aber nicht nur auf Anklang; vor allem vonseiten der Iban-Ureinwohner schlug ihm beharrlicher Widerstand entgegen. Legendär wurde deren Anführer Rentap, der am Skrang-Fluss ein Fort der Brookes attackierte. James Brooke konterte geschickt, indem er sich mit anderen Iban verbündete, die ihm beim Kampf gegen Rentap halfen. 1849 rief er die britische Navy aus Singapur gegen die Iban von Saribas zur Hilfe. Bei der folgenden Schlacht wurden über 500 Ureinwohner getötet.[5] Daraufhin musste sich Brooke einer Untersuchung durch die britische Regierung stellen, da ihm unnötige Gewalt und Gräueltaten vorgeworfen wurden.

Sein Ruf hat James Brooke weit über seine Zeit hinaus überlebt. »Wenn das Wort Größe eine Bedeutung hat, dann war James Brooke ein großer Mann«, schrieb der britische Historiker Steven Runciman 1960. Der militärisch und politisch erfolgreiche Draufgänger James Brooke war aber nicht wirklich ein guter Administrator und Ökonom. Nur indem er sein ganzes Privatvermögen aufbrauchte und sich persönlich verschuldete, konnte Brooke sein Kolonialabenteuer finanzieren. Bei seinem Tod im Jahr 1868 hinterließ der »weiße Raja« Sarawak als verarmtes Staatswesen mit nur schwach ausgebildeten Institutionen.[6]

KONSOLIDIERUNG DER FAMILIENHERRSCHAFT

Nachfolger des kinderlosen James Brooke wurde sein Neffe Charles Brooke (1829–1917). Ohne dessen außerordentliche Fähigkeiten wäre die romantisch-abenteuerliche Geschichte der brookeschen Privatkolonie wohl sang- und klanglos zu Ende gegangen und der Sultan von Brunei, die britische Krone oder eine andere Kolonialmacht hätte die Herrschaft über Sarawak übernommen.

Doch Charles Brooke war ein begabter Administrator, nüchtern, diszipliniert, streng mit sich selbst und seinen Untergebenen, in vieler Hinsicht ein gegenteiliger Charakter zu seinem Onkel. In England erzogen, war er im Alter von 23 Jahren nach Sarawak gekommen. Die meiste Zeit hatte er im Dienst seines Onkels auf Außenstationen im Hinterland verbracht, allein und ohne europäische Begleitung.

Jetzt, da seine Chance gekommen war, war Charles Brooke wild entschlossen, das Kolonialexperiment seines Onkels weiterzuführen und ihm zu dauerhaftem Erfolg zu verhelfen. Im Alter von 39 Jahren ließ er sich zum zweiten Raja krönen und übernahm die Herrschaft über Sarawak.

Mit seinem Amtsantritt begann für den jungen Staat eine Periode der Konsolidierung. Ein großer diplomatischer Erfolg war, dass der zweite Raja 1888 die britische Krone vertraglich als Schutzmacht verpflichten konnte. Während die Briten militärische Unterstützung für die Verteidigung von Sarawak gegen fremde Mächte zusicherten, behielt Brooke freie Hand im Innern des Landes. Der Autokrat und »aufgeklärte Despot« (Runciman) begründete das Sarawak Museum, studierte Gartenbau und Landwirtschaft und widmete sich der politischen und ökonomischen Entwicklung seines Staates, in dem er sich bis zur Obsession um jedes Detail kümmerte.

Mit viel diplomatischem Geschick führte Charles Brooke die von seinem Onkel begonnene territoriale Erweiterung fort und erwarb vom Sultan von Brunei bedeutende neue Ländereien im Norden: den riesigen Baram-Distrikt (1881) sowie das Einzugsgebiet der Flüsse Limbang, Trusan und Lawas, sodass Sarawak schließlich das Territorium von Brunei umschloss. 1905 war die Expansion abgeschlossen. Mit einer Ausdehnung von 124 500 Quadratkilometern – dreimal die Fläche der Schweiz – war die brooksche Besitzung auf Borneo zu einem Staat von respektabler Größe angewachsen.

Mittels Steuern und Lizenzzahlungen für geschürfte Mineralien, insbesondere Gold und Antimon, begann der zweite Raja, nach der Defizitwirtschaft seines Onkels langsam ein Staatsvermögen aufzubauen. Die lokale Währung war der 1858 eingeführte Sarawak-Dollar, dessen Münzen das Konterfei des Rajas trugen.

Auffällig ist die Feindseligkeit, mit der Charles Brooke ausländischen Investoren begegnete. Als einzige fremde Handelsgesellschaft durfte die britische Borneo Company Limited mit Sarawak Handel treiben.[7] Der zweite Raja war zwar entschlossen, die natürlichen Ressourcen von Sarawak auszubeuten. So förderte er den Kohlebergbau, den Anbau von Agrargütern wie Kaffee, Tee und Tabak sowie die Verarbeitung von Waldprodukten wie wildem Kautschuk. Doch er setzte ganz auf lokale, vor allem chinesischstämmige Händler und Unternehmer und wollte vermeiden, dass europäische Kapitalisten große Ländereien in Sarawak zusammenkaufen und zur Anlage von Plantagen benutzen würden.

Als Ende des 19. Jahrhunderts überall in Südostasien große Kautschukplantagen angelegt wurden, warnte der vorsichtige Raja vor einer Spekulationsblase: »Ich hasse das Wort Kautschuk und betrachte dies als gigantisches Glücksspiel […].«[8] Wenn schon Kautschukplantagen sein mussten, dann wollte er die aus Südamerika eingeführten Pflanzen (Hevea brasiliensis) durch lokale Kleinbauern, nicht durch große ausländische Konzerne angebaut haben.

Charles Brooke war ein Gegner des ausbeuterischen Imperialismus, wie er im ausgehenden 19. Jahrhundert in anderen Kolonien propagiert und betrieben wurde. Dadurch handelte er sich den Ruf ein, fortschrittsfeindlich zu sein. »Kongo-Regeln können in Sarawak nicht unterstützt werden«,[9] schrieb er mit Blick auf die ruchlose Ausbeutung Zentralafrikas durch die Kolonialmacht Belgien unter Leopold II.[10] Er verurteilte die geldgierige Spekulation und Ausbeutung der Kolonien durch die Europäer, »wenn doch der Hauptbeweggrund ein ehrlicher und aufrechter Schutz für alle Rassen gleichermaßen und insbesondere für die schwächeren sein sollte.«[11] Demgegenüber bestimmte der Raja für die Regierungsführung von Sarawak das (durch ihn definierte) »Interesse der Einheimischen« als Richtschnur.

So ließ sich natürlich auch die Herrschaft der Brookes legitimieren, die als Treuhänder der Bewohner von Sarawak regieren wollten.[12] Die Familie verwaltete ihr Staatswesen um die Jahrhundertwende mit nur rund 30 europäischen Kolonialoffizieren sowie mit lokal rekrutierten »Native Officers«, in ihrer Mehrzahl Malaien. Charles Brooke befürchtete wohl auch, dass eine zu starke Öffnung von Sarawak gegenüber dem Weltmarkt und zu große Veränderungen seine eigene, stets fragile Machtposition im Staat gefährden könnten.

HUNDERT JAHRE EINSAMKEIT

Diese Politik der weitgehenden wirtschaftlichen und politischen Abschottung wurde auch von Charles Vyner Brooke, dem dritten Raja von Sarawak, weitergeführt, der 1917 in die Fußstapfen seines verstorbenen Vaters trat. Wegen ihrer umsichtigen, auf Ausgleich und die Berücksichtigung lokaler Interessen bedachten Regierungsführung genießen die Brookes bei vielen Einwohnern von Sarawak bis heute Respekt und hohes Ansehen. Ihr größtes Versagen lag im Bereich der Bildung, die sie ganz vernachlässigten. Ein Anfang der 1930er-Jahre geschaffenes »Education Department« in der Brooke-Verwaltung wurde nach wenigen Jahren aus Kostengründen wieder abgeschafft und die ganze Schulbildung wurde privaten Initiativen wie den verschiedenen Missionsschulen überlassen. Nur wenige Einwohner von Sarawak konnten sich dementsprechend eine höhere Bildung aneignen und waren für die spätere Unabhängigkeit gerüstet.

Am Morgen des 24. September 1941 gingen in Kuching die unter großem Aufwand vorbereiteten Feierlichkeiten zum 100-Jahr-Jubiläum der Brooke-Herrschaft los. Doch Charles Vyner Brooke war übellaunig und mochte nicht aufstehen. Zwei Brandys und eine gehörige Portion Überzeugungsarbeit seitens seiner Untergebenen brauchte es, damit der 67-Jährige das Bett verließ. Er weigerte sich, den Erinnerungsgottesdienst in der Kathedrale von Kuching und die beiden Pferderennen zum

Jubiläum zu besuchen. Einzig auf den Stufen des alten Gerichtshauses zeigte er sich, um Loyalitätsbekundungen entgegenzunehmen und die neue Verfassung von Sarawak vorzustellen, die er ein halbes Jahr zuvor in Auftrag gegeben hatte.[13]

Diese sah die Einführung von zwei Ratskammern vor. Sie sollte das autokratische Regime der Brookes beenden und die Regierungsverantwortung auf eine breitere Basis stellen. Im Gegenzug für den Verzicht auf seine absolute Herrschaft ließ sich Charles Vyner Brooke 2 Millionen Sarawak-Dollar (200 000 GBP) aus der Staatsschatulle ausbezahlen und eine üppige Rente zusichern.

Der Raja brauchte dringend Geld, um den aufwendigen Lebenswandel seiner Frau Sylvia und seiner beiden extravaganten Töchter zu finanzieren. Diese zeigten sich nur noch selten in Sarawak und vergnügten sich lieber in London oder in der aufstrebenden, mehr Glamour versprechenden Filmmetropole Hollywood. 100 Jahre Herrschaft über Sarawak hatten die Brookes selbstgefällig, träge und dekadent werden lassen. Das europäische Königshaus im Dschungel von Borneo hatte sich überlebt und war zum Anachronismus und Schauplatz unzähliger Intrigen geworden.

Der 1946 nach Sarawak entsandte britische Parlamentarier David Gammans zeichnete in einem vertraulichen Bericht ein wenig schmeichelhaftes Sittengemälde über den Zustand der Brooke-Dynastie zum Ende ihrer Herrschaftszeit. Über Charles Vyner urteilte er, dass er »faul und ziemlich dumm« sei und »seit vielen Jahren die Fleischtöpfe Europas den Entbehrungen von Sarawak« vorgezogen habe.«[14] Und über einen führenden Beamten der Brooke-Administration schrieb er, dass er »wie die meisten Beamten von Sarawak die meiste Zeit betrunken« sei.[15] Besonders hart ins Gericht ging Gammans mit der Königin, »Ranee« Sylvia, einer Skandalnudel und Liebhaberin von Juwelen in nicht zu kleiner Menge. Ihr folgte er bis in schummrige Nachtklubs, wo die ausschweifende Partygängerin an jungen Prostituierten besonderen Gefallen fand: »Während wir dort waren, ging sie dreimal in einen zwielichtigen Nachtklub, das Cathay Cabaret. Dort tanzte sie mit professionellen Tänzerinnen Conga. Sie lädt diese Mädchen, die alle Prostituierte sind, in den Palast ein und malt von ihnen Bilder. Es wäre schwierig, eine unwürdigere Frau zu finden.«[16]

Charles Vyner Brooke hatte das Interesse an den lästigen Regierungsgeschäften in Sarawak längst verloren und verbrachte immer mehr Zeit in England. Der Verzicht auf seine autokratischen Vorrechte fiel ihm umso leichter, als er keinen Sohn hatte, der seinen Thron erben konnte. Und er wollte um keinen Preis, dass sein Neffe Anthony, mit dem er sich zerstritten hatte, dereinst zum neuen Raja gekrönt würde. Immer häufiger dachte Vyner deshalb daran, Sarawak gegen ein schönes Entgelt der britischen Krone abzutreten, ein Plan, den auch seine Frau Sylvia unterstützte.[17]

DAS ENDE DER BROOKES IN SARAWAK

Die Verfassung von 1941 brachte der lokalen Elite von Sarawak, insbesondere den von den Rajas bevorzugten Malaien, erstmals eine echte Beteiligung an der Regierung. Doch die neue Regierungsform sollte von kurzer Dauer sein: Nur drei Monate nach Annahme der neuen Verfassung besetzten japanische Truppen Sarawak und setzten der Herrschaft der Brookes ein jähes Ende. Nach ihrem Überraschungsangriff auf die amerikanische Pazifikflotte in Pearl Harbor (Hawaii) am 7. Dezember 1941 brachte die japanische Armee Südostasien in Windeseile unter ihre Kontrolle. Der Zweite Weltkrieg hatte den Pazifik erfasst.

Bereits am 16. Dezember 1941 landete eine 10 000 Mann starke japanische Besatzungstruppe in Sarawak und besetzte die Hafenstadt Miri und die Ölfelder von Seria im benachbarten Brunei. Nach japanischen Luftangriffen auf verschiedene Städte fiel Kuching am Weihnachtstag 1941 kampflos in die Hände der Japaner.[18] Die 1888 gewährte Protektion von Sarawak durch die Schutzmacht Großbritannien erwies sich im entscheidenden Moment als wertlos; die Offiziere der Brooke-Administration mussten sich ergeben oder fliehen. Viele wurden ins berüchtigte Kriegsgefangenenlager Batu Lintang bei Kuching gebracht. 41 in den niederländischen Teil von Borneo geflohene Brooke-Beamte und ihre Angehörigen wurden 1942 durch japanische Truppen exekutiert.[19]

Bezeichnenderweise war zur Zeit der japanischen Invasion kein einziges Familienmitglied der Brookes in Sarawak. Der überraschte Raja war auf dem Schiff unterwegs nach Australien, als er vom japanischen Angriff erfuhr, und versuchte vergeblich, nach Sarawak zurückzukehren. Die Herrschaft über den von seinem Großonkel geschaffenen Staat sollte er erst vier Jahre später, nach Kriegsende und nur für sehr kurze Zeit, wiedererlangen.

Nach der Rückeroberung von Borneo durch alliierte Truppen kam die neue britische Labour-Regierung unter Premierminister Clement Attlee 1945 zu dem Schluss, dass die Tage der Brookes gezählt waren und dass Sarawak unter die direkte Kontrolle Großbritanniens kommen sollte. Den Ölfeldern von Miri und von Brunei wurde strategische Bedeutung zugemessen; zudem wurde die indonesische Unabhängigkeitsbewegung als Bedrohung für die britischen Interessen in Südostasien angesehen.[20]

Der Raja war mit der Übergabe von Sarawak an die britische Krone einverstanden und nur noch an einer möglichst guten Entschädigung interessiert. Jetzt musste die Zustimmung der malaiischen Elite, der Datus, gewonnen werden, die aufgrund der Verfassung von 1941 erheblichen Einfluss gewonnen hatten und für die Brookes seit jeher wichtige Vertraute waren. Der Plan war einfach: Der ehemalige Privatsekretär des Rajas reiste im Dezember 1945 nach Sarawak, um die Zustimmung der Datus zur Übergabe von Sarawak an die britische Krone zu erlangen. Im Gepäck hatte er 55 000 britische Pfund, die ihm dabei helfen sollten, das gewünschte Ergebnis zu erzielen. Die Bestechungsstrategie schien zu funktionieren. Dem einzigen ablehnenden Datu versprachen die Briten exklusive Nutzungsrechte an begehrten Schildkröteneiern auf drei Inseln vor der Küste sowie die Erblichkeit seines Titels.[21] Der Übergabe (Zession) von Sarawak an die britische Krone und der Entschädigung von einer Million Pfund für den abtretenden Raja schien nichts mehr im Weg zu stehen. Da löste die öffentliche Ankündigung des Rajas, dass er Sarawak verlassen würde, einen Proteststurm aus. Viele der von den

Brookes bevorzugten malaiischen Beamten fürchteten um den Verlust ihrer Privilegien in einer britischen Kolonie.

Da das Bestechungsmanöver ruchbar geworden war und rechtliche Zweifel aufgekommen waren, musste der schon in England weilende Charles Vyner Brooke nochmals nach Borneo reisen und eine Abstimmung in den beiden neu geschaffenen Ratskammern durchführen lassen. Ende Mai 1946 stand schließlich definitiv fest, dass Sarawak zur britischen Kronkolonie wurde – wenn auch nur dank der Stimmen des Rajas und seiner europäischen Beamten bei der entscheidenden Abstimmung. Der letzte Brooke-Raja hatte seinen Willen durchgesetzt.[22]

POLITIK, PROTESTE UND EIN MORD

Die Straßen in Kuching blieben leer, als am 1. Juli 1946 die gelb-rot-schwarze Flagge der Brookes eingeholt und der Union Jack gehisst wurde. Die Bevölkerung von Sarawak bereitete den neuen Machthabern einen ausgesprochen kühlen Empfang: Iban-Vertreter waren keine zugegen, und der Datu Patinggi, das Oberhaupt der Malaien, ließ sich für das Zeremoniell mit dem britischen Sondergesandten entschuldigen.[23] Auch am abendlichen Gartenfest in der Brooke-Residenz Astana nahmen fast nur Europäer und Chinesen teil. Sie feierten allein mit dem Stargast des Abends, dem legendären Weltkriegsgeneral und Oberbefehlshaber des alliierten Kommandos in Südostasien, Lord Louis Mountbatten.

Immer noch schlug das Herz vieler Malaien und Ibans für die Brookes.[24] Sie hofften, dass der Neffe des letzten Rajas, Anthony Brooke, vielleicht doch noch die Thronfolge antreten und dass die Zession von Sarawak an die Briten rückgängig gemacht werden könnte. Einige brachten Anthony Brooke eine fast mythische Verehrung entgegen.[25] So groß war die Unterstützung für ihn, dass der neue britische Gouverneur Charles Arden-Clarke im November 1946 als eine seiner ersten Amtshandlungen Anthony Brooke mit einer Einreisesperre belegte.

Dennoch waren die Probleme für die Briten noch lange nicht gelöst. Am 2. April 1947 legten über 300 malaiische Beamte aus Protest gegen die neue Kolonialverwaltung ihr Amt nieder, teilweise unter Inkaufnahme erheblicher materieller Einbußen.[26] Die von einer neuen malaiischen Intelligenzija getragene Volksbewegung wandte sich nicht nur gegen die britische Krone, sondern verlangte letztlich die Selbstverwaltung von Sarawak durch seine Bewohner.

Ende 1949 erstach ein junger Zessionsgegner den neuen britischen Gouverneur Duncan Stewart. Die Briten griffen hart durch und ließen den Täter und die Hintermänner des Attentats öffentlich hängen. Die Bluttat und ihre Ahndung sandte Schockwellen durch Sarawak und bewirkte, zusammen mit massiven polizeilichen Maßnahmen der Briten, den abrupten Niedergang der Antizessionsbewegung.

Anfang 1951 scheiterte Anthony Brooke mit seinem Versuch, die Übergabe von Sarawak an Großbritannien beim britischen Kronrat in London juristisch anzufechten.[27] Daraufhin verzichtete er formell auf seinen Thronanspruch, rief seine Anhänger zur Anerkennung der britischen Herrschaft über Sarawak auf und betätigte sich in seinem weiteren Leben als Friedensaktivist. Im März 2011 starb Anthony Brooke im Alter von 98 Jahren in Neuseeland.[28]

DES HÄUPTLINGS LÄNGSTE REDE

Sechs volle Stunden dauerte die Rede von Oberhäuptling Oyong Lawai Jau (1894–1968) in Long San, einer kleinen Siedlung am Oberlauf des Baram, dem mächtigen Urwaldstrom im Norden von Sarawak. Oyongs Gäste, Häuptlinge und Reisbauern aus der Region, saßen auf dem hölzernen Boden der Langhaus-Veranda und hörten geduldig zu. 16 Jahre nach der Übernahme von Sarawak durch die britische Krone, im Januar 1962, versammelte Oyong sein Volk – Kenyah, Kayan und Penan –, um mit ihm die Zukunft des Landes zu erörtern.

Kapitel 3 – gesamte Bildserie

Im Rahmen seiner Dissertation über die Penan fertigte der britische Sozialanthropologe Rodney Needham 1951 diese Bildserie der Nomaden aus dem Einzugsgebiet der Flüsse Baram und Tutoh an. Es sind die ersten bekannten Bildzeugnisse der Penan überhaupt.

Oyongs wacher Blick, sein Ohrschmuck aus Leopardenzähnen, die Messingringe an den geschlitzten, verlängerten Ohrläppchen und der traditionelle Kenyah-Strohhut verliehen ihm, dem höchsten Oberhaupt *(temenggong)* der Ureinwohner des Baram-Distrikts, ein besonderes Charisma. Auch die britischen Kolonialbehörden respektierten den wortgewaltigen Indigenen, der sich als loyaler Verbündeter ausgezeichnet hatte, sehr. Gegen Ende der japanischen Besatzungszeit hatte er eine Truppe von 1000 indigenen Kämpfern zusammengestellt, die den Alliierten 1945 bei der Rückeroberung des Baram-Distrikts halfen. Als Dank dafür erhielt Oyong im November 1947 vom britischen Gouverneur den hohen Orden des British Empire.[29]

Anlass für Oyongs Rede war der Plan der britischen Regierung, Sarawak zusammen mit Nord-Borneo (dem heutigen Sabah), Singapur und Malaya (dem heutigen West-Malaysia) in einem neuen Staat Malaysia zusammenzufassen und in die Unabhängigkeit zu entlassen. Vorgeschlagen worden war dies durch Tunku Abdul Rahman, den politischen Führer der Malaien und ersten Premierminister der Föderation Malaya, die bereits 1957 unabhängig geworden war. Tunkus »Malaysia-Plan« wurde in Sarawak intensiv und kontrovers diskutiert.

Häuptling Oyong versuchte gar nicht erst, sein Missfallen über den Plan zu verbergen, sondern sagte in der blumigen Sprache der Indigenen, dass er einen Anschluss von Sarawak an Malaysia für eine schlechte Idee halte. Er fand lobende Worte für die britische Kolonialregierung, die im Unterschied zu den Brookes den Ureinwohnern gezeigt hatte, wie sie ihr Leben verbessern konnten: »Während der Herrschaft der Brookes blieben wir die längste Zeit unwissend und niemand unterrichtete uns oder leitete uns an. Andererseits waren wir gut beschützt und fühlten uns sicher. Erst nach dem Krieg, als Sarawak zur Kolonie wurde, zeigte uns die neue Regierung, wie wir unsere Lebensweise, unsere Gärten und unsere Landwirtschaftsbetriebe verbessern konnten.«[30]

Er verglich die bereits seit 1957 von den Briten unabhängige malaysische Halbinsel mit einem Obstgarten, dessen Bäume hoch gewachsen seien, voller Blüten und Früchte, und der von einem starken Zaun aus Belian (Eisenholz) gesichert sei. Demgegenüber sah er Sarawak als frisch angelegten Garten, noch jung und unreif, mit einem schütteren Zaun aus Bambus. Tunku Abdul Rahmans Absicht sei es jetzt, den jungen Garten Sarawak in seinen großen Garten Malaysia zu bringen und den schütteren Zaun von Sarawak hinter seinen starken Belian-Zaun zu verlegen. »Obwohl das zunächst eine gute Idee scheint, kann ich mich nicht damit einverstanden erklären. Warum nicht? Ich muss euch nicht erzählen, was mit einem Garten geschieht, wenn man Bäume und Sträucher unter große Bäume pflanzt. Sie werden ganz einfach vom Schatten der großen Bäume erdrückt und verwildern. Natürlich wachsen sie, aber sie werden niemals Früchte tragen. Früher oder später muss man die einen oder anderen loswerden. Beide können nicht überleben.«[31]

Die Analogie war unmissverständlich. Oyong befürchtete, dass Sarawaks Ureinwohner bei einem Anschluss an Malaysia früher oder später unter die Räder kommen würden und unter der Dominanz von Kuala Lumpur leiden müssten. Er sah die Briten als die besseren Garanten für die Entwicklung von Sarawak als die Regierung von Premierminister Tunku Abdul Rahman: »Ich möchte das Angebot von Tunku nicht verachten. Ich sage nur, dass es nicht funktionieren wird, was uns Leute aus dem Inneren von Sarawak betrifft. Wir brauchen die Briten noch, um unseren Garten zu hüten, zu wässern und zu düngen, bis zu der Zeit, da er bereit ist, Früchte zu tragen. Sie haben noch viel zu tun.«[32]

Oyong wollte weder die Unabhängigkeit von Sarawak noch einen Anschluss an Malaysia, sondern wünschte von den Briten, dass sie nochmals 15 Jahre in Sarawak blieben. Dabei unterstrich er, es gehe ihm um nichts weniger als um das Überleben seines Volkes: »All das sage ich, weil ich mich um die Zukunft unseres Landes und unserer Nachfolger sorge. [...] Unsere Sorge muss nicht uns selbst gelten, sondern unseren Kindern und Kindeskindern. Ich kann nicht zu denen gehören, die uns um einiger Dollar willen oder für einen kleinen materiellen Vorteil verkaufen. Ich spreche aus tiefer Sorge um das Überleben unseres Volkes.«[33]

Wie der *temenggong* aus dem Baram-Distrikt dachten viele Ureinwohner von Sarawak. Sie befürchteten, bei einem Anschluss an Malaysia mehr zu verlieren als zu gewinnen, und wollten die Briten zum Bleiben ermutigen oder ihre Rechte absichern. »Wie ein Kind, das von seinem

Vater verstoßen wird«,[34] fühlte sich ein Kayan-Häuptling aus dem Baram-Distrikt. Viele waren aber auch ratlos und wussten nicht, was sie vom Malaysia-Plan halten sollten.

EIN BRITISCHER BANKER IN BORNEO

Einen Monat nach Oyongs Rede, am 19. Februar 1962, traf eine von der britischen Regierung entsandte Untersuchungskommission unter Lord Cobbold, dem ehemaligen Gouverneur der Bank of England, in Sarawak ein.

Der 58-jährige Cameron Cobbold war ein britischer Gentleman von altem Schrot und Korn. Der in London geborene Baron hatte die konservative Kaderschmiede Eton College besucht und war nach einem Studium in Cambridge in die Bank of England eingetreten. Zwölf Jahre lang leitete er als Gouverneur die Geschicke der britischen Notenbank. Wechselkursschwankungen, Währungspolitik und finanzielle Stabilität für das britische Empire, das war seine Welt. Ende 1961 trat er von seinem Amt zurück und gab seinen Arbeitsplatz im Herzen der City of London auf.

Jetzt tauschte Cobbold Nadelstreifen und Melone gegen den Tropenanzug ein und machte sich im Auftrag von Premierminister Harold Macmillan nach Borneo auf. Der Untersuchungskommission gehörten neben Cobbold zwei weitere Briten und zwei Vertreter der Föderation Malaya an. Ziel der Mission war, festzustellen, wie sich die Einwohner von Sarawak und Nord-Borneo zum Plan der britischen Regierung stellten, zusammen mit der Föderation Malaya und Singapur den neuen Staat Malaysia zu bilden. Streng genommen spielte das Ergebnis der Untersuchung zwar keine große Rolle, denn der britische Premier hatte sich bereits vor der Cobbold-Mission mit Kuala Lumpur geeinigt, dass Sarawak und Nord-Borneo dem geplanten Staat Malaysia zugeschlagen werden sollten.

Die Cobbold-Kommission machte sich die Aufgabe nicht leicht. Zwei Monate lang reiste sie durch Borneo und besuchte 35 städtische und ländliche Zentren, wo sie 50 Hearings abhielt. Minutiös notierten Cobbolds Protokollführer, was die über 4000 vor der Kommission erschienenen Personen (690 Gruppen) zum Malaysia-Plan sagten. Mehr als 2200 schriftliche Stellungnahmen wurden entgegengenommen.[35]

Sarawaks Malaien befürworteten großmehrheitlich den Malaysia-Plan, da sie sich von einem Zusammenschluss in einem neuen, hauptsächlich von Malaien geprägten Staat unter der Führung von Tunku Abdul Rahman mehr politischen Einfluss erhofften. Die chinesische Bevölkerung war mehrheitlich, aber nicht geschlossen, dagegen. Die Indigenen aus dem Landesinnern – Iban, Bidayuh und Orang Ulu –, welche die Bevölkerungsmehrheit stellten, waren gespalten. Einige verlangten wie Häuptling Oyong, dass die Briten noch bleiben sollten, andere sahen deren Rückzug bereits als unabwendbar an und stellten sich auf die zukünftigen Machtverhältnisse ein.

Ende Juni 1962 war der Cobbold-Bericht fertig. Er hielt fest, dass ein Drittel der Einwohner von Sarawak für den Anschluss an Malaysia war, ein weiteres Drittel zusätzliche Vorkehrungen zum Schutz der Bürger von Sarawak verlangte und ein letztes Drittel den Malaysia-Plan ablehnte und entweder die Unabhängigkeit oder eine Fortsetzung der britischen Herrschaft wünschte.

In London waren die Meinungen gemacht. Die Regierung Macmillan hatte Mühe, die für die Wahrung des Empires in Südostasien benötigten finanziellen Mittel aufzubringen. Zudem stand Großbritannien international unter Druck, seine Kolonien in die Unabhängigkeit zu entlassen. London befürchtete aber auch, dass Indonesien versuchen könnte, die britischen Besitztümer im Norden von Borneo zu annektieren. Das 1948 von den Niederlanden unabhängig gewordene Indonesien unter Sukarno galt als gefährliches Einfallstor für den Kommunismus in Südostasien.

Diese Befürchtungen verstärkten sich noch, als im Dezember 1962 kommunistisch inspirierte Rebellen mit Unterstützung Indonesiens in Brunei den Sultan stürzen und die Ölfelder unter ihre Kontrolle bringen wollten. Britische Streitkräfte wurden eilends aus Singapur eingeflogen und schlugen innerhalb weniger Tage den Aufstand, der auch das benachbarte Sarawak erfasst hatte, mit Waffengewalt nieder. 20 bewaffnete

Rebellen und sieben Mitglieder der Sicherheitskräfte wurden bei den Kämpfen getötet.[36]

Die britische Regierung war an einer pragmatischen Lösung interessiert, um ihre verbliebenen Besitztümer in Südostasien in die Unabhängigkeit zu entlassen und politische Stabilität in der Region zu erzielen.[37] Deshalb erklärte sie sich mit dem Malaysia-Plan für einverstanden. Sarawak, Nord-Borneo und Singapur wurden als eigenständige Staaten für nicht lebensfähig gehalten. Am 16. September 1963 wurden sie zusammen mit der Föderation Malaya Teil des neuen Staates Malaysia mit der Hauptstadt Kuala Lumpur – Singapur allerdings nur für zwei Jahre, bis es 1965 doch noch zum souveränen Staat wurde.

Drei Monate vor der Unabhängigkeit fanden in Sarawak im Juni 1963 Wahlen statt und ein erstes Kabinett für den neuen Gliedstaat wurde gebildet. Der abtretende britische Gouverneur ernannte die Minister. Erster Regierungschef wurde Stephen Kalong Ningkan, einer der wenigen im Ausland ausgebildeten Iban-Ureinwohner.

Ein Schwarz-Weiß-Foto des Übergangskabinetts von 1963 zeigt zehn Männer in Anzug und Krawatte, in zwei Reihen vor dem Regierungssitz. Der neue Chief Minister Stephen Kalong Ningkan sitzt in der ersten Reihe, die Hände brav auf den Schoß gelegt, neben dem in der Mitte thronenden Gouverneur. Aus der zweiten Reihe blickt selbstbewusst ein modisch gekleideter junger Jurist in die Kamera, der eben zum Minister für Kommunikation und öffentliche Werke ernannt worden war. Sein Name sollte in Sarawak noch öfter zu hören sein: Taib Mahmud.[38]

DER MACHIAVELLI VON SARAWAK

DANK FÖRDERUNG DURCH SEINEN ONKEL WIRD TAIB MAHMUD 1963 MINISTER IM NEUEN MALAYSISCHEN BUNDESSTAAT SARAWAK. DOCH DER EHRGEIZIGE JUNGE JURIST WILL MEHR. MIT ONKEL RAHMAN ARBEITET ER AN DER POLITISCHEN NEUTRALISIERUNG DER IBAN-UREINWOHNER.

SCHLIESSLICH GELINGT IHM DER AUFSTIEG ZU DEN HÖCHSTEN SCHALTHEBELN DER MACHT.

DILAH
AN NASIONAL
an Sri (Dr.) Haji Abdul Taib Mahmud

04

BEZIEHUNGEN UND ROHSTOFFE

Seinen Ministerposten im ersten Kabinett des neuen malaysischen Bundesstaats Sarawak verdankte der 27-jährige politische Nobody Taib Mahmud einem Zufall – und seinem Onkel. Eigentlich plante der junge Jurist, nach der Rückkehr von seinem Studium in Australien Richter zu werden. Ein sicherer Regierungsposten schien dem in ärmlichen Verhältnissen aufgewachsenen Taib das Richtige zu sein. Als Vizestaatsanwalt in britischen Diensten lief er sich gerade in Kuching für eine Richterlaufbahn warm, als ihn Onkel Rahman in die Politik rief.

Am 21. Mai 1936 als ältestes von zehn Kindern eines bei Shell arbeitenden Tischlers geboren, war Taib Mahmud im Dorf Kampung Merbau bei Miri aufgewachsen. 1910 stieß die damalige Anglo-Saxon Petroleum Company, Teil der Royal-Dutch-Shell-Gruppe, am Stadtrand von Miri, wenige Kilometer von der Mündung des Baram River in das Südchinesische Meer, auf Öl und löste damit einen Boom in dem kleinen Küstenstädtchen aus. Aus der weiteren Umgebung strömten Arbeitssuchende herbei, darunter auch Taibs Familie, die aus der muslimischen Melanau-Community des 200 Kilometer westlich gelegenen Städtchens Mukah stammte.

Viel bildete man sich darauf ein, dass ein Urgroßvater von Taib dem Königshof von Brunei angehört hatte. Doch finanziell übrig geblieben war davon rein gar nichts.[1] So war Taib auf die Hilfe von Onkel Rahman Ya'kub, dem jüngeren Bruder seiner Mutter, angewiesen, um die Sekundarschule besuchen zu können. Rahman hatte sich gerade einen Beamtenjob in der britischen Kolonialverwaltung geangelt und konnte seinem Neffen 1949 ein Stipendium von Shell organisieren.

Beziehungen und Rohstoffe – Onkel Rahman und die Petrodollars von Shell: Schon früh in Taibs Jugend zeigten sich die zwei entscheidenden Größen, die seinen kometenhaften Aufstieg zu einem der reichsten Männer Südostasiens prägen sollten.

Mit 13 Jahren zog Taib nach Kuching, wo er die von katholischen Missionaren geführte St. Joseph's-Sekundarschule absolvierte. Ein weiteres Stipendium im Rahmen des Colombo-Plans zur Entwicklung der asiatischen Commonwealth-Staaten führte den hellen jungen Burschen 1956 zu einem Jura-Studium an die Universität Adelaide in Südaustralien.[2] Lieber hätte er Medizin studiert, sagte er später, doch sein Onkel Rahman hatte ihn zur Juristerei gedrängt. Der musste es schließlich wissen, absolvierte er in der Zwischenzeit doch selbst ein Jura-Studium im britischen Southampton.

ADELAIDE, MON AMOUR

Taib war ganz froh, in Australien statt in England studieren zu können. Die unkomplizierten Australier mochte er lieber als die steifen Briten, mit denen er nie ganz warm geworden war. Adelaide muss für ihn die Erfüllung eines großen Traums von Bildung, Wohlstand und weiter Welt gewesen sein. Hier machte er sich mit der amerikanischen Mode der 1950er-Jahre vertraut, die mit etwas Verspätung auch die Studentenstadt in Australien erreicht hatte. Hier lernte er, Pfeife zu rauchen, was ihm später in Sarawak das gewisse weltmännische Flair gab. Und hier lernte er auch seine erste Frau Laila kennen, mit der er 1959 eine Studentenehe einging und die ihm bereits im folgenden Jahr eine Tochter schenkte.

Bis heute hat Taib eine nostalgische Beziehung zu Adelaide und besonders zu seiner Alma Mater. Anders ist nicht zu erklären, dass der sonst nicht als freigiebig bekannte Taib der Universität Adelaide mehrere Millionen Dollar vermachte und sinnigerweise unter anderem das Centre for Environmental Law unterstützte.[3] Die Universität dankte es Taib mit einem Ehrendoktortitel und war sich 2008 nicht zu schade, einen Platz auf dem Universitätsgelände nach ihm als »Taib Mahmud, Chief Minister of Sarawak Court« zu benennen.[4] Taib ist auch Direktor einer Alumni-Organisation mit Sitz in Adelaide, der einzigen Firma in Australien, an der er ganz offiziell beteiligt ist.

In zentraler Lage in Adelaide steht zudem die einzige Immobilie in Australien, die offiziell der Taib-Familie gehört: das 18-stöckige Hilton-Hotel, eines der höchsten Gebäude der Stadt und ein beliebter Society-Treffpunkt, im Wert einer zweistelligen Dollar-Millionensumme. Hier tagt unter anderem das von der australischen Regierung geförderte Australia-Malaysia Institute zur Verbesserung der Beziehungen zwischen den beiden Staaten. Das ergibt Sinn: Aktionäre der Hotel-Betreibergesellschaft Sitehost Pty Ltd sind zu gleichen Teilen Taibs vier Kinder, seine 2009 verstorbene Frau Laila sowie eine obskure Finanzgesellschaft auf der Kanalinsel Guernsey, hinter der möglicherweise Taib selbst steckt.[5]

Laila Chalecki, Flüchtlingsmädchen und Halbwaise aus Litauen, konnte kaum ahnen, was für ein großes Los sie mit dem ehrgeizigen jungen Studenten aus Borneo zog, den sie blind vor Liebe heiratete. Mitten im Zweiten Weltkrieg im zuerst sowjetisch und später deutsch besetzten Vilnius geboren, kam sie als Achtjährige nach Kriegsende mit ihren Eltern auf einem Flüchtlingsschiff nach Australien.[6] Ihr Großvater war Muezzin der Moschee von Vilnius, ein Angehöriger der polnisch-litauischen Minderheit der Lipka-Tataren.[7] Der Vater hatte zunächst als junger Offizier in der polnischen Armee gedient und war nur dank großem Glück lebend aus dem Krieg heimgekehrt. Während andere noch an der Front kämpften, genoss Abu-Bekir Chalecki 1943 das seltene Privileg, im damals nationalsozialistischen Wien Medizin studieren zu dürfen. Nach der Übersiedlung nach Australien eröffnete er eine Arztpraxis und war lange Zeit Vorsitzender des Australian Muslim Council, der Interessenvertretung von Australiens Muslimen.[8] Die Mutter starb 1952 in Adelaide.[9]

Spätere Bilder zeigen Laila oft mit einem breiten Lachen, wenn sie Taib bei offiziellen Zeremonien begleitete. Sie, die in ihrer frühen Kindheit viel Not und Ungewissheit durchmachen musste, kam dank ihres Bräutigams, den sie um einen Kopf überragte, ganz unverhofft zu unermesslichem Reichtum. All das verdankte sie dem glücklichen Zusammentreffen mit Taib in der kleinen islamischen Gemeinde von Adelaide.

Geheiratet haben die beiden am 13. Januar 1959 – Laila war noch keine 18 Jahre alt – in der Moschee von Adelaide. Das Backsteingebäude an der Little Gilbert Street im historischen Zentrum, Australiens älteste Moschee, wurde in den 1880er-Jahren von afghanischen Kameltreibern gebaut, die im australischen Outback als Karawanenführer arbeiteten. Hier trafen nach dem Zweiten Weltkrieg Studenten aus Südostasien auf muslimische Immigranten aus dem kriegszerstörten Europa, und hier, wo jeder jeden kannte, traf Taib auch auf die aufgeweckte Laila, die bald ein Medizinstudium begann. Als sie im September 1960 ein Mädchen zur Welt brachte, benannte sie es nach ihrer früh verstorbenen Mutter Jamilah.

Eine weitere wichtige Bekanntschaft von Taib und Laila geht auf die Zeit in Adelaide zurück. Hijjas Kasturi, ein in Singapur geborener Architekturstudent, war wie Taib dank eines Colombo-Plan-Stipendiums nach Adelaide gekommen.[10] Kasturi sollte später zu einem der renommiertesten und erfolgreichsten Architekten Malaysias werden, unter anderem dank zahlreicher öffentlicher Aufträge aus Sarawak. Für Laila und Taib baute er 20 Jahre später den großzügigen Palast Demak Jaya in Kuching. Da hatten die beiden ihre Jugend in Armut schon längst vergessen.

Kurz nach Abschluss seines Studiums erhielt Taib 1961 eine erste Stelle als Assistent des 75-jährigen Richters Sir Herbert Mayo am Supreme Court von Südaustralien. Als erster Anwalt asiatischer Herkunft erhielt Taib im folgenden Jahr die Praxiszulassung am Supreme Court in Adelaide. Laila war dabei, als ihr Gatte in der Gerichtsbibliothek die altehrwürdige Richterperücke anprobieren durfte.[11]

RÜCKKEHR NACH SARAWAK

Aber der junge Jurist aus Borneo vergaß seine Wurzeln nicht. Fünf Jahre nach der Ausreise nach Australien kehrte Taib im Januar 1962 mit Frau und Kind nach Sarawak zurück, wo mittlerweile die Diskussionen um die Unabhängigkeit und den Anschluss an Malaysia begonnen hatten.

Hier wartete Onkel Rahman schon ungeduldig auf die Rückkehr seines Neffen. Er brauchte Taib für sein jüngstes Projekt, eine neue Partei als Vehikel für seine politischen Ambitionen. Doch zuerst musste für Taib ein Job her. Eine Stelle als Vizestaatsanwalt in Miri schien passend. Acht Jahre zuvor war Onkel Rahman ein ähnlicher Job von britischen Kolonialoffizieren noch verwehrt worden; doch die Zeiten hatten sich geändert und Taib erhielt den Posten problemlos.

BARJASA hieß die muslimisch-nationalistische Partei, die Rahman Ende 1961 aus der Taufe gehoben hatte und für die er nun Taib einspannte. Als Staatsangestellte mussten sich die beiden Politiker aus dem Volk der Melanau im Hintergrund halten und in der Öffentlichkeit einen Kollegen vorschieben. Umso aktiver waren sie hinter den Kulissen.[12] Zugute kam Rahman, dass die politische Führung in Kuala Lumpur in ihm einen geeigneten Verbündeten erkannt hatte, den sie nach Kräften förderte. »Rahman und Taib waren die Günstlinge von Tunku Abdul Rahman, dem späteren ersten Premierminister von Malaysia«, sagt ein Bekannter der Familie aus der Zeit.[13]

Als gut ausgebildete, pro-malaysische Vertreter der jungen Muslim-Intelligenzija schienen Rahman und Taib die geeigneten Vertrauensmänner von Kuala Lumpur im christlich geprägten Sarawak mit seinem hohen Anteil an nicht-muslimischen Indigenen und Chinesen. BARJASA war von Anfang an gegen die britische Kolonialverwaltung und latent auch gegen Sarawaks Chinesen gerichtet. So fehlten beispielsweise auf einer von der Partei erstellten Liste der »Rassen von Sarawak« die Chinesen.[14]

Rahmans Aufstieg an die Macht war für Mitte 1963 geplant. Noch unter britischer Aufsicht fanden von April bis Juni 1963 erstmals freie Wahlen statt, bevor Sarawak in die Unabhängigkeit entlassen wurde.[15] Rahman trat zur Wahl an und hoffte, anschließend erster Chief Minister des Übergangskabinetts zu werden, das Sarawak von der britischen Kolonie zum malaysischen Bundesstaat führen sollte. Doch es kam anders. Statt in der Wahl zu obsiegen, fuhr Rahman eine Schlappe ein und verlor. Und die Iban, die zahlenmäßig größte Gruppe von Ureinwohnern, beanspruchten den Posten des Regierungschefs für sich.

Ein Plan B wurde benötigt und Taibs große Stunde war gekommen. Der britische Gouverneur machte von seinem Recht Gebrauch, drei Mitglieder des Regionalparlaments (State Assembly) zu ernennen, doch darunter durften keine Wahlverlierer sein. Anstelle von Rahman setzte er dessen Neffen Taib auf seine Liste.[16] Dieser sollte die Muslim-Intelligenzija vertreten und erhielt auch gleich einen Posten als Minister für Kommunikation und öffentliche Werke.

Am 22. Juli 1963, zwei Monate vor der Gründung von Malaysia, wurde Taib in seinem neuen Amt vereidigt.[17] Große historische Umbrüche, die Förderung durch seinen Onkel sowie eine gehörige Portion Glück hatten den 27-Jährigen in eine für sein Alter außerordentliche Machtposition gehievt, an die er sich schnell gewöhnte und die er zielstrebig und kontinuierlich ausbaute.

»Stolz und eingebildet« seien Taib und Laila aus Australien zurückgekehrt, sagen Zeitzeugen, die das junge Paar damals in Kuching trafen. Taib brüstete sich mit seiner europäischen Frau und besaß als einer der Ersten in Kuching ein Auto, einen gelben Opel Rekord. Neben seiner akademischen Ausbildung stieg Taib auch der rasche politische Erfolg zu Kopf. Doch der fast krankhaft ehrgeizige junge Politiker litt darunter, dass er im Schatten seines Onkels stand, dessen Charisma, Popularität und Rednertalent er nie zu erreichen vermochte. Onkel Rahman setzte nach der Wahlniederlage in Sarawak seine politische Karriere vorerst in Kuala Lumpur fort, wo er schon bald Minister wurde.

»Im Gegensatz zu Taib vermochte Rahman in seinen politischen Reden die Emotionen seiner Zuhörer zu wecken und sie zu Tränen zu rühren«, erinnert sich ein Malaie aus Kuching. »Zudem kannte er den Koran viel besser und war deshalb auch Vorbeter in der großen Moschee von Kuching, was Taib nie werden konnte.«[18] Während Rahman ein Lebemann war, der einen großen Freundeskreis (und zahlreiche Liebesaffären) unterhielt, blieb der elitäre Taib isoliert und konzentrierte sein Sozialleben auf für ihn politisch nützliche Kontakte.

Was Taib an Freunden fehlte, kompensierte er mit seinem engeren Familienkreis. Nach dem Tod des Vaters übernahm er als ältester Sohn eine besondere Verantwortung für die neun jüngeren Geschwister, von denen der jüngste Bruder, der 1957 geborene Arip, nur gerade drei Jahre älter war als Taibs eigene Tochter Jamilah. Von seinem Gehalt als Minister zahlte Taib den jüngsten Geschwistern ein knapp bemessenes Taschengeld. Im Gegenzug erwartete er Gehorsam und griff zwischendurch auch zum Rattanstock, wenn sie sich nicht an seine Anweisungen hielten.[19]

Mit nur einer kurzen Unterbrechung Ende 1967 war Taib während fünf Jahrzehnten immer Minister, entweder in Sarawak oder in der Bundesregierung von Malaysia, und er hat in dieser Zeit eine außerordentliche Machtfülle, einen sagenhaften Reichtum und ein extremes Ausmaß an Korruption entwickelt. Er ist Malaysias einziger Politiker, der zur Zeit der Unabhängigkeit 1963 seine politische Karriere begonnen hat und immer noch regiert. Sechs Premierminister sah er kommen und gehen. Doch Taib blieb, bis heute. Nur ein außerordentlich geschickter und perfider Machttechniker konnte das schaffen. Und dies auch nur in einem besonderen Umfeld.

JUNGSPUND IM ERSTEN SARAWAK-KABINETT

Am 16. September 1963 war es so weit: Mit großem Pomp wurde in Kuala Lumpur eine neue Nation aus der Taufe gehoben. Sarawak und Sabah bildeten zusammen mit Singapur und den zwölf Staaten der Föderation Malaya den neuen Staat Malaysia. »Ich bete dafür, dass Gott die Nation Malaysia mit ewigem Frieden und Glück für unser Volk segnen möge«, sagte Premier Tunku Abdul Rahman, der Gründervater *(Bapa Malaysia)* des neuen Staates, in seiner Malaysia-Day-Rede. Tags zuvor hatte sich in Kuching der letzte britische Gouverneur, Sir Alexander Waddell, in einer Zeremonie verabschiedet und das Schiff nach London bestiegen.[20] Nie wieder sollte seine weiße Uniform mit dem federgeschmückten Tropenhelm in Borneo gesichtet werden.

Neuer Regierungschef von Sarawak war Stephen Kalong Ningkan, ein Ureinwohner aus dem Volk der Iban. Der 43-jährige Politiker war einer der wenigen besser geschulten Iban mit Verwaltungserfahrung. Er hatte zuvor bei der Polizei, als Lehrer und in einem Krankenhaus von Shell in Brunei gearbeitet und hatte auch einige Zeit in England verbracht. 1961 hatte er die mehrheitlich aus Iban und einigen Chinesen bestehende Sarawak National Party (SNAP) mitbegründet, deren Generalsekretär er war.[21] Ein politischer Kompromiss führte dazu, dass mit Ningkan ein Iban Regierungschef wurde, während ein Malaie das Amt des Gouverneurs erhielt.

Als Minister für Kommunikation und öffentliche Werke konzentrierte sich Taib auf den Bau neuer Straßen durch den vom Straßenbau noch weitgehend unerschlossenen Urwaldstaat. Noch viele Jahre später kommt Taib ins Schwärmen und betont, welche großen Erfolge er dabei erzielte und wie er die jährliche Kapazität für den Bau neuer Straßen innerhalb von zwei Jahren von 25 auf 60 Meilen erhöhte.[22] Dennoch hatte er wenig Freude an seinem ersten Ministeramt und war oft frustriert. Als jüngster Minister wurde er meist erst hinzugezogen, wenn die Entscheidungen schon längst gefällt waren und das Kabinett sie nur noch formell absegnen musste. Dies kränkte Taibs Stolz, der sich mit seinem Universitätsabschluss zu Höherem berufen glaubte. Viel lieber als bei Taib holte Ningkan Rat bei den anderen Kabinettsmitgliedern, mit denen er die wichtigsten Geschäfte vorbesprach: den Chinesen James Wong und Teo Kui Seng sowie drei Briten, die als erfahrene Beamte der ehemaligen Kolonialverwaltung die Schlüsselpositionen des Finanzministers, Staatssekretärs und Generalstaatsanwalts besetzten.[23]

Es besteht kein Zweifel: Trotz Unabhängigkeit und Zugehörigkeit zu Malaysia war ein wesentliches Stück Macht über Sarawak in den ersten Jahren noch bei den Briten geblieben. Dazu trug auch die starke Präsenz britischer Armee-Einheiten in Sarawak bei, welche an der langen Grenze zu Indonesien die Infiltration durch kommunistische Rebellen abwehren sollten. Indonesiens Präsident Sukarno war gegen die Gründung von Malaysia und versuchte, ab 1963 mittels der sogenannten *Konfrontasi* (Konfrontation) die neuen malaysischen Staaten Sarawak und Sabah zu destabilisieren und letztlich unter seine Kontrolle zu bringen. Dies misslang jedoch, und am 11. August 1966 unterzeichneten Malaysia und Indonesien in Jakarta einen Friedensvertrag.

Die Regierung in Kuala Lumpur war wie Taib alles andere als glücklich mit der Situation in Sarawak, wo eine britisch beeinflusste Allianz von Iban und Chinesen an der Macht war, welche die Malaien von den wichtigsten Entscheidungsprozessen weitgehend ausschloss. So sorgte für Ärger, dass Stephen Kalong Ningkan auf dem Englischen als offizieller Sprache beharrte und die Einführung von Malaiisch als Amtssprache ablehnte.[24] Ningkan sprach sich 1964 sogar öffentlich dafür aus, dass britische Truppen dauerhaft in Sarawak stationiert bleiben sollten.[25] Zudem wurde ihm vorgeworfen, dass seine Regierung zu stark unter dem Einfluss chinesischer Geschäftsleute stand.

EIN ERFOLGREICHER PUTSCH

Mit Unterstützung von Kuala Lumpur warteten Taib und sein Onkel Rahman Ya'kub nur auf eine Gelegenheit, Stephen Kalong Ningkan zu stürzen und eine Regierung unter malaiisch-muslimischer Führung nach dem Muster von West-Malaysia zu errichten.

Als Ningkan 1965 ein neues Landgesetz einführen wollte, das Chinesen den Erwerb von indigenem Land erlaubt hätte, packte Taib die Chance und versuchte, mit Unterstützung von prominenten Iban, die um die Kontrolle über ihr Land fürchteten, Ningkan zu stürzen. Doch Ningkan, ein energischer und leicht aufbrausender Charakter, reagierte prompt und entließ Taib. Auf Druck von Kuala Lumpur musste Ningkan Taib zwei Wochen später wieder ins Kabinett aufnehmen, degradierte ihn aber und setzte ihn auf den demütigenden letzten Platz in der Minister-Rangfolge.[26]

Jetzt war für Taib erst recht klar, dass er sich rächen musste. Unterstützt wurde er dabei von Malaysias Premier Tunku, dem Sarawak zu stark unter britischem Einfluss stand, und von seinem Onkel, der mittlerweile in der Bundesregierung einen einflussreichen Vizeministerposten erhalten hatte.

Taib und Rahman sammelten bei den Mitgliedern der State Assembly von Sarawak Unterschriften für einen Misstrauensantrag gegen Stephen Kalong Ningkan. Einzeln oder zu zweien wurden die Politiker nach Kuala Lumpur gerufen und zur Unterschrift gedrängt. Dabei nutzte Taib geschickt die Rivalität verschiedener Iban-Gruppen aus und verbündete sich mit PESAKA, einer mit Ningkan rivalisierenden Gruppierung.

Mitte Juni 1966 verkündete Premierminister Tunku, dass Ningkan entlassen sei, da eine Mehrheit der in Sarawak regierenden Koalition das Vertrauen in ihn verloren habe. Der Innenminister wurde nach Kuching geschickt und gab auch gleich den Namen des neuen Regierungschefs von Sarawak bekannt: Tawi Sli, ein gefügiger, Kuala Lumpur willfähriger Iban, Mitglied von PESAKA. Die im Kabinett verbliebenen britischen Offiziere, um deren Rolle zwischen Ningkan und Tunku ein Streit entbrannt war, wurden entlassen.

Ningkan weigerte sich zurückzutreten und argumentierte, nur eine Sitzung des Parlaments von Sarawak sei befugt, über einen Misstrauensantrag gegen ihn zu entscheiden. Er zog vor Gericht und verteidigte widerspenstig seine Position und die Unabhängigkeit von Sarawak: »Wenn der Premierminister denkt, dass er mithilfe seiner Marionetten aus Sarawak eine Kolonie von Malaysia machen kann, dann täuscht er sich gewaltig.«[27]

Anfang September 1966 gab der High Court von Kuching Stephen Kalong Ningkan Recht und hielt fest, dass seine Entlassung verfassungswidrig war. Der wieder ins Amt eingesetzte Ningkan erklärte alle nach seiner Absetzung getroffenen Regierungsbeschlüsse für ungültig und rief sofortige Neuwahlen aus.

Doch so viel Unabhängigkeit in Sarawak ging Kuala Lumpur eindeutig zu weit. Im eskalierenden Machtkampf entschied sich Premier Tunku gegen Rechtsstaat und Demokratie und statuierte ein Exempel. Nicht freie Wahlen, sondern eine Machtdemonstration von Kuala Lumpur sollte die politische Krise lösen. Unter dem Vorwand, dass die öffentliche Ordnung bedroht sei, verhängte die malaysische Regierung am 15. September 1966 den Notstand über Sarawak, änderte die Verfassung und gab anschließend dem Gouverneur das Recht, eine Sitzung der State Assembly einzuberufen. Hier fand sich mittlerweile unter dem Druck der Ereignisse eine knappe Mehrheit gegen Ningkan und der Regierungschef wurde entlassen.

Die Botschaft war klar: Wer sich dem Willen von Kuala Lumpur nicht beugt, wird des Amtes enthoben. *Kuala Lumpur locuta, causa finita.* Stephen Kalong Ningkan gab sich bis zuletzt unbeugsam und verabschiedete sich mit den Worten: »Ich werde zurückkehren!«, und: »Ich werde malaiische Vorherrschaft nie unterstützen!«[28] Doch er sollte nie wieder an die Macht zurückkehren. Während einiger Jahre war Ningkan noch Oppositionsführer, bis er sich in den 1970er-Jahren aus der Politik zurückzog.

HERR ÜBER DIE HOLZKONZESSIONEN

Premier Tunku Abdul Rahman konnte zufrieden sein. Kuala Lumpur hatte endgültig die Herrschaft über Sarawak erlangt, an der jetzt keiner mehr rütteln sollte. Die britischen Beamten waren entmachtet. Ein Szenario wie in Singapur konnte vermieden werden: Der spätere Stadtstaat musste Malaysia 1965 wegen großer ethnischer Spannungen zwischen Malaien und Chinesen wieder verlassen.

Die großen Gewinner der Ningkan-Entlassung waren Tunkus Vertrauensleute Rahman Ya'kub und Taib Mahmud. An ihnen kam in

Sarawak jetzt keiner mehr vorbei und sie planten zusammen mit Tunku bereits den nächsten Coup, nämlich die ganze Macht in Kuching zu übernehmen.

Während Onkel Rahman auf seinem Ministerposten in Kuala Lumpur ausharrte, schnappte sich Taib in Sarawak das strategisch wichtige Land- und Forstwirtschaftsministerium, dem er bald noch das Ressort Entwicklung einverleibte. Zudem war er jetzt zum Deputy Chief Minister, der Nummer zwei in der Sarawak-Regierung, aufgestiegen. Jetzt blühte Taib richtig auf und er berauschte sich förmlich an der neu erlangten Macht. Erstmals in seinem Leben war er Herr über die Holzkonzessionen von Sarawak, ein mächtiger Mann. Urwald auf einer Fläche von England, Baumriesen im Wert von Milliarden Dollar, Hunderttausende von Hektaren Ramin, Belian, Meranti und weiterer Edelhölzer warteten auf die Ernte.

Noch erkannten nicht alle den wahren Wert von Sarawaks Wäldern, doch Taib wusste ganz genau um den schier unerschöpflichen Reichtum der Stämme im Regenwald. Er musste jetzt langfristig denken und ganz sorgfältig vorgehen. Denn noch standen ihm und seinem Onkel die Iban und ihr Chief Minister Tawi Sli vor der Sonne.[29] Dieser galt zwar als schwache Figur, doch als Vertreter der größten Bevölkerungsgruppe von Sarawak war er für Taib gefährlich und konnte auf beachtliche politische Unterstützung zählen.

Bilder aus dieser Zeit zeigen Taib als flamboyanten jungen Politiker mit amerikanischem Hut und dunkler Sonnenbrille, der in ganz Sarawak herumreist, abgelegene Gemeinden besucht und Reden hält. Der Pfeife rauchende Sixties-Politiker tritt viel moderner auf als alle seine Amtskollegen. Kokett geht er barfuß durch den Sumpf, wo andere Schuhe tragen, lässt sich von Kindern mit Girlanden behängen, lächelt selbstsicher in die Kameras. Jetzt, da er an Statur gewonnen hat, kann er sich verspielt zeigen. Doch bei aller Nonchalance achtet er sorgfältig darauf, seine konservativen ländlichen Wähler nicht vor den Kopf zu stoßen. Bei religiösen Anlässen kleidet er sich im traditionellen Malaien-Kostüm. Mit einer Pilgerfahrt nach Mekka wartet er absichtlich, um nicht als anmaßend zu erscheinen.[30]

Taib hat Erfolg mit seiner Politik, zumindest bei den muslimischen Melanau und Malaien, seiner politischen Hausmacht. Er und Rahman schaffen es, die seit Jahren politisch zerstrittenen Muslime in einer neuen Partei mit dem Namen BUMIPUTERA (Söhne der Erde) zusammenzuschweißen, deren Generalsekretär er Ende 1966 wird. »Einheit ist Stärke« lautet die klare Botschaft an seine Leute, die sich ihres Status als Bevölkerungsminderheit gegenüber den Iban stets bewusst sind. Skeptischer wird Taib von den Nicht-Muslimen betrachtet, die ihn als Sprachrohr Kuala Lumpurs wahrnehmen, und besonders von den Chinesen: »Viele Chinesen sehen ihn als anti-chinesisch an.«[31]

Welche Geschäfte mit Sarawaks Holzressourcen Taib ab Sommer 1966 genau gemacht hat, wissen wir nicht. Wie hoch die von ihm dafür kassierten Schmiergelder sind, wissen wir auch nicht. Doch angeblich soll Taib es schon bis Ende 1967 zum reichsten Politiker von Sarawak gebracht haben. Und klar ist, dass zu dieser Zeit in Borneo langsam eine politische Ökonomie entstand, die sich für den Regenwald als tödlich erweisen sollte.

POLITIKER AUF DEM HOLZWEG

Das Holz ist »unser größter politischer Fluch«, sagte 1967 Donald Stephens, erster Regierungschef von Sabah.[32] Dort entwickelte sich Anfang der 1960er-Jahre ein Modell der Parteienfinanzierung, das in Südostasien bis heute funktioniert und die öffentliche Hand Unsummen an Steuerausfällen gekostet hat, vom ökologischen Schaden ganz zu schweigen. Der amerikanische Ökonom David Walter Brown schätzt, dass in Sarawak, Sabah und Indonesien zwischen 1970 und 1999 40 Milliarden US-Dollar Schmiergelder für Holzkonzessionen bezahlt wurden. Statt in die Staatskassen flossen diese Gelder in die Taschen einiger weniger Politiker.[33]

Das Prinzip ist so einfach wie kriminell. Regierende Politiker vergeben staatliche Holzkonzessionen an Günstlinge und kassieren dafür

Bestechungsgelder, die sie zur Finanzierung ihres Wahlkampfs und für private Zwecke einsetzen. Weil andere Quellen der Parteienfinanzierung weitgehend fehlen und weil Wahlkampagnen in den abgelegenen ländlichen Regionen Borneos extrem teuer sind, erhält so der Amtsinhaber einen entscheidenden Vorteil gegenüber allen Herausforderern. Anders gesagt: Wer einmal die Vergabe der Holzkonzessionen kontrolliert, kann enorme Summen eintreiben, dominiert jeden Wahlkampf und ist fast nicht mehr aus dem Amt zu drängen. »Stabilität durch Korruption« lautet die politische Zauberformel in Borneo. Der Preis dafür ist die Abholzung der Regenwälder – und de facto das Ende der Demokratie. Auch auf den benachbarten Philippinen finanzierte sich so der von 1965 bis 1986 regierende Ferdinand Marcos, zuerst als gewählter Präsident und dann als Diktator.[34]

Während in Sabah bereits vor der Unabhängigkeit Holzkonzessionen eine wichtige politische Rolle spielten, hinkte Sarawak hinterher und »die führenden Politiker waren sich des Potenzials der Holzlizenzen noch nicht so bewusst wie ihre Amtskollegen in Sabah.«[35] Doch auch hier hatten sich findige Geschäftsleute bereits in der britischen Kolonialzeit Holzkonzessionen gesichert und damit bedeutenden Einfluss auf die Politik erlangt. Prominentestes Beispiel ist James Wong, Minister im ersten Kabinett von Stephen Kalong Ningkan und bis in die 1990er-Jahre einer der einflussreichsten chinesischstämmigen Politiker in Sarawak. Seine Limbang Trading Company erhielt 1949 eine große Holzkonzession über die Urwälder am Limbang-Fluss, deren Ausbeutung ihn zum Multimillionär machen sollte.[36]

Taib störte sich daran, dass die meisten Konzessionen in den Händen chinesischer Unternehmer waren, mit deren politischer Unterstützung er nicht rechnen konnte. So unternahm er einen gewagten Schritt, um seinen politischen Gegnern den Geldhahn zuzudrehen: Er fror kurzerhand alle Holzkonzessionen ein.[37] Einen geeigneten Vorwand dazu bot ihm ein Auftrag an die UNO-Landwirtschaftsorganisation FAO (Food and Agriculture Organization), die langfristige Nutzung der Holzressourcen von Sarawak zu untersuchen. »Eine meiner schwierigsten Aufgaben war die saubere Planung der Nutzung unserer Holzressourcen«, rechtfertigte sich Taib später. »Um dies zu tun, musste ich alle Holzkonzessionen einfrieren und später neu ausstellen. Niemand mochte das, doch ich musste das tun, um die FAO zu überzeugen.«[38] Glaube das, wer will. Natürlich spekulierte Taib in erster Linie darauf, dass bei einer späteren Neuvergabe der Holzlizenzen er und sein Onkel von den Holzunternehmern die Schmiergelder kassieren würden.

Ein Jahr lang ging alles gut im neuen, von Tawi Sli geführten, aber de facto von Taib dominierten Kabinett. Dann eskalierte die Situation und seine Iban-Regierungspartner verlangten Taibs Rücktritt. Sie warfen ihm und seinem Onkel in Kuala Lumpur vor, immer nur für die Malaien zu arbeiten und die Entwicklung der nicht-muslimischen Indigenen zu vernachlässigen.[39] Dazu kamen Vorwürfe, dass Taib Abgaben aus dem Holzgeschäft zur Finanzierung von Moscheen und Gebetsräumen missbraucht habe.[40] Eine wesentliche Rolle spielte aber auch, dass die Iban-Partei PESAKA Finanzprobleme hatte und dass Taib durch seine Politik die Vergabe von zwei großen Holzkonzessionen an PESAKA-Günstlinge blockierte.[41]

Taib hatte den Bogen überspannt und wurde zum zweiten Mal von einem Iban-Regierungschef aus dem Kabinett geworfen. Diesmal musste er wirklich gehen. Doch Taibs großer Förderer in Kuala Lumpur, Premierminister Tunku Abdul Rahman, hielt schon einen neuen Posten für seinen verlässlichen Juniorpartner bereit. Schnell wurde ein Sitz im Bundesparlament frei gemacht. Und Taib konnte in Kuala Lumpur eine Ministerlaufbahn beginnen.

DER GROSSE COUP

Ein Urlaub in Hongkong im Dezember 1967 gab dem mittlerweile 31-jährigen Taib Zeit, sein Leben und seine beruflichen Ambitionen zu überdenken. Sollte er wirklich in der Politik bleiben, diesem unerbittlichen Kampf um Macht und Einfluss, wo es kaum wahre Freunde und viele Neider und Feinde gab? Oder sollte er nicht doch eher eine Wirtschaftskarriere einschlagen und das schnelle Geld suchen? »Er spürte, dass er von Leuten verlassen worden war, von denen er geglaubt hatte, dass sie seine Freunde waren«, schrieb der ehemalige Taib-Sprecher und Hofbiograf James Ritchie über diese Zeit.[42]

Doch zum Glück waren da noch Premier Tunku und Onkel Rahman. Sie versprachen zu helfen, besonders Tunku, der in Kuala Lumpur noch immer die Fäden in der Hand hatte. Und so zogen Taib und Laila mit ihrer siebenjährigen Tochter Jamilah und dem vierjährigen Sohn Bekir nach Kuala Lumpur, wo Taib im März 1968 den Posten als assistierender Handels- und Industrieminister antrat.

Tunku fand Gefallen an Taibs Talent und daran, dass der junge Politiker für seine Ideen empfänglich und noch formbar war. In erster Linie zählte aber, dass Taib gegenüber Tunku immer loyal blieb. »Ich zähle ihn zu meinen besten Freunden«, schrieb der legendäre *Bapa Malaysia* 1990 kurz vor seinem Tod über Taib.[43] Und wenn Tunku noch in hohem Alter Kuching besuchte, so reiste Taib mit ihm im Flugzeug und schob persönlich seinen Rollstuhl. Das war eine echte Politikerfreundschaft und Tunku muss eine der wenigen Personen gewesen sein, die Taib Zeit seines Lebens wirklich respektierte und mochte.

Über das Verhältnis von Taib zu seinem Onkel Rahman in ihrer gemeinsamen Zeit in Kuala Lumpur wissen wir wenig. Wahrscheinlich ist, dass die beiden in einer Mischung aus Freundschaft und wachsender Rivalität verbunden waren. Beobachter sagen, dass der selbstbezogene, kühl berechnende Taib, der sich für intelligenter hielt als seinen Onkel, einen Minderwertigkeitskomplex gegenüber dem charismatischen Rahman entwickelte. Zwei Jahrzehnte später sollte es zum offenen Bruch und Machtkampf zwischen den beiden kommen. Doch zunächst stand noch ein gemeinsames Projekt im Vordergrund: die politische Neutralisierung der Iban und die Machtübernahme in Sarawak.

Die Gelegenheit dazu bot sich bei den anstehenden Wahlen, die zuerst auf Mitte 1969 angesetzt waren, wegen Rassenunruhen in West-Malaysia aber um ein Jahr verschoben wurden. Die gewaltsamen Ausschreitungen zwischen Malaien und Chinesen in Kuala Lumpur vom 13. Mai 1969 wurden für den jungen Staat Malaysia zum nationalen Trauma und beendeten abrupt eine kurze Periode relativer politischer Freiheit. Sarawak war nicht betroffen von den Ausschreitungen, und die legendären Sarawak Rangers, ein aus Iban bestehendes Armee-Kontingent, wurden zur Beruhigung der Lage geschickt.

Die Ausschreitungen gaben der Regierung in Kuala Lumpur den willkommenen Anlass zur Entmachtung von Sarawaks Iban-Regierungschef Tawi Sli. Wie in ganz Malaysia wurden auch in Sarawak die wichtigsten Regierungskompetenzen an ein Notstandskomitee übertragen, doch im Unterschied zu allen anderen Staaten wurde nicht der Regierungschef, sondern ein ehemaliger Bundesbeamter, ein Malaie, zu dessen Chef ernannt. Eine der ersten Amtshandlungen des Notstandskomitees war es, die Holzkonzessionen erneut einzufrieren und so den Iban-Politikern und ihren chinesischen Financiers den Geldhahn für die bevorstehenden Wahlen zuzudrehen.[44]

Der große Coup gelang ein Jahr später nach den Wahlen von 1970. Ein Viertel der Abgeordneten in der neu gewählten State Assembly reichte Rahmans und Taibs Partei BUMIPUTERA, um durch geschicktes Taktieren für Rahman den Posten des Chief Minister herauszuholen. Entscheidend war dabei der überraschende Seitenwechsel der chinesischen Opposition, die sich von der Unterstützung Rahmans mehr erhoffte als von einem weiteren Iban-Regierungschef.

Das war eine exakte Kopie des politischen Modells von West-Malaysia: eine Regierung unter muslimischer Führung, unterstützt von einem unterwürfigen chinesischen Partner. Die Iban wurden mit zwei Ministerposten abgespiesen, doch ihre politische Vorherrschaft war gebrochen. Überraschend daran war, dass mit Rahman und Taib zwei Melanau die Politik dominierten, Vertreter einer Volksgruppe, die mit einem Bevölkerungsanteil von weniger als 5 Prozent selbst unter Sarawaks Muslimen eine kleine Minderheit ausmacht.

Niemand hätte sich vorgestellt, dass mit dem Amtsantritt von Rahman im Juli 1970 eine Familiendynastie begründet würde, die sich über 40 Jahre lang – bis zum heutigen Tag – an der Macht halten sollte. Ohne starke Unterstützung durch die Bundesregierung in Kuala Lumpur wären die beiden Melanau-Politiker nie in eine solche Position gelangt. Und ohne die Abholzung der Regenwälder zur Finanzierung ihrer Politik und ihres verschwenderischen Lebensstils hätten sie niemals eine derartige Dominanz über Politik und Wirtschaft des größten Bundesstaats von Malaysia erlangt.

PETRODOLLARS FÜR KUALA LUMPUR

An der Nordküste von Borneo, wenige Kilometer nördlich von Miri, liegt das heutige Sultanat Brunei, einer der reichsten Staaten der Erde. Mit 5765 Quadratkilometern Fläche ist Brunei etwas kleiner als der Kanton Bern, einer der größten Schweizer Kantone. Auf der Landseite ist Brunei komplett vom viel größeren Sarawak umgeben. Seine Küste ist eine natürliche Fortsetzung der Küstenlinie von Sarawak und des ins Südchinesische Meer reichenden Kontinentalsockels. Bruneis 400 000 Einwohner bezahlen keine Steuern, die medizinische Versorgung ist gratis und bei schweren Gesundheitsproblemen haben die Bürger des Erdöl-Sultanats Anrecht, auf Kosten der Regierung ins 1250 Kilometer entfernte Singapur zu fliegen und sich dort behandeln zu lassen. Die Staatsverschuldung beträgt 0 Prozent des Bruttosozialprodukts. Unter westlichen Touristen gilt Brunei zwar als etwas langweilig, unter anderem, da in dem streng islamisch regierten Staat der öffentliche Ausschank von Alkohol verboten ist. Doch der tropische Regenwald ist äußerst spannend – im Unterschied zu Sarawak besteht er nämlich fast ausschließlich aus Primärwald mit jahrhundertealten Baumriesen.

Wer von Miri aus auf dem Pan Borneo Highway nach Brunei reist, stellt den Unterschied rasch fest. Zuerst kreuzt die Straße den mächtigen Baram River mit seinem riesigen, von der Holzindustrie verwüsteten Einzugsgebiet. Schlammbraune Wassermassen strömen träge zur Mündung in Kuala Baram, wo große Verladeterminals die mit Stämmen angefüllten Holzkähne in Empfang nehmen. Von hier werden die Tropenhölzer ins Ausland verschifft – vornehmlich nach Japan, in den letzten Jahren aber auch zunehmend nach Südkorea, Taiwan und China.

Kurz nach der Grenzstation folgt der Belait-Fluss, der ganz auf dem Staatsgebiet von Brunei liegt. Im kristallklaren Wasser spiegeln sich die Urwaldriesen, hinter den Flussufern liegen artenreiche Torfsumpfwälder. So muss der Wald von Sarawak noch vor wenigen Jahrzehnten ausgesehen haben.

Hätte unser Staat ein zweites Brunei werden können, fragen sich heute viele Einwohner von Sarawak, wenn wir wie Brunei unabhängig geblieben und 1963 nicht Malaysia beigetreten wären? Dann wären nämlich die Erträge aus dem Öl- und Gasgeschäft im Land geblieben, statt nach West-Malaysia abzufließen. Nur 5 Prozent der Lizenzgebühren (Royalties) des in Sarawak (und dem benachbarten Sabah) geförderten Erdöls und Erdgases bleiben in Borneo, der Rest fließt an die Bundesregierung nach Kuala Lumpur, die sich in bester Kolonialmanier an ihren Außengebieten bereichert.

Das 1910 entdeckte Ölfeld bei Miri war zwar weit weniger ergiebig als die Ölfelder im nahen Brunei und bereits nach dem Zweiten Weltkrieg weitgehend erschöpft.[45] Doch der Fund neuer Offshore-Erdöl- und Erdgasvorkommen auf dem Kontinentalsockel vor Sarawak seit 1968 löste einen Konflikt zwischen Kuching und Kuala Lumpur aus. Die Verhandlungen scheiterten und Kuala Lumpur beschlagnahmte auf der Grundlage von Notstandsverordnungen kurzerhand den umstrittenen Teil des Kontinentalsockels.[46] Als die Frage Anfang der 1970er-Jahre wieder aktuell wurde, war Taib Mahmud in der Bundesregierung der zuständige Rohstoffminister und sein Onkel Rahman Chief Minister von Sarawak. Der Konflikt wurde also gewissermaßen in der Familie ausgehandelt.

Doch Rahman wollte gar nicht gefallen, was sein Neffe ihm da an Zumutungen auftischte. Das von Taib vorgeschlagene Kohlenwasserstoff-Gesetz (Hydro-Carbon Bill) sah vor, dass alle Rechte an den Öl- und Gasreserven entschädigungslos an die Bundesregierung in Kuala Lumpur übergehen sollten und Sarawak seine bisher von den Erdölgesellschaften erhobene 10-prozentige Lizenzgebühr verlieren sollte. Der schockierte Rahman war so erzürnt über Taib, dass er den Staatsanwalt von Sarawak bei der Bundesregierung protestieren ließ und rechtliche Schritte gegen das geplante Gesetz ankündigte.[47]

Taib musste das Dossier abgeben und die Bundesregierung schickte ein neues Verhandlungsteam nach Kuching. Rahman erreichte schließlich, dass Sarawak eine Lizenzgebühr von 5 Prozent auf das geförderte Erdöl und Erdgas erhielt. Im Gegenzug verlor es die Verfügungsgewalt über seine Öl- und Gasreserven. Der für Sarawak unvorteilhafte Kompromiss ebnete den Weg zum Erdöl-Entwicklungs-Gesetz (Petroleum Development Act) von 1974 und zur Gründung von Malaysias staatlicher Erdölgesellschaft PETRONAS.[48]

Das neue Gesetz bewirkte, dass sich die Zahlungsbilanz zwischen Kuala Lumpur und Sarawak umkehrte. Hatte die Bundesregierung bis dahin den unterentwickelten Bundesstaat finanziell unterstützt, so füllte sie sich jetzt die Taschen mit den Petrodollars aus Sarawak. Schon bis 1980 floss über eine Milliarde Ringgit (rund 460 Mio. USD) Lizenzgebühren und Steuern aus der Öl- und Gasförderung an die Bundesregierung.[49] Und nachdem 1983 in Bintulu eine riesige Flüssiggasproduktion in Betrieb genommen wurde, vervielfachten sich die Erträge noch.[50]

DER SULTAN VON SARAWAK

13 Jahre lang war Taib Minister in Kuala Lumpur, ehe ihn Onkel Rahman nach Sarawak zurückrief. Dank seiner verschiedenen Ämter in der Bundesregierung – neben Rohstoffen unter anderem Planung, Verteidigung und Information – hatte Taib äußerst breite Erfahrungen gesammelt, die ihn für das höchste Regierungsamt in Sarawak zu prädestinieren schienen. Nach einem Herzinfarkt im Oktober 1980 fühlte Rahman, dass es an der Zeit war, sein Amt abzugeben und sicherzustellen, dass die Regierungsgeschäfte in der Familie blieben.

Über eine Ersatzwahl holte er Taib zurück ins Regionalparlament und ernannte ihn zum Minister. Wenig später trat Rahman als Chief Minister zurück und ließ sich zum Gouverneur ernennen. Das Manöver gelang und die Bundesregierung in Kuala Lumpur, die mit einem eigenen

Kandidaten eine Familiendynastie in Sarawak verhindern wollte, hatte das Nachsehen.

Den Gipfel der Macht erklomm Taib am 26. März 1981, wenige Wochen vor seinem 45. Geburtstag. Chief Minister von Sarawak, das war schon eine Art Sultan von Borneo. Oder so zumindest wollte Taib das Amt verstanden haben. Jetzt wollte er aber Alleinherrscher sein. Er hatte nicht vor, sich von irgendjemandem dreinreden zu lassen – nicht von seinem Onkel, nicht von Kuala Lumpur und schon gar nicht von den Iban-Anführern, die er zu unterwürfigen Gefolgsleuten degradierte. Er machte Alfred Jabu, einen Iban-Politiker aus Betong, zu seinem Vize. Dieser war käuflich und würde sich ihm nicht in den Weg stellen, das wusste Taib, und er war nützlich für seinen eigenen Machtanspruch. So konnte Taib argumentieren, dass die Iban prominent in der Regierung vertreten waren, und sich dennoch sicher sein, dass sie ihm nie gefährlich wurden. Aus dem einst so vielversprechenden Colombo-Plan-Stipendiat war ein kleiner Machiavelli geworden.

ALS REGIERUNGSCHEF VON SARAWAK FORCIERT TAIB SEIT 1981 DIE ABHOLZUNG DES REGENWALDES UND BAUT SEINE MACHT PLANMÄSSIG AUS. KEINER DARF SICH IHM IN DEN WEG STELLEN. DEM WIDERSTAND DER INDIGENEN

BLASROHRE

BEGEGNET ER MIT POLIZEIGEWALT.

GEGEN

UMWELTSCHÜTZER BRUNO MANSER

BULLDOZER

KÄMPFT WÄHREND 15 JAHREN GEGEN TAIBS POLITIK UND FÜR DIE RECHTE DER PENAN, BIS ER SPURLOS IM REGENWALD VERSCHWINDET.

05

BRUDERLIEBE

In seinen ersten Jahren als Chief Minister von Sarawak war Taibs Macht noch wenig gesichert. Sein Onkel hatte ihn zwar nach Kuching geholt, doch den Gouverneursposten hatte Rahman behalten, und Schlüsselpositionen im Kabinett waren von dessen Gefolgsleuten besetzt. Besonders die Vergabe von Holzkonzessionen hatte Taib noch nicht voll unter Kontrolle, da ein Vertrauensmann seines Onkels das Amt des Forstministers innehatte.

Taib ging deshalb auf Nummer sicher, als er Mitte 1983 seinen Bruder Onn Mahmud in geheimer Mission nach Kanada schickte, um dort Immobilien zu kaufen. Die ersten Schwarzgeldmillionen mussten im Ausland ins Trockene gebracht werden. In Ottawa gründete Onn am 2. September 1983 gemeinsam mit Taibs Kindern Jamilah und Bekir die Sakto-Gruppe,[1] über die seither Transaktionen in Höhe von mehreren 100 Millionen Dollar abgewickelt wurden SIEHE KAPITEL 1.

Im Anschluss an seinen Trip nach Kanada flog Onn über den Pazifik nach Hongkong, wo er am 22. November 1983 die Firma Regent Star ins Leben rief, die zur eigentlichen Schmiergeldzentrale für das Taib-Imperium wurde.[2] Als Direktor und Aktionär schob er einen chinesischen Angestellten vor. Am gleichen Tag gründete Onn die Investmentfirma Richfold Investment Ltd. Die beiden Firmen teilten sich das Büro im 10. Stock eines schmucklosen Betonbaus in der Connaught Road im Finanzdistrikt auf Hong Kong Island. Während die Taibs bei der Tarnfirma Regent Star nicht offiziell in Erscheinung traten, waren die Besitzverhältnisse von Richfold Investment eindeutig: Von 50 000 Aktien gehörten 49 999 Onn und eine einzige pro forma seinem Angestellten Shea Kin Kwok.[3]

An Regent Star – so fanden die Steuerbehörden von Tokyo mehr als 20 Jahre später heraus – hatten alle Schifffahrtsgesellschaften, die Tropenhölzer aus Sarawak nach Japan exportierten, während Jahren Zahlungen in Millionenhöhe geleistet. Die Bedingungen für die Holzexporteure waren klar: Ohne saftige Zahlungen an Regent Star gab es keine Exportgenehmigung. Onn musste unbedingt bei Laune gehalten werden. Denn sein Bruder hatte ihm die Kontrolle über die privatisierte Exportagentur für das Tropenholz übertragen. Dewan Niaga heißt diese Firma. Sie spielt bis heute eine Schlüsselrolle im Taib-Familienimperium.

Der Clou an Dewan Niaga ist aber noch ein anderer: Wer den Holzexport kontrolliert, kann auch die Exportstatistiken manipulieren. So stellen die Taibs sicher, dass nur sie den Überblick über den wahren Wert der Holzexporte von Sarawak haben und dass sie für jeden Baumstamm, der den Staat verlässt, ihre Provision kassieren.

Onn wurde für die Geschäfte im Dienst seines Bruders reich belohnt. Mit einem geschätzten Vermögen von 2 Milliarden US-Dollar ist er heute die Nummer zwei innerhalb der Taib-Familie. Plantagen im Wert von Hunderten von Millionen Dollar, ein Luxusresort auf der malaysischen Tropeninsel Langkawi sowie Hotels und andere Besitztümer in Singapur und Australien gehören zu seinem Portfolio.[4] 2013 kam Onn in Australien in die Schlagzeilen, weil er auf Immobilienbesitz im Wert von 100 Millionen australischen Dollar keine Steuern bezahlt hatte. Ein ehemaliger

HOLZPRODUKTION IN SARAWAK 1975–2012 (RUNDHOLZ, HOLZVOLUMEN IN M^3)

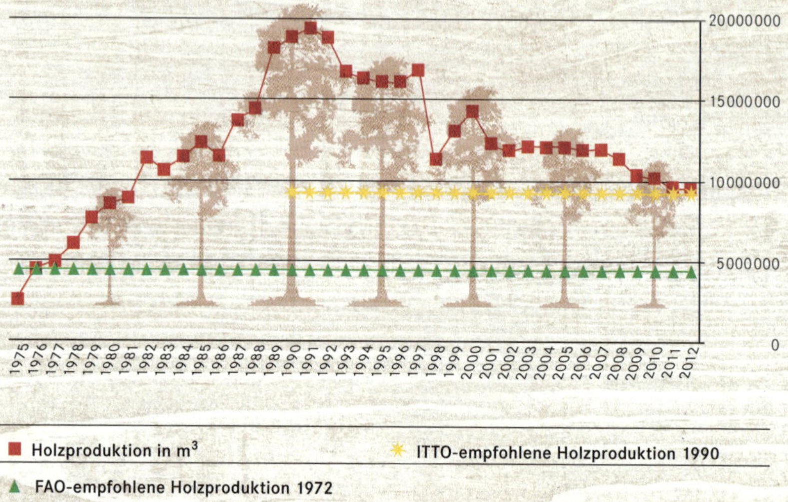

DIE SECHS GRÖSSTEN HOLZFIRMEN SARAWAKS UND IHRE GESCHÄFTSBEREICHE 2010

Firma	Holzkonzessionen in Sarawak in ha	Plantagenkonzessionen in Sarawak in ha	Internationale Holzgeschäfte	Verschiffung	Handel	Bauwirtschaft	Natürliche Ressourcen	Immobilienentwicklung	Medien	Finanzen	Tourismus
Samling Group	>1300000	>632876	x	x	x	x	x	x			x
Rimbunan Hijau	>1000000	685073	x	x	x	x	x	x	x	x	x
WTK Group	850000	264472	x	x	x	x					x
Ta Ann Group	>577000	413644	x					x			
KTS Group	k.A.	430909	x	x	x	x	x	x	x		x
Shin Yang Group	k.A.	372918		x	x	x	x	x	x		x

Quellen: 1_ STIDC; Forest Department Sarawak; ITTO; Jomo et al. 2004
2_ Annual Reports; KLSE; Stock Market Announcements; Faeh 2011

Geschäftspartner bezichtigte ihn, alle Profite über Offshore-Trusts auf den Cayman Islands und der Isle of Man abgezogen zu haben.[5]

TROPENHOLZ-BONANZA

Mit Taibs Amtsantritt nahm die Abholzung des Regenwaldes von Sarawak stark zu. Innerhalb von wenigen Jahren wurden riesige Flächen von Wald abgeholzt und die Front verlagerte sich von den küstennahen Torfsumpfwäldern ins Landesinnere, wo die großen alten Dipterokarpen-Wälder den Holzfällern schnellen Reichtum versprachen. Statt dem selten gewordenen Ramin-Holz warfen die Holzbarone jetzt Meranti- und Belian-Stämme auf den internationalen Markt. Der größte Teil des Holzes ging nach Japan, dessen boomende Bauwirtschaft einen unersättlichen Hunger nach Tropenhölzern entwickelt hatte. Daneben waren Taiwan und Korea die wichtigsten Exportmärkte. Ende der 1980er-Jahre absorbierten diese drei asiatischen Staaten zusammen fast 90 Prozent der Holzexporte von Sarawak.[6]

1972 war endlich eine noch von Taib als Forstminister 1967 in Auftrag gegebene FAO-Studie zur Forstwirtschaft in Sarawak erschienen. Die zentrale Empfehlung der UNO-Organisation war, den jährlichen Holzschlag auf 4,4 Millionen Kubikmeter zu begrenzen, um eine nachhaltige Nutzung der Wälder zu ermöglichen.[7] Doch eine Begrenzung des Holzschlags interessierte Taib und seinen Onkel nicht mehr, nachdem die Iban-Politiker entmachtet waren SIEHE KAPITEL 4. Hatte die Holzproduktion in Sarawak 1965 noch bei 2,3 Millionen Kubikmetern gelegen, so stieg sie in der elfjährigen Amtszeit Rahman Ya'kubs von 4,7 Millionen Kubikmeter (1970) auf 8,8 Millionen Kubikmeter (1981) an. Und Taib wollte noch mehr aus dem Wald herausholen. Bereits in seinem zweiten Amtsjahr als Chief Minister ließ er über 11 Millionen Kubikmeter Holz schlagen.[8]

Da Taib wegen der raschen Zerstörung des Regenwalds unter politischen Druck geriet, gestattete er Ende 1989 der internationalen Tropen-

REKONSTRUKTION EINES SCHWARZGELDFLUSSES AUS DEM TROPENHOLZEXPORT AUS SARAWAK

4 Die Tarnfirma verschiebt das Bestechungsgeld zu einer Investmentfirma in Hongkong

5 Die Investmentfirma erteilt ein Darlehen für den Kauf von Immobilien in Kanada

6 Geheime Kontrolle der Aktienmehrheit

Quelle: BMF 2013

holzorganisation ITTO eine neuerliche Analyse. Pragmatisch erhöhten die Experten den maximalen jährlichen Holzschlag für eine »nachhaltige« Waldnutzung auf 9,2 Millionen Kubikmeter.[9] Doch Taib ignorierte auch diese Empfehlung. 1991 holten die Holzkonzerne 19,4 Millionen Kubikmeter Holz aus den Wäldern – mehr als das Vierfache der von der FAO und das Doppelte der von der ITTO empfohlenen Holzerntemenge. Innerhalb weniger Jahre war Sarawak zum weltgrößten Exporteur von Tropenholz aufgestiegen.

Doch dann war das Produktionsmaximum erreicht, das die Wälder hergeben konnten. Seit 1992 sinkt die Holzproduktion kontinuierlich und fiel 2012 mit 9,5 Millionen Kubikmetern auf den tiefsten Wert seit 30 Jahren.[10]

In den ersten sechs Amtsjahren von Taib erhielten seine Familienmitglieder und politischen Gefolgsleute über 1,6 Millionen Hektar Holzkonzessionen. Dazu kamen 1,25 Millionen Hektar Konzessionen des Clans seines Onkels.[11] Abholzungsrechte über 2,85 Millionen Hektar Tropenwald in den Händen einer einzigen Familie – das entspricht zwei Dritteln der Fläche der Schweiz. Der Wert dieser Holzkonzessionen war gigantisch: Allein Rahmans Konzessionen wurden 1987 auf 9 Milliarden US-Dollar geschätzt; gemeinsam mit Taibs Konzessionen sprechen wir von Holzvorräten im Wert von über 20 Milliarden US-Dollar, die innerhalb weniger Jahre auf eine Handvoll Nutznießer verteilt wurden.[12] Wer jetzt zur richtigen Zeit am richtigen Ort war und mit Taib verhandelte, konnte es rasch zum Multimillionär bringen. Eine wahre Tropenholz-Bonanza!

Diese Phase war entscheidend für den Aufschwung von Sarawaks sechs großen Tropenholzkonglomeraten, den »Big Six« – auch »Dirty Six« genannt –, die später alle zu internationalen Playern wurden: Rimbunan Hijau, Samling, KTS, WTK, Shin Yang und Ta Ann.[13] Sie alle verdankten ihr rasches Wachstum in erster Linie ihren guten politischen Verbindungen zum neuen Chief Minister.

Am augenfälligsten war dies bei Ta Ann: Das Mitte der 1980er-Jahre von Taibs Cousin Hamed Sepawi und zwei Partnern gegründete Unternehmen erlebte innerhalb weniger Jahre einen kometenhaften Aufstieg zu einem international tätigen Holzkonglomerat: Vetternwirtschaft im buchstäblichen Sinn war Ta Anns Erfolgsgeheimnis.

Berüchtigt für ihre politische Verbindung war auch die Firma Limbang Trading, die im abgelegenen Limbang-Tal im Norden von Sarawak Abholzungsrechte über 124 000 Hektar Primärwald kontrollierte. Ihr Inhaber James Wong (1922–2011), ein prominenter chinesischer Geschäftsmann und Politiker, bekleidete in der Taib-Regierung von 1987 bis 2001 das Amt des Umweltministers – die beste Voraussetzung, um das einträgliche Holzgeschäft ungestört betreiben zu können.[14]

COCA-COLA-DIPLOMATIE

Harrison Ngau war 17 Jahre alt, als er zum ersten Mal mit der Holzindustrie in Kontakt kam. Holzfäller der Firma WTK (die Abkürzung steht für die Initialen des Firmengründers Wong Tuong Kwang) drangen 1976 zu seinem Dorf Long Keseh am Baram-Strom im Norden von Sarawak vor. Der Oberlauf des Baram war damals noch von riesigen Primärwäldern bestanden, fast wie zu Charles Hoses Zeiten, der Ende des 19. Jahrhunderts das Gebiet erforschte SIEHE KAPITEL 2.

»Wenn du Angst hast, machen sie mit dir, was sie wollen«, sagt Harrison. »Wenn du tapfer bist, hast du vielleicht eine Chance. Also bist du besser tapfer.« Mit »sie« meint er Taib, die Holzbarone und die Regierung von Sarawak. Der 1959 geborene, leutselige Anwalt sitzt unter einer Weltkarte in seiner Kanzlei am Stadtrand von Miri und erzählt mit ruhiger Stimme sein Leben.[15]

Harrison ist eine Ikone der Indigenenbewegung von Sarawak. Als einer von ganz wenigen engagiert er sich seit den 1980er-Jahren ununterbrochen für die Rechte der Ureinwohner und für den Schutz der Tropenwälder – zuerst für eine NGO, später als Anwalt. Sein Volk, die Kayan, waren früher gefürchtete Kopfjäger.

»Ich hatte gerade das fünfte Sekundarschuljahr in Marudi abgeschlossen und war auf Weihnachtsurlaub in meinem Heimatdorf, als im Langhaus ein großes Treffen einberufen wurde. Grund dafür war, dass eine Holzfirma eine Holzschlagkonzession über das Gebiet hinter unserem Langhaus erhalten hatte. Wir hatten davon überhaupt keine Ahnung, als WTK plötzlich mit Bulldozern, schwerem Gerät und Motorsägen auffuhr. Die Leute in unserem Langhaus wollten die Holzfäller stoppen, und weil viele keine Schulbildung hatten, half ich ihnen, Briefe an die Firma zu schreiben.«

Als das Treffen im Langhaus stattfand, brachten die Leute von WTK einen Haufen Esswaren mit, Biscuits und Coca-Cola. »Alle begannen zu essen und nichts weiter geschah. Da realisierte ich, dass niemand sprechen würde. Weil ich die Briefe verfasst hatte, musste ich mich verteidigen und als junger Bursche sagen, dass die Forderung nach einer Einstellung der Abholzung vom ganzen Dorf unterstützt wurde.«

Die Leute von Long Keseh waren eingeknickt. Schon nach kurzer Zeit war ihr Widerstand zusammengebrochen und sie begannen, bei der Holzfirma zu betteln. »Ich war schockiert. In der Vergangenheit war unser Volk stark und mutig. Und jetzt gaben unsere Leute beim geringsten Druck von außen einfach ihr Land den Holzfällern preis. Ich sagte mir: Wenn unsere Anführer so schwach sind, dann kommen riesige Probleme auf uns zu.« Später stellte sich heraus, dass Taibs Neffe, ein lokaler Politiker und zwei Männer aus dem Langhaus die Firma besaßen, welche die Holzlizenz erhalten hatte. Sie hatten die Lizenz an WTK weitergegeben und ohne jede Arbeitsleistung große Gewinne für sich eingesteckt.

WTK willigte später ein, Long Keseh pro Tonne Holz aus dem Gemeindewald eine Entschädigung von zwei Ringgit (60 Rappen) zu bezahlen – ein lächerlicher Betrag, wenn man bedenkt, dass die Holzfirma mit der gleichen Menge einen Nettoertrag von über 100 US-Dollar erwirtschaften konnte.

BLASROHRE GEGEN BULLDOZER

Im Unterschied zur Mehrzahl seiner Dorfbewohner ließ sich Harrison nicht blenden und blieb standfest gegenüber dem Holzkonzern. Dies machte ihn sehr unbeliebt bei den Holzbaronen. Doch er war auch nicht auf WTK angewiesen. Nach Abschluss seiner Schulzeit arbeitete er in einem Hotel in Miri, dann in einer Eisfabrik und schließlich in der Erdölexploration im Auftrag von Shell.

1980 übernahm Harrison die Aufgabe, für die Umwelt- und Menschenrechtsorganisation Sahabat Alam Malaysia (SAM), die malaysische Sektion von Friends of the Earth, eine Zweigstelle in Sarawak aufzubauen. »Gegen Ende der Amtszeit von Rahman Ya'kub als Chief Minster wurde die Abholzung wirklich zu einem großen Geschäft. Rahmans Freunde erhielten große Holzkonzessionen und bestimmten aus dem Hintergrund die politische Agenda. Der Holzpreis war gut und es gab jede Menge Hölzer; noch niemand war in die Wälder im Landesinnern eingedrungen.«

Harrison zog nach Marudi, ein ländliches Handels- und Verwaltungszentrum am Baram-Fluss, mietete dort ein Zimmer und machte es zu seinem Büro. Im November 1980 heiratete er die 17-jährige Uding, eine Kayan aus seinem Nachbardorf. Gemeinsam haben die beiden vier Kinder und sind noch heute verheiratet.

»Umwelt- und Menschenrechtsverbände waren zu dieser Zeit in Sarawak völlig unbekannt. Der erste organisierte Protest in einem Holzfällercamp war im Gebiet des Apoh-Flusses. Das war Anfang 1980.«[16] Der heftige Protest richtete sich gegen den Samling-Konzern. Kayan aus drei Langhäusern kamen in großen Gruppen ins Holzfällercamp und bedrohten die Leute von Samling. »Die von Samling herbeigerufenen Polizisten, selber Indigene, ließen die Kayan gewähren. Ich unterstützte die Aktion aus dem Hintergund.« Schließlich willigte Samling ein, einer Kooperative der drei Langhäuser eine Kommission zu bezahlen.

»Zu dieser Zeit gab es verschiedene Ansichten in den Communities. Einige Leute wollten gar keinen Holzschlag. Andere sagten, wir akzeptieren das unter bestimmten Bedingungen, wenn unsere Gemeinden dafür Straßen, Schulen und Kliniken erhalten. Unser Standpunkt war: Wir unterstützen die indigenen Gemeinden, ihre Rechte wahrzunehmen. Wie sie damit umgehen wollen und was sie fordern, ist ihre Sache. Meine Aufgabe bestand in erster Linie darin, die Leute zu beraten, zu vermitteln und Treffen zwischen den Communities sowie Workshops zu organisieren.«

Mitte der 1980er-Jahre waren zunehmend auch die weiter flussaufwärts lebenden Penan-Gemeinden vom Holzschlag betroffen. »Jede Woche kamen Delegationen von Penan in unserem Büro vorbei. Im Unterschied zu anderen Communities lehnten die Penan den Holzschlag völlig ab, was zu Spannungen zwischen ihnen und den Kayan, Kenyah und Kelabit führte. Bruno Manser war zu dieser Zeit bereits bei den Penan und half ihnen, sich zu organisieren. Ich habe ihn aber erst viel später getroffen, als ich in die Schweiz reiste.«

Im März 1987 kam es zum großen Showdown, als Tausende von Indigenen gleichzeitig gegen die Abholzung protestierten. Mittels Blockaden von Holzfällerstraßen stoppten 4700 Menschen aus 26 Penan-Dörfern und sechs Langhäusern das Vordringen der Holzfäller in den Oberlauf des Baram und des Limbang. 200 Bulldozer und 1600 Holzarbeiter wurden während Monaten aufgehalten. Mit Blasrohren bewaffnete Penan stellten sich den Bulldozern in den Weg, blieben aber stets vollkommen friedlich und gewaltfrei.[17] In einem dramatischen Appell an die Regierung von Sarawak verlangten sie von Taib eine Annullierung der Holzkonzessionen und eine Einstellung der Abholzungen im Landesinnern.

Taib dachte nicht daran, auf diese Forderungen einzugehen, sondern wartete ab, bis die Proteste ihre größte Kraft verloren hatten und die Indigenen sich wieder ihrem Lebenserwerb widmen mussten. Nach einigen Monaten waren nur noch wenige Männer, Frauen und Kinder bei den Blockaden. Erst jetzt schickte er die Polizei los, um die Blockaden aufzulösen. Dies geschah in Absprache mit der malaysischen Bundesregierung, die am 27. Oktober 1987 in einer koordinierten Aktion im ganzen Land über 100 Oppositionelle ohne Gerichtsurteil verhaften ließ. Mit der »Operation Lalang« (»Operation Unkraut«) wollte der neue starke Mann in Kuala Lumpur, Premierminister Mahathir Mohamad, ein Exempel statuieren.[18]

Harrison Ngau war mit seinem Team an der Arbeit im Büro von SAM, als kurz nach dem Mittagessen das Telefon klingelte. »Der Polizeichef von Marudi war am Apparat. Es ging um einen Drohbrief, den wir erhalten hatten, weil wir den Penan halfen. Wir hatten deswegen Strafanzeige erstattet. Er fragte mich, ob ich in den nächsten Tagen unterwegs sei. Ich verneinte und sagte, ich sei die ganze Zeit in Marudi.«

Eine Viertelstunde später klopfte es und sechs Polizeibeamte drängten in das schmale Büro. »Ich wusste sofort, was los war«, sagt Harrison heute. »Ein Freund hatte mich gewarnt, dass es zu Verhaftungen kommen würde, und gesagt, ich solle ins Landesinnere verschwinden. Das wollte ich aber nicht, denn ich bin nicht der Typ, der in solchen Situationen abhaut.«

Der Chef der Truppe, Inspektor Yusuf, stellte sich vor: »Ich bin gekommen, um Sie aufgrund von Artikel 73 des Internal Security Act zu verhaften.« Die Polizisten beschlagnahmten alle Akten und wollten sie mitnehmen. Doch Harrison insistierte, alle konfiszierten Akten zu unterzeichnen. Damit wollte er verhindern, dass die Polizei später Dokumente fabrizieren konnte, die angeblich aus seinem Büro stammten. Zerknirscht willigten die Polizisten ein; erst abends um sechs waren sie im SAM-Büro fertig.

Harrison wurde nach Miri geflogen, wo er die Nacht in einer Zelle verbrachte. Am nächsten Morgen ging es im Geländewagen nach Kuching, 512 Kilometer auf einer holprigen Landstraße, bis zum Polizeihauptquartier. Dort wurde Harrison 60 Tage und Nächte ohne Anklage festgehalten. »Ich wurde mindestens zehnmal verhört, zu jeder Tages- und Nachtzeit«, erinnert er sich an die Zeit im Gefängnis. »Manchmal weckten sie mich mitten in der Nacht für ein Verhör. Dann verbanden sie mir die Augen und fuhren mich einige Stunden im Polizeiwagen herum. Das taten sie zur Desorientierung und um den Widerstand zu brechen. Doch ich hatte ja nichts zu verbergen, und alles, was ich getan hatte, war legal. Am Schluss gaben mir die Beamten recht und sagten, dass sie an meiner Stelle gleich gehandelt hätten.«

Harrisons Verhaftung brachte der Kampagne gegen die Abholzung in Sarawak eine Menge Aufmerksamkeit. Umweltschützer und Menschenrechtler aus der ganzen Welt sandten Protestbriefe an die malaysische Regierung und riefen zum Boykott von Tropenhölzern aus Malaysia auf. »Viele Leute in Sarawak, die vorher geschwiegen hatten, sprachen sich jetzt öffentlich zu meinen Gunsten aus. Da realisierten Taib und Mahathir, dass meine Verhaftung den gegenteiligen Effekt hatte als gewünscht.« Ende Dezember 1987 kam Harrison frei. Ein Jahr später erhielt Sahabat Alam Malaysia für Harrisons Arbeit in Sarawak den Right Livelihood Award, den Alternativen Nobelpreis. 1990 wurde Harrison als Vertreter des Baram-Wahlkreises ins malaysische Bundesparlament gewählt.

BRUNO MANSER, LAKEI PENAN

Vier Jahre nachdem Harrison nach Marudi gezogen war, traf ein junger Schweizer in der Gegend ein. Der 30-jährige Bruno Manser hatte sich 1984 von der Rheinstadt Basel nach Borneo aufgemacht, um einen Jugendtraum zu verwirklichen. Er hatte sich einer Höhlenexpedition in den Mulu-Nationalpark im Norden von Sarawak angeschlossen und wollte von dort aus die letzten Urwaldnomaden Südostasiens suchen, um mit ihnen zu leben.

»Könnte ich nur einmal nach Sumatra, Borneo und Afrika und dort im tiefen, undurchdringlichen Dschungel zwischen Gorillas, Orang-Utans und anderen Tieren wie ein Höhlenbewohner hausen!«, hatte Manser schon als Schüler in einem Aufsatz geschrieben. Im gleichen Text offenbarte der Jugendliche, dessen Vater in der chemischen Industrie sein Brot verdiente, auch seine Utopie eines radikalen »Zurück zur Natur!«: »Als Mann möchte ich alle Fabriken, die nicht lebensnotwendig sind, dem Erdboden gleichmachen. Einen großen Wald mit klarem Wasser und vielen Tieren an dieser Stelle leben lassen.«[19]

Bruno Manser, der passionierte Naturliebhaber und Menschenfreund, glaubte, in einem Leben ohne Geld seine Bestimmung gefunden zu haben. Nach einem abgebrochenen Medizinstudium verbrachte er mehrere Sommer als Senn und Schafhirte in den Schweizer Alpen. Doch dann wollte er ein Naturvolk kennenlernen, das noch ganz »nahe an den Ursprüngen der Menschheit« lebte. Ein Buch in der Universitätsbibliothek seiner Heimatstadt brachte ihn auf die Penan. Hat Bruno Manser dort *Natural Man* von Charles Hose in die Hände bekommen? Hoses Beschreibung der Penan als »edle Wilde« hätte den Sinnsucher und Rousseauisten Manser wohl wie ein Blitz getroffen.

Bruno Manser fand sein Urwaldparadies bei der Penan-Gruppe von Along Sega, die sich damals im Adang-Gebiet am Oberlauf des Limbang aufhielt. Sechs Jahre lang lebte er mit den Nomaden und lernte von ihnen das Überleben im Dschungel. Mansers Mentor adoptierte den geschickten und interessierten *orang putih* (weißen Mann) als seinen Ziehsohn. Von Along lernte der Schweizer die Jagd mit dem Blasrohr und die Verarbeitung der Sagopalme. Er zog sich einen Lendenschurz an und streifte mit Alongs Großfamilie monatelang durch die Wälder. So gut passte der kulturelle Überläufer Manser sich den Penan an, dass die Nomaden ihm den Spitznamen *lakei penan* (Penan-Mann) gaben.

Doch zwei Jahre nachdem Manser im Regenwald sein Paradies gefunden hatte, sollte sich das Leben der Penan grundlegend verändern. Der Einbruch der Holzindustrie mit ihren Bulldozern und Motorsägen drohte den unberührten Lebensraum des friedliebenden Volkes zu zerstören. Taibs »Politik der Entwicklung« verfolgte den Zivilisationsflüchtling Manser bis in sein entlegenes Refugium. Als Prospektoren der Holzindustrie ins Gebiet der Penan vordrangen und die Bulldozer zunehmend deren Lebensraum bedrohten, erkletterte Manser die Krone eines Baumriesen und schrieb in sein Tagebuch: »Und als ich die unberührten Täler des Seridanflusses sehe – bis hinauf auf die grün wallenden Bergkämme, die kaum je ein menschlicher Fuß betreten hat, da kommen mir schier die Tränen. Natur – du bist Wahrheit – auch ohne menschliches Zutun. [...] Und mein Herz weint wie Todesgesang – muss das Paradies wirklich sterben und Motorsäge und Bulldozer weichen?«[20]

Nachdem Bruno Manser sechs Jahre mit den Penan gelebt hatte, kehrte er 1990 in die Schweiz zurück und gründete den Bruno Manser Fonds für die Völker des Regenwaldes.

Zunächst zögerte Manser noch, dann machte er die Sache der Penan und den Schutz der Urwälder von Borneo zum Hauptinhalt seines Lebens. Unterstützt von Freunden in und außerhalb von Malaysia begann er heimlich, Journalisten nach Borneo einzuschleusen. Den medialen Durchbruch schaffte er im Oktober 1986, als das deutsche Magazin *GEO* eine große Reportage über den Widerstand der Penan gegen die Abholzung publizierte, die in mehrere Sprachen übersetzt und vielfach nachgedruckt wurde. Die Reporter waren als Forstwirtschaftler getarnt nach Sarawak eingereist.[21]

In den folgenden Jahren organisierte Bruno Manser Treffen der Abholzungsgegner im Urwald, verfasste Petitionen und leitete die Penan dabei an, mittels Straßenblockaden ihre Rechte zu verteidigen. Auch die große Blockadewelle von 1987 trug seine Handschrift. Während die Penan die Holzfällerstraßen sperrten, hielt sich Bruno Manser im Hintergrund und versteckte sich im Wald. Trotzdem bekamen die malaysischen Behörden Wind von der Rolle des Schweizers und machten ihn für die Koordination der Penan-Proteste verantwortlich. »Die Vorwürfe der Malaysier stimmten in der Anfangszeit schon«, bestätigt Roger Graf, ein damaliger Weggefährte Mansers. »Ich weiß, wie sehr er die scheuen Penan in ihrem Widerstand bestärkte und ihnen sagte, was sie tun sollten, um die Öffentlichkeit zu alarmieren.«[22]

Bald erklärten Taib und die malaysische Regierung Bruno Manser zur Persona non grata und der Exil-Basler wurde zur meistgesuchten Person Malaysias. Trotz einer Kopfprämie von 50 000 Ringgit (17 000 CHF) auf seine Ergreifung schlugen verschiedene Versuche, Manser zu verhaften, fehl. Immer wieder wurde er von sympathisierenden Indigenen versteckt. Zweimal gelang es ihm, sich mittels Flucht in den Dschungel der Verhaftung durch Polizei und Militär zu entziehen.[23]

VATERMORD AN ONKEL RAHMAN

Dass Taib, wie von den Penan und Bruno Manser gefordert, die Holzkonzessionen jederzeit einfrieren konnte, zeigte sich im März 1987. Ursache waren aber nicht die Proteste der Ureinwohner gegen Taibs Forstpolitik, sondern ein gigantischer Streit zwischen Taib und seinem Onkel Rahman.

Bereits im September 1983 war es zur ersten öffentlichen Auseinandersetzung zwischen Taib und Rahman gekommen. Rahman war damals noch Gouverneur von Sarawak und schimpfte auf der Eröffnung eines neuen Hafens in Bintulu öffentlich über die Regierung in Kuala Lumpur. Die Bundesregierung hatte der Stadt Bintulu einen neuen Flugplatz versprochen, das Versprechen aber nicht eingelöst. Taib, der nur mit starker Unterstützung von Kuala Lumpur regieren konnte, war wütend auf seinen Onkel. Er verließ wortlos die Feier und soll unverzüglich seinen Rücktritt angeboten haben.[24]

Doch es kam anders: Rahman lehnte Taibs Rücktritt ab und reichte seinerseits die Demission als Gouverneur von Sarawak ein. Nur auf Drängen des malaysischen Königs harrte er noch bis zum Ende seiner Amtsperiode aus. Im April 1985 machte Rahman den Weg frei für Taib. Dieser ließ einen seiner Gefolgsleute zum Gouverneur ernennen und begann sofort damit, Rahmans Männer in der Verwaltung kaltzustellen. Taibs wichtigster Schachzug war die Abschaffung des Forstministeriums und die Überführung der Zuständigkeit für alle Holzkonzessionen in ein neues Ministerium für Ressourcenplanung, dessen Leitung er im Juli 1985 gleich selbst übernahm.[25] »Taib persönlich unterschreibt seit dieser Zeit alle Holzkonzessionen und Plantagenlizenzen, nur er allein und kein anderer«, sagt Harrison Ngau. »Für uns Indigene war das zuvor öffentliches Land, praktisch eine Leihgabe Gottes, für die wir Sorge tragen sollten. Taib übernahm die Rolle des Land- und Forstministers für sich selbst, und er weiß genau, wie viel Macht damit verbunden ist.«

Genauso gut wie Konzessionen und Lizenzen erteilen konnte Taib diese nun widerrufen. Die gesamte Landnutzung in Sarawak im Wert

DIE 10 WICHTIGSTEN TROPENHOLZIMPORTEURE UND -EXPORTEURE WELTWEIT 1991 (HOLZVOLUMEN IN M³)

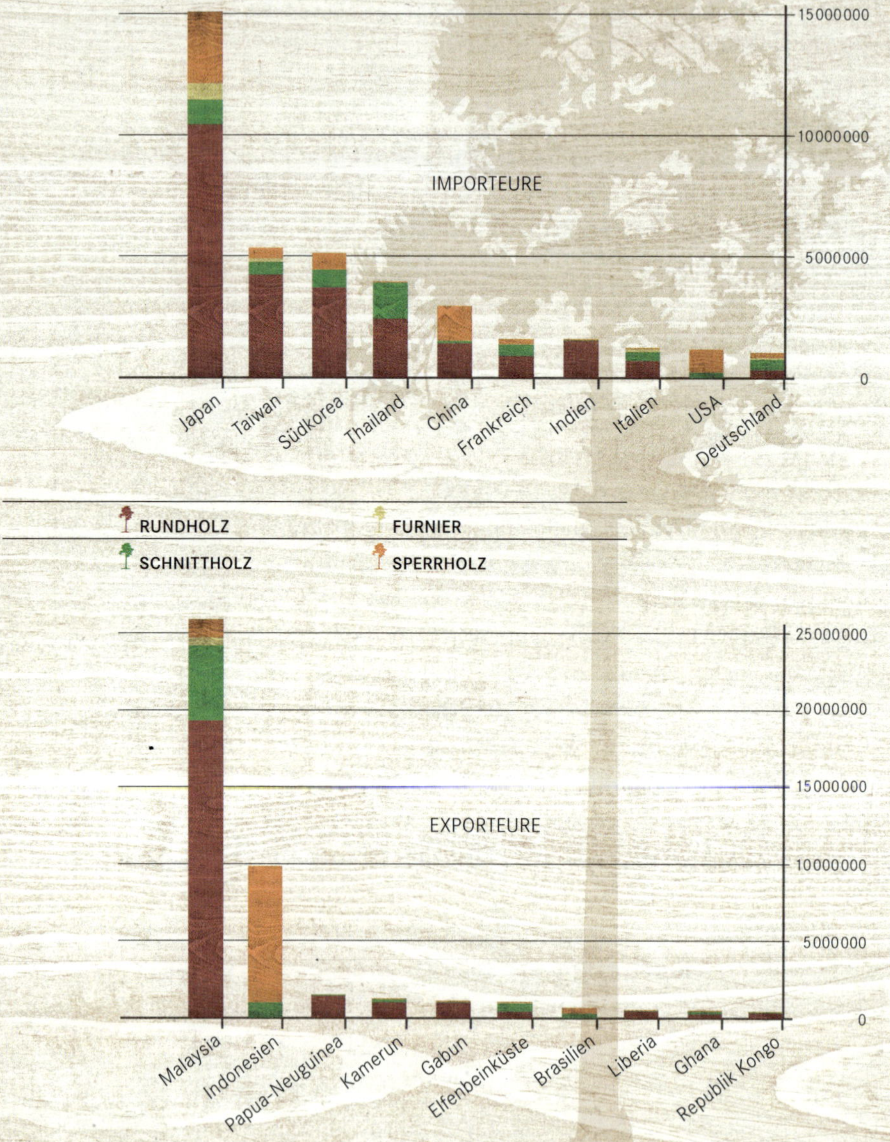

Quelle: ITTO Annual Report 1992

von Milliarden Dollar hing nur noch an einer Person, ohne jegliche Kontrolle, ohne Transparenz und ohne öffentliche Rechenschaftspflicht. Und diese eine Person, Taib, widerrief im März 1987 auf einen Schlag über 30 Holzkonzessionen von Gefolgsleuten seines Onkels Rahman unter dem Vorwand, dass diese sich nicht an die Forstgesetze gehalten hätten.[26]

Hintergrund der gnadenlosen Abrechnung war ein Streit um die politische Macht in Sarawak, die sogenannte »Ming-Court-Affäre«: Zwei Jahre nach seinem Rücktritt als Gouverneur wollte Rahman wieder an die Macht zurückkehren und hatte zu diesem Zweck eine starke Allianz aus unzufriedenen Iban-Politikern und Malaien geschmiedet. Diese versammelten sich Anfang März 1987 im Hotel Ming Court in Kuala Lumpur. 27 von 48 Mitgliedern des Sarawak-Parlaments forderten Taibs Rücktritt. Der angeschlagene Herrscher reagierte blitzschnell auf diese machtpolitische Herausforderung und rief Neuwahlen aus.

Einmal mehr folgte die Holzpolitik strikt dem politischen Wahlkalender: Durch Annullierung der Konzessionen ließ Taib den Spendenfluss für den Wahlkampf seines Onkels versiegen. Mit der anschließenden Neuvergabe an seine eigene Klientel konnte er opulente Schmiergelder zur Zementierung seiner politischen Macht einfordern. Und Taib machte unmissverständlich klar, dass er politische Illoyalität sofort und massiv ahndete. Nur wer sich bedingungslos auf seine Seite schlug, durfte an der Abholzung mitverdienen.

Schätzungen über die Wahlkampfausgaben der Parteien bei der Sarawak-Wahl vom April 1987 reichen von 20 Millionen bis über 100 Millionen malaysischen Ringgit.[27] Dank reich gefüllter Wahlkampfkassen aus dem Holzbusiness und Unterstützung von Premierminister Mahathir Mohamad gelang Taibs Schurkenstreich, und sein Lager gewann die Wahl deutlich mit 28 Sitzen für die von seiner Partei PBB angeführte Barisan-Nasional-Koalition gegenüber 20 Sitzen der mit seinem Onkel verbündeten Maju-Gruppe.[28]

Während Taibs Propagandisten den Wahlsieg als »Gentleman's Victory«[29] bejubelten, belegte der Sieger seine unterlegenen Gegner mit einem politischen und wirtschaftlichen Bannstrahl, der viele von ihnen in den Ruin trieb.[30] Ein eigentlicher Vatermord nahm seinen Lauf, und die Rache an seinem Onkel entwickelte sich in den folgenden Jahren zu Taibs Hauptobsession. Nichts und niemand hielt ihn davor zurück, seinen Onkel, dessen Talent und Charisma er ein Leben lang beneidet hatte, zu bestrafen. Taib ließ den lebenslustigen Rahman bespitzeln und sorgte dafür, dass sein Leben zur Hölle wurde.

»Nachtragend und rachsüchtig« sei Taib gewesen, sagt einer von Rahmans ehemaligen Golfpartnern. »Alle fürchten ihn seit dieser Zeit besonders. Wenn Rahman auf dem Golfplatz von Miri ankam, leerte sich der Platz schlagartig. Niemand wollte von Taibs Spitzeln zur gleichen Zeit wie Rahman auf dem Golfplatz gesehen werden.« Geschäftsleute, die mit Rahman verkehrten, erhielten keine Staatsaufträge mehr und wurden von lukrativen Verträgen ausgeschlossen; Politiker und Staatsbeamte, die auf der Seite von Taibs Onkel standen, wurden kaltgestellt. »Ich habe zu jener Zeit oft mit Rahman Golf gespielt, doch schließlich musste auch ich mich zurückziehen – auf Wunsch meines Sohnes, der um seinen Job beim Staat fürchtete.«[31]

Erst über 20 Jahre später, an Rahmans 80. Geburtstag im Januar 2008, kam es zur öffentlichen Versöhnung zwischen Taib, immer noch Chief Minister, und seinem Onkel, der schon lange keine politische Gefahr mehr darstellte. »Blut ist dicker als Wasser«, sagte Rahman in einer Rede vor über 1000 Gästen auf seiner Geburtstagsfeier im Hilton-Hotel in Kuching. Und dann demütigte sich Rahman öffentlich selbst und erklärte, Taib sei »einer, den ich immer geliebt habe.«[32] Taib spielte mit und schwieg. Den Kampf der Giganten hatte er lange zuvor für sich entschieden.

Sei es im Ringen mit seinem Onkel oder in der Auseinandersetzung mit den gegen die Abholzung protestierenden Penan – Taib gab nie nach, wenn er nicht unbedingt musste. Er kämpfte mit allen Mitteln, aber er konnte auch aus taktischen Gründen abwarten, Situationen aussitzen, seine Gegner hinhalten, bis sie eine Schwäche zeigten. Dann, wenn der richtige Augenblick gekommen war, reagierte er blitzschnell, schickte seine Leute los und schlug zu. Diesem ausgeprägten Machtinstinkt verdankte Taib sein politisches Überleben während fünf Jahrzehnten. Am billigsten aber waren Worte, das wusste er – Versprechungen, Vertröstungen, Drohungen. All das gehörte zu seinem Standardrepertoire.

Nach außen gab sich Taib gerne staatsmännisch und bemühte eine schöne Rhetorik: Oft sagte er, er sorge sich um den Schutz der Umwelt, respektiere die Menschenrechte, sicherte den Penan Millionenbeträge für ihre Entwicklung zu und versprach ihnen riesige Waldgebiete. Taib wusste genau, dass sich einige Jahre später niemand an diese Versprechungen erinnern würde oder dass er schon Gründe finden würde, warum er sie nicht einhalten konnte. Unzählige Male im Laufe seiner Amtszeit versprach er, dass er bald zurücktreten werde, nur um später den Rücktritt wieder aufzuschieben. Mögliche Nachfolger wurden erkoren, gegeneinander ausgespielt und wieder fallen gelassen. Taib beherrschte das rhetorische Spiel mit Möglichkeiten wie kein zweiter – mit dem Ziel, alles beim Alten zu lassen.

Einer, der Taibs Machttechnik selbst erlebt hat, ist der Schweizer Forstexperte Jürgen Blaser. Blaser war während Jahren für die Entwicklungsagentur Intercooperation und für die Weltbank tätig und reiste rund 20 Mal in offizieller Mission nach Sarawak. Drei Mal hat er in dieser Zeit Taib persönlich getroffen. Heute ist Blaser Professor an der Berner Fachhochschule und berät die Schweizer Regierung in Tropenwald- und Klimafragen. In seinem Büro am Waldrand im Berner Vorort Zollikofen erinnert er sich an seine Besuche in Malaysia: »Das erste Mal traf ich Taib im Jahr 1993 mit einer Schweizer Parlamentarierdelegation. Wir wurden im Salon seiner Privatresidenz empfangen. Taib benahm sich sehr staatsmännisch und bescheiden. ›Ja, es gibt die Probleme mit Herrn Manser und mit den Penan, die sich entwickeln müssen‹, sagte er. Taib zeigte sich interessiert, unsere Meinung zu hören, und trat absolut überzeugend auf«, berichtet Blaser nachdenklich. »Angespannt war die Stimmung erst einige Tage später bei einer Pressekonferenz im Hilton in Kuching, als lokale Journalisten uns Schweizern gegenüber sehr aggressiv auftraten und uns Vorwürfe machten, wir würden uns in ihr Land einmischen.«[33]

Ähnlich war es bei Blasers zweitem Besuch, als er 1997 mit einer Weltbank-Delegation ein 20-Millionen-Dollar-Projekt für den Aufbau eines Biosphärenreservats im Norden von Sarawak zum Schutz der Penan-Regenwälder vorstellte. Auch jetzt zeigte sich Taib den Gästen aus dem Ausland gegenüber als »Good Guy«, ließ die Delegation mit Mercedes und Blaulicht am Flugplatz abholen und bereitete ihr einen fürstlichen Empfang im Regierungssitz. Mit von der Partie waren der US-Botschafter und der Schweizer Botschafter in Malaysia. »Ich ging mit einem sehr guten Gefühl aus der Sitzung und sagte mir, dass Taib dieses Projekt und die 20 Millionen schon interessieren. Doch das war ein Riesenirrtum. Am nächsten Tag wurde ich mit Kritik bombardiert.«

Die Rolle des »Bad Guy« überließ Taib seinem Kabinettskollegen James Wong, seines Zeichens Umweltminister und Holzunternehmer mit riesigen Lizenzen im Penan-Gebiet. Wong wartete, bis die Botschafter abgereist waren, dann knöpfte er sich Blaser vor: »Wong herrschte mich an, was ich eigentlich hier wolle. Ein Untergebener holte eine Karte von Sarawak, auf der er mir den Rejang-River zeigte, der durch die Mitte von Sarawak verläuft: ›Diesen Fluss werden Sie nie mehr überschreiten‹, sagte er. – Natürlich lag das Projektgebiet auf der anderen Seite des Flusses. Der Hauptvorwurf war, dass ich angeblich von Bruno Manser geschickt worden war – obwohl ich Teil der offiziellen Weltbank-Delegation war.«

Schließlich wurde der Weltbank ein sehr kleines Projekt am entgegengesetzten Ende von Sarawak angeboten. Das Biosphärenreservat ließ sich trotz der bereits gesicherten internationalen Finanzierung nicht realisieren. Erst nach Mansers Verschwinden durfte Blaser wieder in den Norden von Sarawak reisen und dort an der Realisierung des für die Holzindustrie wenig schmerzhaften Pulong-Tau-Nationalparks mitwirken.[34]

SARAWAK-MONOPOLY

Mit dem Sieg über seinen Onkel Rahman hatte Taib 1987 seine politische Macht konsolidiert. Jetzt stellte er sich die Aufgabe, Sarawak auch wirtschaftlich ganz unter seine Kontrolle zu bringen. Dazu bediente er sich des Staatskonzerns Cahya Mata Sarawak (CMS), des größten Wirtschaftsunternehmens Ost-Malaysias, das zunächst vor allem Zement produzierte.

Über eine sorgfältig arrangierte Serie von Privatisierungen, Abspaltungen und Firmengründungen erhielt CMS zwischen 1993 und 1996 vom Staat immer mehr lukrative Geschäftsfelder, bevor das Unternehmen in den Besitz der Taib-Familie überging.

»Reverse Takeover« nennt sich der komplizierte Prozess, bei dem CMS von der Taib-Familie Firmen zu überhöhten Preisen kaufte und mittels Aktientausch bezahlte, sodass plötzlich die Taibs als Mehrheitseigentümer des Staatsunternehmens dastanden.[35] Man könnte das auch ganz einfach Betrug nennen. Taibs engste Familienmitglieder wie seine Frau Laila und seine vier Kinder wurden so zu den Hauptaktionären der größten Privatfirma von Sarawak, die von millionenschweren Staatsaufträgen lebte.

Mit dem Mehrheitseigentum an CMS erlangte die Taib-Familie, die bereits den Holzexport kontrollierte, auf einen Schlag vier weitere lukrative Wirtschaftsmonopole: die Produktion von Zement, die Produktion von Stahl, den Aktienhandel und das islamische Bankgeschäft der CMS-Tochter Utama Banking Group (UBG).[36] Die Errichtung dieser Monopole war natürlich nur dank andauernder politischer Manipulationen möglich geworden.

So hatte die von CMS übernommene Finanzgesellschaft Sarawak Securities kurz nach ihrer Gründung 1992 ohne jede Geschäftserfahrung vom malaysischen Finanzminister eine der äußerst begehrten und schwer erhältlichen Aktienhandelslizenzen ergattert.[37] Und 1993 konnte CMS vom Bundesstaat Sarawak hoch profitable Konzerngesellschaften erwerben, die im Minengeschäft und in der Stahlproduktion tätig waren.[38]

Aus dem staatlichen Zementproduzenten CMS war innerhalb weniger Jahre ein privates, breit diversifiziertes Konglomerat geworden, das sich im Aktienhandel, Straßenbau und -unterhalt, der Wasserversorgung, dem Betrieb von Steinbrüchen, der Zementfabrikation, der Stahl- und Drahtproduktion sowie als Handels- und Investitionsgesellschaft betätigte.[39] Andrew Aeria, ein an der Universität Kuching lehrender Professor der Politikwissenschaft, der die Geschichte von CMS untersucht hat, kam in

ABHOLZUNG IN SARAWAK

Quellen: 1_Sarawak Land and Survey Dept (1956–1957), Land use map of Sarawak and Brunei. Sarawak series no. 10
2_Satellitenbildanalyse BMF

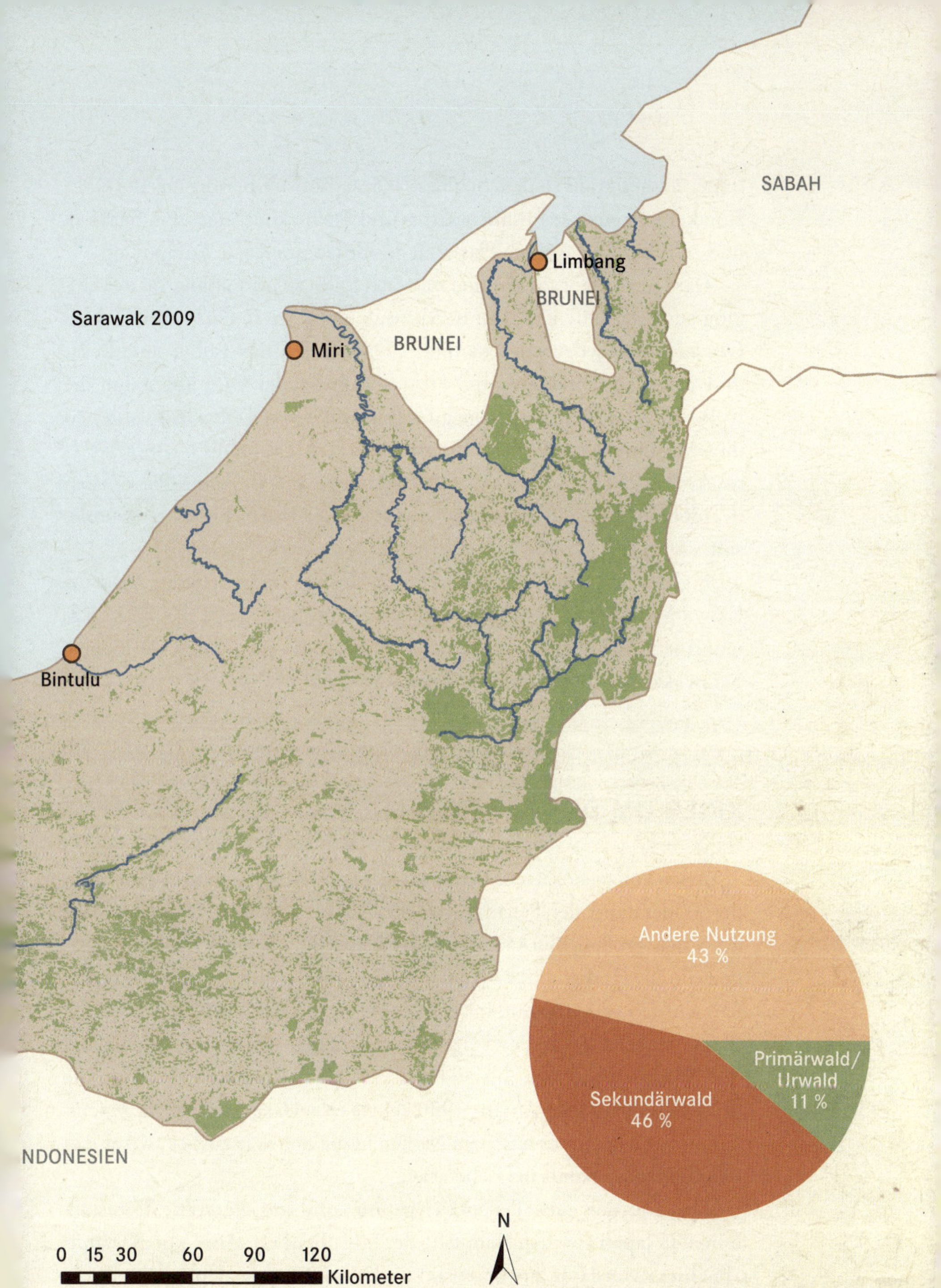
Sarawak 2009
SABAH
Limbang
BRUNEI
Miri
BRUNEI
Bintulu
NDONESIEN
Andere Nutzung
43 %
Primärwald/
Urwald
11 %
Sekundärwald
46 %
0 15 30 60 90 120
Kilometer
N

seiner Dissertation zu dem Schluss: »Diese Konsolidierung machte CMS zum konkurrenzlosen Infrastruktur- und Finanzkonglomerat in Sarawak und zu einem der größten Player an der Börse von Kuala Lumpur.«[40]

Dass jetzt die Taib-Familie das Sagen über CMS erlangt hatte, entging auch der Öffentlichkeit in Sarawak nicht, wo in der relativ kleinen Geschäftswelt jeder jeden kannte. 1995 wurden die Taib-Söhne Bekir und Sulaiman Direktoren der Firma; Taib-Bruder Onn übernahm die Rolle des Chairman. Auch ein alter Bekannter von Taib wurde Mitglied im CMS-Direktorium: der mittlerweile in Kuala Lumpur niedergelassene Architekt Hijjas Kasturi, Studienkollege aus Colombo-Plan-Zeiten in Adelaide und mittlerweile so etwas wie der Hofarchitekt der Familie SIEHE KAPITEL 4.[41]

So ließ sich denn die Abkürzung CMS neu interpretieren. Statt für Cahya Mata Sarawak (»Augenlicht von Sarawak«) stand das im Volksmund jetzt für »Chief Minister and Sons« oder gar »The Con Man of Sarawak« – der Betrüger von Sarawak.[42]

KRIEG UM DEN REGENWALD

Allen Polizeieinsätzen, Verhaftungen und Drohungen zum Trotz ging der Widerstand der Penan gegen die Abholzung ihrer Urwälder auch nach den großen Blockaden von 1987 weiter. An einer neuen Blockadewelle im Herbst 1989 beteiligten sich rund 4000 Indigene. 117 Penan wurden verhaftet und ins Gefängnis gesteckt.[43] In dieser Zeit erhielt Bruno Manser, der an den Folgen eines Schlangenbisses litt, zunehmend den Eindruck, aus dem Ausland mehr zur Unterstützung seiner Freunde bewirken zu können. Anfang 1990 kehrte er nach sechsjährigem Aufenthalt in Sarawak unter falschem Namen in die Schweiz zurück, wo er den Bruno Manser Fonds ins Leben rief.

Die Tournee einer Penan-Delegation rund um die Welt, Protestaktionen in Japan vor dem Hauptsitz der Marubeni-Gruppe (einem Hauptabnehmer von Holz aus Sarawak) und ein 60-tägiger Hungerstreik vor dem Bundeshaus, dem schweizerischen Parlamentsgebäude in Bern, gehörten zu Mansers wichtigsten Aktionen zu Beginn der 1990er-Jahre. Zwischendurch kehrte er immer wieder heimlich über die grüne Grenze zu seinen Partnern nach Sarawak zurück – trotz Einreiseverbot der Taib-Regierung.

Einer von Mansers wichtigsten Partnern in Sarawak war Mutang Urud, ein politisch sensibilisierter Kelabit aus Long Napir, einem Dorf am Oberlauf des Limbang, das mitten im Gebiet der Holzkonzession von Umweltminister James Wong lag. Mutang schleuste heimlich ausländische Journalisten zu den Penan, organisierte Blockaden und koordinierte den Widerstand indigener Gemeinden gegen die Abholzung. Ende 1990 bereiste er zusammen mit zwei Penan und Bruno Manser anlässlich der Penan World Tour in sieben Wochen 25 Städte in 13 Ländern rund um den Globus, um über die Situation in Sarawak zu informieren.[44]

Aus Sicherheitsgründen hatte die von Mutang gegründete Sarawak Indigenous Peoples' Alliance (SIPA) ihren Sitz auf die Insel Labuan vor der Küste von Borneo verlegt. Mit dem Schnellboot ließen sich von hier die Küstenstädte Limbang, Kota Kinabalu sowie Brunei in kurzer Zeit erreichen.

Doch auch Mutang musste die gleiche Erfahrung machen wie zuvor Harrison Ngau: Der malaysische Sicherheitsapparat, insbesondere die gefürchtete Special Branch, tolerierte Protestaktionen nur bis zu einem gewissen Grad. Dann wurde rigoros durchgegriffen. Bei Mutang war dies am 5. Februar 1992 der Fall, zu einer Zeit, als die Sicherheitskräfte eine große Penan-Straßenblockade bei Long Ajeng im oberen Baram bekämpften. Dort hinderten seit Mitte 1991 über 500 Penan den Holzkonzern Samling daran, in den Oberlauf des Baram vorzudringen.

Mutang war schon in den 1980er-Jahren von einem Verwandten, einem hochrangigen Polizeioffizier, genötigt worden, Bruno Mansers Aufenthaltsort regelmäßig der Special Branch zu melden. Jetzt richtete sich der Zorn des Sicherheitsapparats gegen ihn selbst. Ein scheinbar freundlicher Nachbar entpuppte sich als Spion der Polizei; die Beamten marschierten in das SIPA-Büro und verhafteten Mutang, weil seine Organisation nicht offiziell registriert war. Noch während seiner Haftdauer räumte die Federal Reserve Unit (FRU), eine auf die Niederschlagung öffentlicher Proteste spezialisierte, besonders brutal agierende Polizeieinheit, die Blockade von Long Ajeng.

In Missachtung der Versammlungs- und Vereinigungsfreiheit, einem grundlegenden Menschenrecht, gelten in Malaysia alle nicht registrierten Clubs und Organisationen mit mehr als sieben Mitgliedern als illegal. Die strikte Kontrolle und Überwachung aller Vereine durch die Aufsichtsbehörde Registry of Societies (ROS), ein Arm des Innenministeriums, ist für die Regierung ein probates Mittel zur politischen Kontrolle der Gesellschaft. Mit den Euphemismen der Beamtensprache liest sich das dann so: Ziel des ROS sei, »das Wachstum und die Entwicklung einer gesunden und ordentlichen Gesellschaft« sicherzustellen, die »mit den Anforderungen von Friede, Wohlfahrt, Sicherheit, öffentlicher Ordnung und Moral nicht im Konflikt steht.«[45]

Der Widerstand der Penan gegen die Abholzung gehörte für Taib und seinen Freund Mahathir in Kuala Lumpur definitiv nicht zu einer »gesunden und ordentlichen Gesellschaft«, und so musste Mutang Urud ins Gefängnis. Als er am 3. März 1992 nach einem Monat Isolationshaft per Gerichtsbeschluss auf Kaution freikam, zeigte sich der malaysische Staat von seiner hässlichen Seite: Keine 45 Minuten nach der Freilassung verhaftete die Polizei Mutang erneut, diesmal unter Berufung auf einen Notstandserlass.[46]

Premierminister Mahathir Mohamad, ein ehemaliger Arzt, der wenig von Demokratie und Rechtsstaat hielt und gerne gegen den Westen polterte, schrieb am gleichen Tag Bruno Manser einen Schmähbrief in die Schweiz. Er drohte, Manser persönlich für etwaige Verletzte bei der Bekämpfung des (stets gewaltfreien) Penan-Widerstands verantwortlich zu machen: »Wenn Penan oder Polizisten bei der Wiederherstellung von Recht und Ordnung in Sarawak getötet oder verletzt werden, werden Sie die Verantwortung übernehmen müssen. Sie und Ihresgleichen haben die Penan dazu angestiftet, das Recht in ihre eigene Hand zu nehmen und Giftpfeile, Pfeilbogen und Buschmesser gegen die Regierung einzusetzen. [...] Hören Sie auf, arrogant zu sein und zu glauben, es sei die

Bürde des weißen Mannes, über das Schicksal der Völker auf dieser Welt zu entscheiden. […] Sie sind kein bisschen besser als die Penan.«[47]

Nach einer großen internationalen Kampagne für seine Freilassung wurde Mutang Urud im April 1992 aus der Haft entlassen. Gezeichnet von der erniedrigenden Inhaftierung emigrierte er nach Kanada. Im Mai 1992 besuchte Mutang mit Bruno Manser den UNO-Erdgipfel in Rio de Janeiro; im Dezember des gleichen Jahres sprach er vor der UNO-Vollversammlung in New York.[48] Schließlich studierte Mutang in Vancouver Anthropologie, heiratete eine Kanadierin und gründete eine Familie. Seine Heimat sollte er erst 20 Jahre später wiedersehen.

DIE NEUE PROTESTKULTUR DER PENAN

Auch nach der Zerschlagung der Sarawak Indigenous Peoples' Alliance war der Widerstand der Penan nicht gebrochen. Die große Resonanz ihrer Blockaden hatte die Penan ermutigt, und sie wussten jetzt genau, wie sie gegen die Holzfäller vorgehen mussten. Während immer mehr Indigene aufgaben, verteidigten ausgerechnet die scheinbar so sanftmütigen »edlen Wilden« ihre Stammlande äußerst beharrlich. Nach der Abreise von Bruno Manser und Mutang Urud waren sie mehr denn je auf sich selbst gestellt, doch in der Zwischenzeit war eine neue Führungsschicht von Penan bereit, die Koordination der Proteste zu übernehmen.

Fast genau ein Jahr nach dem Polizeieinsatz bei Long Ajeng errichteten die Penan erneut eine Blockade im oberen Baram, an der Grenze des traditionellen Penan-Territoriums.[49] Ein Blockadedorf mit Kirche sollte für eine dauerhafte Besiedlung der Proteststelle Long Sebatu sorgen. Während sechs Monaten war die Blockade erfolgreich, bevor sie über 300 Polizisten und Angestellte der Forstbehörden mit Tränengas und Bulldozern am 28. September 1993 auflösten. Elf Penan wurden verhaftet; ein vierjähriger Junge starb an den Folgen einer mutmaßlichen Tränengasvergiftung.[50] Das Kind war nicht das einzige Opfer im Konflikt zwischen den Penan und der Holzindustrie: Am 8. September 1994

Seit Ende der 1980er-Jahre protestieren Penan mittels Blockaden von Holzfällerstraßen gegen die Abholzung. Am 28. September 1993 löste die Polizei die Blockade von Long Sebatu unter Einsatz von Tränengas auf.

starb ein 60-jähriger Penan nach einem weiteren massiven Tränengaseinsatz der Polizei gegen eine Blockade bei Long Mubui.[51] Abung Ipui, ein evangelischer Pfarrer und Blockadeführer aus der Gemeinde Ba Kerameu, wurde im Oktober 1994 wahrscheinlich von Holzarbeitern ermordet. Die Penan fanden ihn eines Tages mit aufgeschlitztem Bauch in einem Fluss unterhalb seines Heimatdorfes.

Ein Penan-Ältester erinnert sich: »Das war wie ein Krieg. Samling und andere Holzkonzerne wollten unbedingt in unseren Wald eindringen, um dort die wertvollen Hölzer zu schlagen. Dabei wurden sie von der Taib-Regierung und der Polizei unterstützt. Unsere Rechte interessierten niemand.«

In dieser Zeit wurde Joe Jengau Mela, ein Penan aus dem oberen Baram, zu einer der führenden Persönlichkeiten im Widerstand gegen die Holzfäller. Nach dem Besuch einer von australischen Missionaren betriebenen Grundschule der Borneo Evangelical Mission absolvierte Joe in den 1970er-Jahren die weiterführende staatliche Schule. Wie viele junge Penan trat der Schulabgänger zunächst in die Dienste einer Holzgesellschaft, wo er als Wachmann tätig war. In einem Holzlager von Samling musste er aufpassen, dass keine Stämme gestohlen wurden. Als Anfang der 1990er-Jahre während der großen Blockadewelle viele Leute aus seinem Heimatdorf verhaftet wurden, besuchte der gläubige Christ sie im Gefängnis. In der Folge quittierte er den Dienst beim Holzkonzern und schlug sich mit Gelegenheitsjobs bei einer Tankstelle und als Koch in der Stadt Miri durch. Bald wurde er zu einer wichtigen Anlaufstelle für Penan, die zu Besuch in der Stadt weilten, und stellte die Verbindung zu Bruno Manser und NGOs im Ausland her, anfänglich per Telefon und Fax, später per E-Mail. Nach einem Training als »Community Organizer« in Kuching ernannten ihn die Penan-Häuptlinge zu ihrem Vertreter nach außen. Joe Jengau Mela war es auch, der 1998 gemeinsam mit den Häuptlingen von vier Penan-Gemeinden aus dem oberen Baram den Indigenen-Anwalt Harrison Ngau aufsuchte, um die erste Landrechtsklage im Gebiet des späteren Penan Peace Park einzureichen.

Im Lauf der 1990er-Jahre zeigte sich eine Zweiteilung der Entwicklung bei den Penan: Den gut organisierten, zum Widerstand entschlossenen sesshaften Penan-Gemeinden im oberen Baram gelang es, wesentliche Teile ihres Primärwaldes vor den Motorsägen der Holzfäller zu schützen. Demgegenüber konnten die kleinen Gruppen von Nomaden im Limbang-Gebiet nur sehr wenig gegen die von allen Seiten vordringenden Holzkonzerne ausrichten. Manser musste zuschauen, wie das Paradies der letzten Sammler und Jäger, das er wenige Jahre zuvor entdeckt und in seinen Tagebüchern minutiös beschrieben hatte, von Jahr zu Jahr schneller zerstört wurde.

MANSERS LETZTE REISE

Der mangelnde Erfolg der Urwaldnomaden brach Bruno Manser das Herz, und er riskierte bei seinen Protestaktionen immer mehr. Er sagte öffentlich, dass er »bei Aktionen mit dem Gefahrenrisiko bis an die Grenzen« gehe – und immer öfter ging er auch darüber hinaus. 1996 sauste er in einer waghalsigen Aktion in den Schweizer Alpen am Tragseil der Luftseilbahn auf das Klein Matterhorn 800 Meter in die Tiefe, um der Gemeinde Zermatt dafür zu gratulieren, dass sie sich verpflichtet hatte, auf die Verwendung von Tropenholz zu verzichten. Im April 1998 sprang er mit dem Fallschirm über der UNO in Genf ab, um der malaysischen UNO-Botschaft zum islamischen Opferfest ein Lamm als Zeichen der Versöhnung zu überbringen.[52] Ein Jahr später flog er mit einem motorisierten Hängegleiter über Taibs Residenz in Kuching – wie im Prolog beschrieben.

So spektakulär Mansers Aktionen auch waren – für seine Mitstreiter waren sie Ausdruck davon, dass der Umweltschützer nicht mehr weiter wusste, nachdem das Projekt eines Biosphärenreservats an Taibs Veto gescheitert war. »Bei mir wuchs die Unzufriedenheit, da ich merkte, dass wir auf der Stelle treten«, sagt Roger Graf, der damalige Sekretär des Bruno Manser Fonds und heutige Leiter der Zooinformation beim Zoo Zürich. »Oft kam Bruno ins Büro, nachdem er einen Prominenten getroffen hatte, und war überzeugt, dass sich jetzt die Dinge ändern würden. Er glaubte immer ans Gute in allen Menschen, das war so zum Verzweifeln.«[53]

Angesichts der rasch fortschreitenden Waldzerstörung und der scheinbaren Wirkungslosigkeit seiner Aktionen sah Manser keinen anderen Ausweg mehr, als sich mit Taib Mahmud zu versöhnen. Er schrieb ihm anbiedernde Briefe und bot ihm an, Frieden zu schließen. Manser, der gerne den chinesischen Philosophen Lao-Tse zitierte, war unerschütterlich davon überzeugt, dass alle Menschen von Natur aus gut waren. Doch mit Taib war Manser mit seinem zuweilen fast naiven Glauben an das Gute im Menschen definitiv an den Falschen geraten. Der Chief Minister blieb von den Avancen des Schweizer Störenfrieds unbeeindruckt und ließ Mansers Briefe unbeantwortet.

»Ich bin müde, aber ich kann nicht aufhören, bis die Versprechen der Malaysier eingelöst sind: Das 1987 versprochene Biosphärenreservat für die Penan und ihre Selbstbestimmung«,[54] sagte Manser 1998 gegenüber dem Basler Journalisten und späteren Manser-Biografen Ruedi Suter. Ein Jahr später bilanzierte er frustriert ein Jahrzehnt seines bis zum Äußersten gehenden persönlichen Engagements mit den Worten: »Der Erfolg in Sarawak ist unter Null.«[55]

Ende Februar 2000, noch war seit seinem Flug über die Taib-Residenz in Kuching kein Jahr vergangen, reiste Manser erneut nach Borneo. Drei Monate verweilte er in Kalimantan, dem indonesischen Teil der Insel, um mit BMF-Sekretär John Künzli und einem schwedischen Filmteam die Fortsetzung eines Films über seinen Kampf für den Regenwald zu drehen, der zehn Jahre zuvor begonnen hatte. Doch anschließend wollte Manser seine Penan-Freunde in Sarawak besuchen. Zu Fuß von Indonesien her kommend überquerte er am 23. Mai 2000 inkognito die malaysische Landesgrenze in der Nähe von Bario, tief im Inneren von Borneo. Tags darauf brach er von Bario aus auf und wurde zunächst noch von einem Penan-Freund begleitet. Am 25. Mai trennte sich Manser von diesem, um allein in mehreren Tagesmärschen durch den Dschungel die Nomadengruppe seines Freundes und Mentors Along Sega zu erreichen, vorbei am Batu Lawi, seinem geliebten Berg. An diesem Tag verlieren sich Bruno Mansers Spuren und er wurde nie wieder gesehen. Weder sein 25 Kilogramm schwerer Rucksack noch andere Indizien für seinen Verbleib wurden je gefunden. Fünf Jahre nach seinem Verschwinden, am 20. März 2005, wurde Bruno Manser vom Zivilgericht des Kantons Basel-Stadt für verschollen erklärt.

Ist Bruno Manser im Dschungel verunfallt, wurde er ermordet oder nahm er sich auf seiner letzten Reise verzweifelt das Leben? Trotz aufwendiger Nachforschungen und Suchexpeditionen ist sein Schicksal bis heute ungeklärt. Zweifellos erscheint einzig, dass Manser, der Wahl-Penan, zum Opfer seines gescheiterten Traums von der Rettung der Urwälder von Sarawak wurde.

Mit seiner Tatkraft, seiner Beharrlichkeit und seinem Glauben an das Gute inspiriert Bruno Manser bis heute nicht nur die Penan, sondern auch viele Menschen rund um den Globus, sich für die Rechte der indigenen Völker und den Schutz des Regenwaldes zu engagieren. Sein Verschwinden hinterließ eine schmerzliche Lücke. Der mit Manser befreundete Schweizer Schriftsteller Franz Hohler gab seiner Trauer um den Verschollenen mit einem Gedicht Ausdruck:[56]

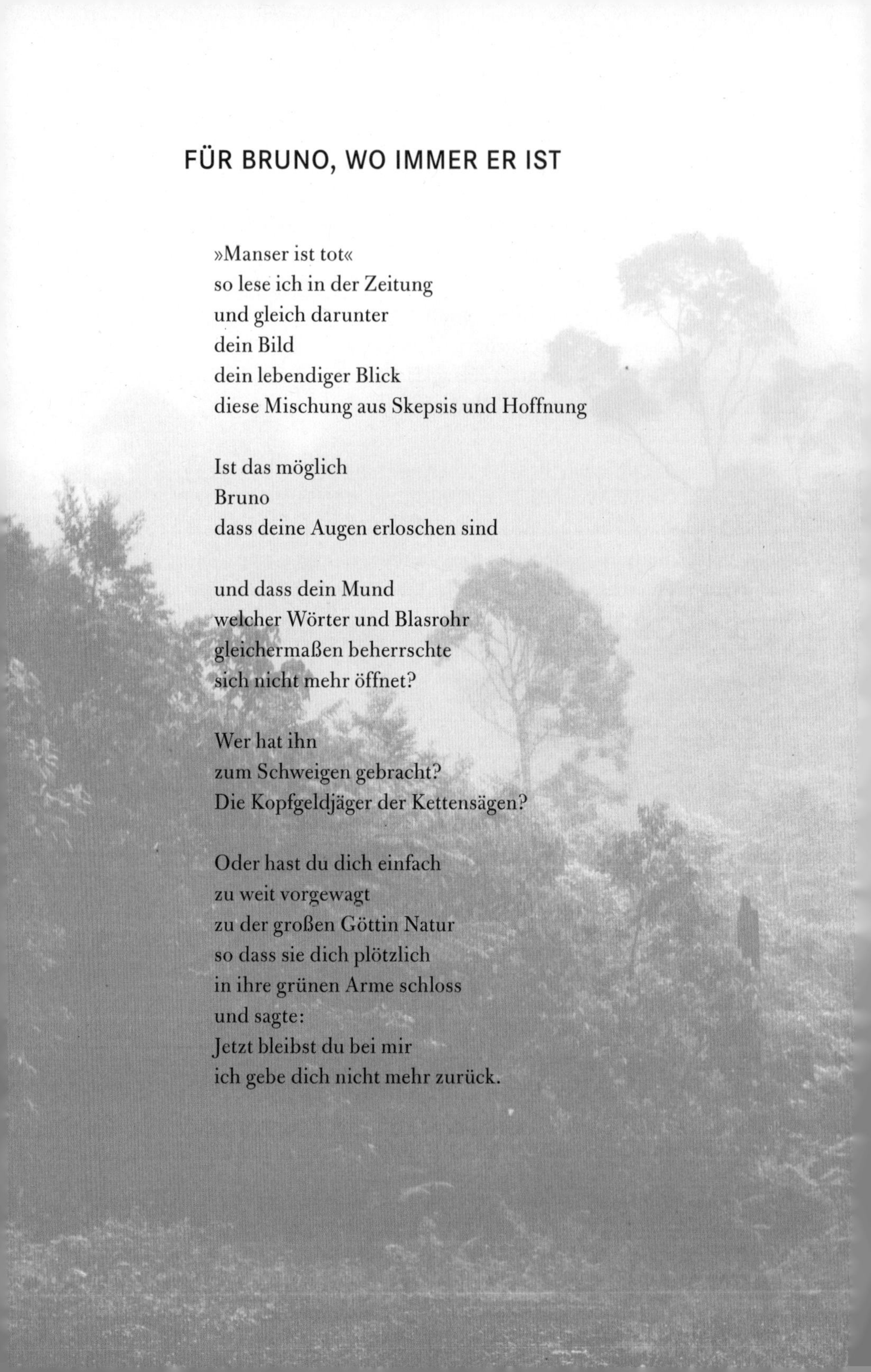

FÜR BRUNO, WO IMMER ER IST

»Manser ist tot«
so lese ich in der Zeitung
und gleich darunter
dein Bild
dein lebendiger Blick
diese Mischung aus Skepsis und Hoffnung

Ist das möglich
Bruno
dass deine Augen erloschen sind

und dass dein Mund
welcher Wörter und Blasrohr
gleichermaßen beherrschte
sich nicht mehr öffnet?

Wer hat ihn
zum Schweigen gebracht?
Die Kopfgeldjäger der Kettensägen?

Oder hast du dich einfach
zu weit vorgewagt
zu der großen Göttin Natur
so dass sie dich plötzlich
in ihre grünen Arme schloss
und sagte:
Jetzt bleibst du bei mir
ich gebe dich nicht mehr zurück.

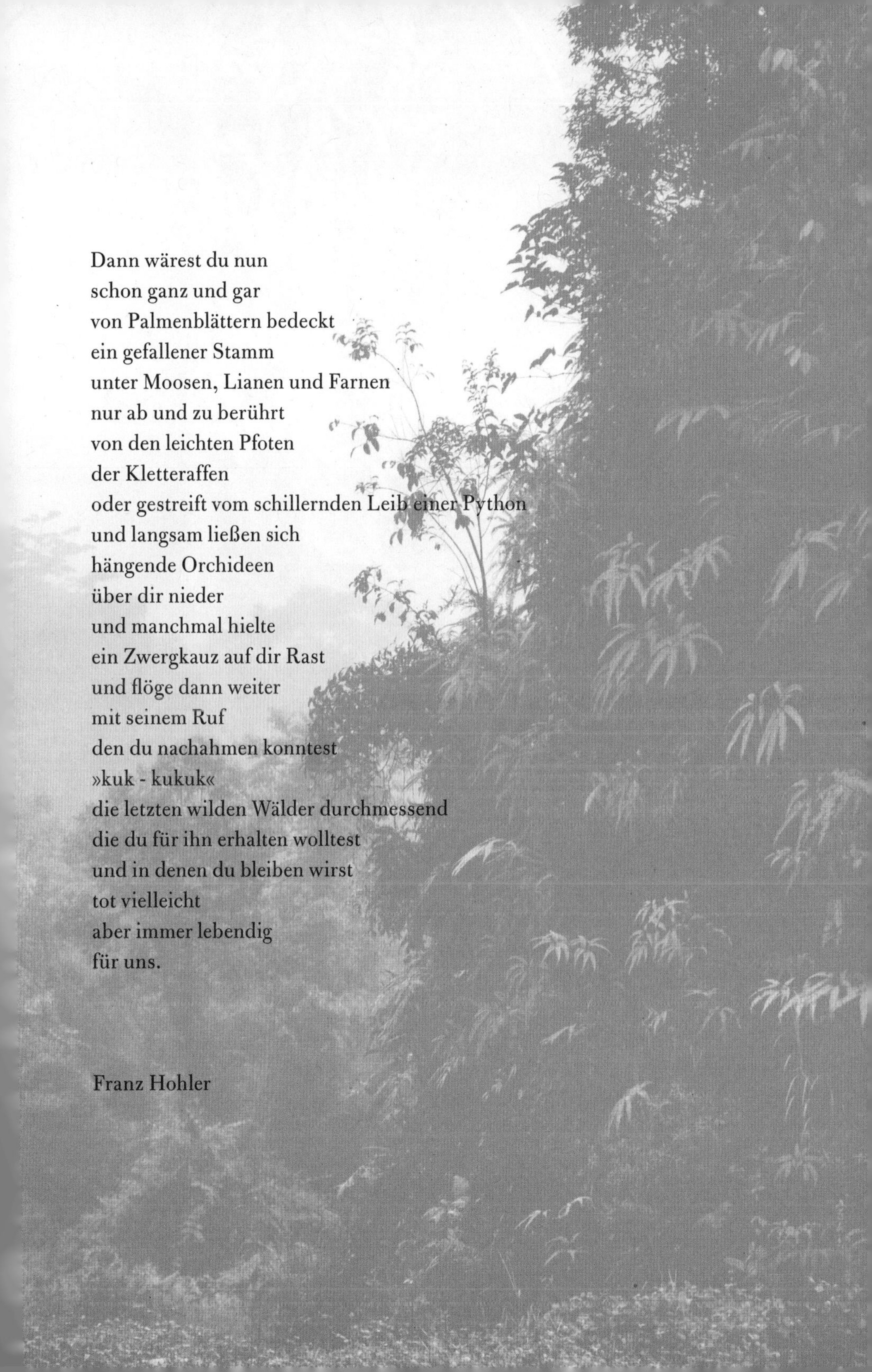

Dann wärest du nun
schon ganz und gar
von Palmenblättern bedeckt
ein gefallener Stamm
unter Moosen, Lianen und Farnen
nur ab und zu berührt
von den leichten Pfoten
der Kletteraffen
oder gestreift vom schillernden Leib einer Python
und langsam ließen sich
hängende Orchideen
über dir nieder
und manchmal hielte
ein Zwergkauz auf dir Rast
und flöge dann weiter
mit seinem Ruf
den du nachahmen konntest
»kuk - kukuk«
die letzten wilden Wälder durchmessend
die du für ihn erhalten wolltest
und in denen du bleiben wirst
tot vielleicht
aber immer lebendig
für uns.

Franz Hohler

BRUNO MANSERS ERBE

NACH DEM VERSCHWINDEN SEINES GRÜNDERS STEHT DER BRUNO MANSER FONDS VOR GROSSEN HERAUSFORDERUNGEN. DIE KARTIERUNG DER PENAN-REGENWÄLDER UND DIE EINREICHUNG VON LANDRECHTSFÄLLEN IN SARAWAK STEHEN IM VORDERGRUND. DOCH DANN STIRBT EINER DER HAUPTKLÄGER UNTER MYSTERIÖSEN UMSTÄNDEN. WENIG SPÄTER BRICHT EINE PENAN-FRAU DAS SCHWEIGEN ÜBER SEXUELLEN MISSBRAUCH DURCH DIE HOLZARBEITER.

06

NEUANFANG BEIM BRUNO MANSER FONDS

Als ich am 19. März 2004 durch eine schwere Eichentür das spätmittelalterliche Haus in der Basler Altstadt betrat, ahnte ich noch nicht, dass mich meine neue Stelle dereinst zu Whistleblower Ross Boyert in die USA, zum FBI und zur Deutschen Bank führen würde. Auch von der Korruption in Sarawak und dem rund um den Globus verteilten Milliardenvermögen der Taib-Familie hatte ich noch keine Ahnung. Ich dachte, beim Bruno Manser Fonds ginge es allein um die Landrechte der Penan und um den Schutz der Regenwälder von Borneo.

Vier Jahre waren seit Bruno Mansers Verschwinden vergangen. Das kleine Büro am Heuberg 25 war bis zur Decke mit Büchern und Dokumenten zu den Penan und zum Regenwald von Sarawak vollgestopft. Briefwechsel von Manser mit Prominenten wie Al Gore, Aga Khan oder seinem erbitterten Gegner Mahathir Mohamad, dem Premierminister von Malaysia, füllten ganze Ordner. Dazu kamen über 20 000 Fotografien sowie unzählige Tonbänder und Videos, die der Umweltschützer in Sarawak angefertigt hatte. An den Wänden hingen Poster von Protestaktionen, Zeitungsberichte und eine große Schlangenhaut. Ein Marmeladenglas auf dem Fenstersims trug ein Etikett mit einem handgezeichneten Totenkopf. Darunter stand in schwarzer Tinte in Mansers unverkennbarer Handschrift »Vorsicht Pfeilgift – Lebensgefahr!«.

Das Stelleninserat des Bruno Manser Fonds war mir sofort ins Auge gestochen, und mein Profil schien den Anforderungen zu entsprechen. Nach Abschluss einer Dissertation als Historiker wollte ich von der Geschichte in die Gegenwart zurückkehren und brauchte dringend einen Job. Nach zwei Interviews stellte mich der dreiköpfige Vorstand als neuen Geschäftsleiter ein – BMF-Mitbegründer Roger Graf, Greenpeace-Mitarbeiter Christoph Wiedmer und Geografiestudent Dominik Bucheli führten die Gespräche. Obwohl ich in den 1990er-Jahren nur wenige hundert Meter entfernt am Petersplatz studiert hatte, hatte ich Manser nie getroffen. Der Regenwaldschützer hatte den Kontakt zur nahen Universität nicht gesucht.

Mansers Arbeitsplatz war beinahe unverändert geblieben, seit er von seiner letzten Reise nach Sarawak nicht mehr zurückgekommen war. Nie wusste mein Vorgänger John Künzli, ob der Verschollene nicht doch eines Tages plötzlich wieder auftauchen würde. 1992 hatte Manser die Einzimmerwohnung zum Hauptquartier seiner Sarawak-Kampagne gemacht. Während mehrerer Jahre hatte er hier gelebt und gearbeitet, unter freiem Himmel in einer Hängematte geschlafen und zum Schrecken der Nachbarn den Gartenschlauch auf der Terrasse zur Freiluftdusche umfunktioniert. Eine aus dem Müll gefischte Sperrholzplatte diente Manser als improvisierter Schreibtisch. Sorgsam beschriftete Ablagefächer enthielten Satellitenbilder von Borneo, die den unaufhaltsamen Vormarsch der Holzfäller dokumentierten. Eine handgezeichnete Karte an der Wand gab einen Überblick über die Penan-Communities im Regenwald.

Nur der in einem Winkel versteckte Wandsafe war leer. Bruno Mansers Testament und das Manuskript seines Reisejournals aus Sarawak lagerten nicht mehr hier, sondern in einem Schrankfach bei einer Basler Bank. Wenige Wochen vor meinem Stellenantritt waren Mansers prächtig illustrierte, im Stil eines Entdeckertagebuchs verfasste Tagebücher aus dem Regenwald als Bildband erschienen.[1] Kaspar Müller, ein Freund von Manser und nach dessen Verschwinden sein gesetzlicher Beistand, hatte zusammen mit John Künzli dafür gesorgt, dass die Tagebücher publiziert wurden. So hatte es Manser für den Fall, dass ihm etwas zustoßen sollte, in seinem letzten Willen festgelegt.[2]

Für den Bruno Manser Fonds war das Verschwinden seines charismatischen Gründers und Präsidenten ein schwerer Schlag. Zwar profitierte der Verein anfänglich von einer Solidarisierungswelle, und der verschollene Bruno Manser wurde mit dem Menschenrechtspreis 2001 der Schweizer Sektion der Internationalen Gesellschaft für Menschenrechte ausgezeichnet. Doch je länger Manser verschwunden blieb, desto mehr machte sich sein Fehlen bemerkbar. Das öffentliche Interesse an den Penan und am Regenwald von Sarawak schwand – und damit der Spendenertrag und die BMF-Finanzen. Mit seinen spektakulären Stunts und seinem beharrlichen Engagement hatte es Manser immer wieder verstanden, die Aufmerksamkeit der Medien auf die internationale Sarawak-Kampagne zu lenken. Das fehlte jetzt, und eine Zeit lang stand die Zukunft des Bruno Manser Fonds auf Messers Schneide.

Der BMF war zu jener Zeit eine von nur noch ganz wenigen internationalen Organisationen, die sich in Sarawak betätigten. Außer einer norwegischen Regenwaldstiftung und dem kleinen Verein The Borneo Project aus Kalifornien hatten sich seit den 1990er-Jahren praktisch alle anderen NGOs zurückgezogen, da Sarawak in Sachen Regenwaldschutz und Indigenenrechte als hoffnungsloser Fall galt. Dass Manser allen Schwierigkeiten zum Trotz den Penan verbunden geblieben war, verschaffte dem Bruno Manser Fonds einen Vertrauensbonus bei seinen Partnern in Malaysia, von dem die Organisation bis heute profitiert. Der

Fonds erwarb sich dadurch den Ruf eines zuverlässigen Partners, der seine Ziele hartnäckig und langfristig verfolgt.

Solange Taib Mahmud Sarawak regierte, konnte man davon ausgehen, dass es völlig zwecklos war, in Verhandlungen mit der malaysischen Regierung nach einer politischen Lösung zu suchen. Taib hatte zur Genüge gezeigt, dass es ihm einzig um die Maximierung der Macht und seines persönlichen Vermögens ging. Der 2003 in Kuala Lumpur an die Macht gelangte Premier Abdullah Badawi war zwar eine Spur demokratischer als sein Vorgänger Mahathir. Doch Taib ließ sich in Fragen der Holzwirtschaft nicht von Kuala Lumpur dreinreden.

Angesichts der Blockierung des politischen Weges für eine Verbesserung der Situation in Sarawak sah ich nur zwei Alternativen: den Weg über die Justiz, das bedeutet in erster Linie die Einreichung von Landrechtsklagen bei malaysischen Gerichten, sowie den ökonomischen Weg über die Ausübung von öffentlichem Druck auf internationale Unternehmen, die in Sarawak investierten, oder auf international tätige malaysische Unternehmen. Beide Wege ging der Bruno Manser Fonds im letzten Jahrzehnt, mit unterschiedlichem Erfolg.

Doch zuerst galt es, die Finanzen in Ordnung zu bringen. Dies wurde durch bedeutende Investitionen ins Fundraising, die Neupositionierung des Bruno Manser Fonds in der Öffentlichkeit und durch eine Öffnung des Vereins gegenüber neuen Mitgliedern möglich. Lag das Budget 2003 noch bei 316 000 Franken, so überstieg es 2007 erstmals die Schwelle von einer Million. Damit wuchs natürlich auch das Gewicht des Bruno Manser Fonds bedeutend an, der sich fortan auf drei Arbeitsbereiche konzentrierte: internationale Kampagnen, Projekte vor Ort in Sarawak und die Führung einer Dokumentationsstelle in der Schweiz.

DURCHBRUCH VOR GERICHT

Bereits Anfang der 1990er-Jahre hatten die Penan und andere indigene Gemeinden aus Sarawak mit Unterstützung kanadischer und amerikanischer NGOs begonnen, ihre traditionellen Jagd- und Wohngebiete im Regenwald zu kartieren. »Wir wollten den Penan für ihre Blockaden ein starkes Symbol in die Hände geben«, erinnert sich Menschenrechtsaktivist Mutang Urud. »Man sagte uns, die Karten aus der Kolonialzeit seien bei einem Brand des District Office in Marudi verbrannt. Und unsere Anwälte wollten unbedingt Karten haben, um die Rechtmäßigkeit der indigenen Landrechtsforderungen zu belegen.«

Als kanadische First-Nations-Gemeinden (Indianer-Gemeinden) 1997 in einem Präzedenzfall[3] einen grundlegenden Erfolg in der Frage indigener Landrechte erzielten, inspirierte das auch die Landrechtsbemühungen von Sarawaks Ureinwohnern. Eine zentrale Rolle spielte dabei Baru Bian, der Sohn eines Pastors aus dem Volk der Lun Bawang und der erste indigene Anwalt von Sarawak. Der 1958 geborene Baru Bian hatte in West-Malaysia Recht studiert und sein Studium in Melbourne abgeschlossen. Daraufhin kehrte er nach Sarawak zurück und eröffnete 1992 seine eigene Kanzlei, Messrs. Baru Bian Advocates & Solicitors, in Kuching. See Chee How, ein junger chinesischstämmiger Anwalt und Menschenrechtsaktivist aus Kuching, heuerte bei ihm an. Zusammen spielten sie bald eine führende Rolle bei zahlreichen Landrechtsfällen, vor denen sich andere Juristen scheuten, da den kritischen Anwälten ein Boykott durch die Regierung und die mächtigen Holzkonzerne drohte. Ihre erfolgreiche Anwaltstätigkeit sollte Baru Bian und See Chee How zwei Jahrzehnte Jahre später in die Politik führen, als sie 2011 für die oppositionelle Gerechtigkeitspartei (PKR) ins Regionalparlament von Sarawak gewählt wurden.

Ein spektakulärer Durchbruch gelang den beiden Rechtsanwälten im Mai 2001 im sogenannten Rumah-Nor-Fall. Die Iban-Gemeinde von Häuptling Nor anak Nyaway hatte den Plantagenkonzern Borneo Pulp and Paper und die Taib-Regierung verklagt, welche große Teile des Gemeinde-Regenwaldes für Papierholzplantagen verpachtet hatte, ohne die

Iban zu konsultieren.[4] Erstmals gestand ein malaysisches Gericht den Ureinwohnern von Sarawak Landrechte über primären Regenwald zu und erkannte an, dass die Iban-Gemeinden nicht nur das bebaute Ackerland nutzten, sondern dass auch der intakte Urwald ein zentraler Teil ihres Gemeindelandes war, der für die Jagd und das Sammeln von Waldprodukten genutzt wurde. »Ich bin überglücklich über diesen wichtigen Präzedenzfall, für den wir sehr lange gearbeitet haben«, sagte ein begeisterter See Chee How zum gewonnenen Fall.

Den mutigen Entscheid hatte Richter Ian Chin vom High Court von Sarawak und Sabah getroffen, der damit eine erstaunliche Unabhängigkeit von der malaysischen Regierung unter Beweis stellte. Chin kannte den Preis dieser Unabhängigkeit: Nach einem unliebsamen Urteil gegen einen Politiker der amtierenden Barisan-Nasional-Regierung war er 1998 von Premierminister Mahathir Mohamad verbal bedroht und anschließend zusammen mit anderen Richtern in ein fünftägiges Umerziehungslager gesteckt worden. Dort war den Justizbeamten eingebläut worden, dass das Interesse der Regierung stets an oberster Stelle zu stehen habe.[5] Die Zerschlagung einer unabhängigen Justiz hatte unter Mahathir System. 1988 hatte der autokratische Premier mit der willkürlichen Entlassung des obersten Richters des Landes, Lord President Salleh Abas, die Justiz ans Gängelband der Politik genommen.[6] Noch heute haben Malaysias Richter Mühe, unabhängig zu entscheiden, wenn die Interessen der Regierung auf dem Spiel stehen.

Taib war erbost über den Gerichtsentscheid zugunsten der Iban und ließ Staatsanwalt J.C. Fong, einen seiner engsten politischen Verbündeten, umgehend Berufung einlegen. Um einer Flut von Landrechtsklagen von Indigenen entgegenzuwirken, erließ die Taib-Regierung darauf kurzerhand ein neues Gesetz über die Landvermessung (Land Surveyors Bill).[7] Dieses erklärte die Kartierung von Land durch nicht-staatliche Landvermesser für illegal und sollte so die Indigenen unter Strafandrohung daran hindern, Karten ihres Landes zu erstellen, auf deren Grundlage sie Landrechtsklagen einreichen konnten – ein klarer Vorstoß gegen elementare Menschenrechte, wie sie heute in der UNO-Deklaration über die Rechte der indigenen Völker kodifiziert sind.[8]

Glücklicherweise blieb Taibs neues Gesetz weitgehend toter Buchstabe, zumal es den Gerichten weiterhin freistand, selbst angefertigte Karten in Landrechtsfällen als Beweismittel zuzulassen. Das Landvermessungs-Gesetz hatte aber den Effekt, dass es das Community Mapping in die Illegalität trieb. Doch mit dem Urteil im Rumah-Nor-Fall war der Damm gebrochen. Der Boom an neuen indigenen Landrechtsklagen war nicht mehr zu stoppen. Eine Übersicht aus dem Jahr 2010 zeigt, dass bereits über 140 indigene Gemeinden kollektive Klagen eingereicht hatten.[9] Und seither hat sich die Zahl der Fälle nochmals erhöht.

DIE MACHT DER GESCHICHTE

Schlüssel zum Erfolg im Fall der Iban-Gemeinde von Häuptling Nor war der vor Gericht erbrachte Nachweis, dass die Ureinwohner das von ihnen beanspruchte Gebiet vor 1958 besiedelt und kontinuierlich genutzt hatten. Noch in der britischen Kolonialzeit war damals ein neues Landgesetz, der Sarawak Land Code, in Kraft getreten, das der traditionellen Landnutzung durch die Indigenen Schranken setzte. Nach 1958 konnten indigene Gemeinden nur noch mit Zustimmung des Staates neue Gebiete besiedeln, und die Bewilligungspraxis war äußerst restriktiv. So sollte der als Staatsland ausgeschiedene Regenwald vor dem Zugriff der Ureinwohner geschützt und staatlicher Nutzung vorbehalten werden. Im Unterschied zum Gewohnheitsrecht der Ureinwohner von Borneo, dem sogenannten *adat,* erkannte die britische Krone nur das bebaute Land als Besitz der Indigenen (Native Customary Land) an.

Für die Urwaldkultur der Penan, die über keine Tradition der schriftlichen Überlieferung verfügt, bedeutet der Nachweis der historischen Landnutzung eine besondere Herausforderung. Er kann nur durch systematische Aufzeichnung der mündlich überlieferten Geschichte (Oral History) und durch Kartierungsarbeiten im Wald erfolgen. Über Jahre hinweg dokumentierte Penan-Forscher Joe Jengau Mela die Mythen und die Geschichte der bis in die zweite Hälfte des 20. Jahrhunderts als Nomaden lebenden Penan Selungo, des von Rodney Needham als »östliche Penan« bezeichneten Volkes mit Stammgebiet am Selungo.

Gestützt wird die Überlieferung der Penan durch die spät einsetzenden Zeugnisse von Verwaltungsbeamten, Anthropologen und Missionaren, welche sie besuchten.

Einer von ihnen war Ian Urquhart, ein ehemaliger britischer Kolonialoffizier, den ich zusammen mit seiner Frau Bunty in ihrem Haus in South Croydon bei London traf. Begeistert erzählten die beiden über die 18 Jahre, die sie gemeinsam in Sarawak verbracht hatten, die beste Zeit ihres Lebens. Zum Beweis rollte der 86-Jährige seine Ärmel nach hinten und zeigte stolz die großen Tätowierungen, die er sich von Iban-Ureinwohnern als Zeichen der Verbundenheit in den Oberarm hatte stechen lassen.

Der 1919 geborene Urquhart hatte im Zweiten Weltkrieg für die Briten in Indien gekämpft und fand nach dem Krieg einen Job im britischen Kolonialdienst. 1947 traf er als junger Offizier in Sarawak ein und war einer der ersten drei Kolonialbeamten der britischen Krone, welche die altgedienten Offiziere der Brookes ablösten.[10] Urquhart war von 1955 bis 1957 in Marudi als District Officer für die Baram-Region stationiert, und der Kolonialoffizier nutzte seinen Aufenthalt für detaillierte linguistische und anthropologische Studien, die er im Sarawak Museum Journal publizierte.[11]

Auf acht Expeditionen ins Quellgebiet des Baram und seiner Zuflüsse bereiste Urquhart das traditionelle Gebiet der indigenen Völker der Penan, Kenyah, Kayan und Kelabit tief im Innern von Borneo. Der begeisterte Hobbyfilmer hielt auf 8mm-Farbfilmen fest, wie sein Boot die Stromschnellen im Akah und im Baram überwand, wie ein Missionsflugzeug der Borneo Evangelical Mission Lebensmittel abwarf und wie die Penan-Nomaden zu seiner Begrüßung Tänze aufführten – Dokumente von unschätzbarem historischem Wert.

»Die Penan-Nomaden mussten als einzige Einwohner von Sarawak keine Steuern bezahlen«, erzählt Urquhart. »Deshalb haben wir über

Der zu den Nashornvögeln
zählende Rhinozerosvogel,
das Wappentier von Sarawak,
und verschiedene Affenarten
leben im intakten Primärwald.

Im Regenwald von Borneo, einem der Lebensräume mit der höchsten Biodiversität weltweit, sind der Nebelparder (o.), bunt blühende Ingwergewächse (o.r.) sowie zahlreiche Insekten, Reptilien und Tropenfrüchte zu finden.

sie auch nur wenige Informationen gesammelt. Alle anderen Indigenen mussten pro Familie und Jahr einen Sarawak-Dollar dem Staat abliefern. Wenn wir ins Feld reisten, führten wir Listen mit den Namen aller Langhausbewohner in wasserdichten Büchsen mit uns.«

Ein Urwald-Trekking im Jahr 1957 brachte die Urquharts ins Quellgebiet des Selungo, wo sie von Penan begleitet wurden. »Die Penan führten mich und meine Frau durchs Gelände und trugen unser Gepäck«, erinnert sich Urquhart. Für ihn ist klar, dass die Penan schon seit langer Zeit in den Urwäldern des Baram-, Tutoh- und Limbang-Gebiets gelebt haben, und er hofft, dass ihnen dieses Land zugesprochen wird.[12]

Das Oral-History-Interview mit dem 2012 verstorbenen Ian Urquhart ist Teil des Dokumentationsprozesses für einen Landrechtsfall der Penan. Vier Gemeinden im oberen Baram-Gebiet gingen 1998 zusammen vor Gericht, um 415 Quadratkilometer Urwald und Reisfelder zu beanspruchen. Eingereicht wurde der Fall von den Häuptlingen Kelesau Na'an (Long Kerong), Bilong Oyoi (Long Sait), Pelutan Tiun (Long Sepigen) und Jawa Nyipa (Long Ajeng). Die auf diese vier Dörfer verteilten 190 Penan-Familien (rund 800 Personen) nennen das Gebiet um den Gunung Murud Kecil, einen 1600 Meter hohen Bergrücken unweit der Grenze zu Indonesien, ihr Eigen.

Der Regenwald um den Gunung Murud Kecil zählt zu Sarawaks ganz wenigen erhaltenen wirklichen Urwäldern. Nur dank der Blockaden der 1990er-Jahre und eines starken Widerstandsgeists konnten die Penan des oberen Baram diese prächtigen Wälder vor den Motorsägen des Holzkonzerns Samling bewahren.

EINE PALME FÜR BRUNO MANSER

Die Penan-Häuptlinge warten in einem Halbkreis auf einer Lichtung vor dem Dorf Long Kerong. Strohhüte mit Nashornvogel-Federn, Batikhemden und Halsketten aus bunten Glasperlen kennzeichnen die

Ältesten der 17 Communities aus dem Gebiet des oberen Baram. Ihre Mienen sind ernst, in der Hand halten sie brennende weiße Kerzen. Der monotone Klang der großen Baumtrommel und die ringsum eingesteckten *seperut*-Stöcke, aus weichem Holz geschälte Lockenstäbe, unterstreichen die feierliche Stimmung.

Meine erste Reise zu den Penan hat mich hier mitten in den intakten Primärwald am Selungo geführt. Dieses Gebiet bewohnen die Penan seit Jahrhunderten, und sie sind nicht bereit, es den Holzfällern preiszugeben. An diesem Tag im November 2004 treffe ich mich mit den Penan-Ältesten, um im Gedenken an den verschollenen Bruno Manser eine Sagopalme zu pflanzen. Viele der hier Anwesenden haben Manser persönlich gekannt und ihn dafür verehrt, dass er ihrer Kultur Wertschätzung entgegenbrachte und ihnen half, sich gegen die Holzfäller zu wehren. »Als Bruno Manser verschwand, war das für uns Penan, wie wenn Sonne und Mond vom Himmel verschwunden wären und kein Licht mehr da war«, sagt mir einer der Häuptlinge.

Zur Begrüßung tanzt Häuptling Bilong Oyoi aus dem Nachbardorf Long Sait den Adlertanz, der den Flug des majestätischen Greifvogels imitiert. Der Häuptling hebt seine Arme, stellt den Kopf schräg und blickt andächtig zum Himmel. Jetzt springt er in die Luft und stößt leise einen jauchzenden Schrei aus. Nach der sanften Landung bewegt er seinen Körper konzentriert zum Klang der *sape,* dem Zupfinstrument von Borneos Ureinwohnern. Bevor die Penan zum Christentum konvertierten, glaubten sie, dass der Adlergeist ihr von vielen Tabus geprägtes Leben bestimmte. Der Adlertanz ist eine Referenz an ihre Geschichte und Tradition.

Bilong und ich setzen gemeinsam in die bereitstehende Pflanzgrube eine junge Sagopalme. *Uvut* nennen die Penan diese für ihre Kultur zentrale Pflanze. Sie war für die Nomaden nicht nur die wichtigste Stärkequelle, die sie ernten konnten, ohne zuvor gesät zu haben. Ihre getrockneten Blattstiele dienen auch als Pfeile für die Jagd. Die wehrhafte *uvut* ist für die Penan ein Symbol für ihren Widerstand gegen die Abholzung.

Ein feiner Nebel steigt aus dem nahen Wald in den Himmel. Die Morgensonne dringt zaghaft durch die feuchte Luft. Jetzt beginnen die Penan mit Reden. »Ohne unsere Blockaden wäre dieser Wald schon längst abgeholzt worden«, sagt Kelesau Na'an, der Gastgeber des Treffens. »Dann würde es uns ergehen wie den Penan weiter unten am Baram, wo es kaum noch Bauholz für den Eigengebrauch gibt und die meisten Wildschweine verschwunden sind.«

Der Reihe nach berichten die anwesenden Häuptlinge über die Lage in ihren Dörfern und die Aktivitäten der Holzfäller in der Region. Viele beklagen sich, dass sie von der Taib-Regierung wegen ihres Widerstands bestraft würden und weder Identitätskarten noch staatliche Entwicklungshilfe erhielten. Sie seien deshalb ganz auf sich gestellt, doch das sei ihnen lieber, als den Wald als ihre Lebensgrundlage zu verlieren. Akute Probleme bestünden in der mangelhaften Gesundheitsversorgung und dem geringen Interesse des Staates an der Schulbildung der Penan.

Jetzt tritt Melai Nak, Häuptling von Ba Tik, vor die Runde. Mehrere Tagesmärsche hat er für die Reise nach Long Kerong benötigt, um die versammelten Häuptlinge um Hilfe zu bitten. Der Holzkonzern Shin Yang rückt mit Bulldozern und Motorsägen immer näher an sein Dorf heran. Melai fürchtet, dass es nur noch eine Frage von Wochen sei, bis die Holzfäller ins Gebiet der Trinkwasserversorgung seines Dorfes vordringen. Auch macht er sich Sorgen um die Jagd, wenn den Holzfällern nicht Einhalt geboten wird.

Die Häuptlinge verhandeln, wie sie vorgehen sollen. Dann beschließen sie, dem Manager des Holzfällercamps eine schriftliche Warnung zu senden, unterzeichnet mit den Daumenabdrücken aller anwesenden Häuptlinge, der traditionellen Penan-Unterschrift. Sollte der Holzkonzern nicht auf die Warnung hören, soll eine zweite Warnung folgen, anschließend eine Blockade. Zur Unterstützung des kleinen Dorfs Ba Tik wird beschlossen, dass die Gemeinden des oberen Baram eine Delegation entsenden, welche Häuptling Melai bei der Vorbereitung einer Blockade helfen soll.

Die Auseinandersetzung mit den Holzfällern nimmt dieses Mal ein gutes Ende. Wenige Wochen später zieht sich Shin Yang unter dem Druck der angedrohten Blockade aus dem Gemeindegebiet von Ba Tik zurück. Nach den heftigen Konflikten der 1990er-Jahre gehen die Holzkonzerne heute der Konfrontation aus dem Weg. Viel lieber versuchen sie, die Indigenen mit Versprechungen wie dem Bau einer Straße oder der Bezahlung geringer Entgelte zu ködern. Wenn die Ureinwohner weich werden, rücken die Holzfäller mit schwerem Gerät vor, und bald stehen nur noch wenige wertlose Stämme im Wald des betreffenden Dorfes.

KARTEN FÜR DEN REGENWALD

Ernst Beyeler empfängt uns im Arbeitszimmer hinter seiner Galerie in der Bäumleingasse 9 in Basel. Hier kaufte und verkaufte der bekannte Kunsthändler und Galerist über Jahrzehnte Werke der bedeutendsten modernen Künstler wie Pablo Picasso, Wassily Kandinsky und Alberto Giacometti. Seine legendäre Kunstsammlung bildet den Grundstock zu dem von ihm und seiner Frau Hildy gestifteten Museum, der Fondation Beyeler in Riehen. Doch heute ist der betagte Kunsthändler mit einem Blasrohr aus Sarawak beschäftigt.

Mit aufgeblasenen Backen pustet er in das Rohr aus Urwald-Hartholz. Ein Pfeil schnellt hinaus und steckt Sekundenbruchteile später in der Wand fest, von wo er sich nur noch unter großer Anstrengung entfernen lässt. Beyeler muss ob seines unerwarteten Erfolgs mit der Penan-Jagdwaffe lachen und seine blauen Augen leuchten.

Früh zeigte der 2010 verstorbene Beyeler Wertschätzung für afrikanische und ozeanische Indigenenkunst und war fasziniert von ihren Parallelen zu den Abstraktionen der zeitgenössischen Moderne. Weniger bekannt ist, dass der Basler Galerist mit seiner Stiftung Kunst für den Tropenwald auch wichtige Impulse für die Erhaltung der tropischen Regenwälder setzte.

Joe Jengau Mela und Mutang Urud sind an diesem warmen Frühlingsmorgen im Mai 2006 nach Basel gekommen, um Ernst Beyeler ein Blasrohr als Geschenk zu überbringen. »In unserer Kultur schenken wir diese Waffe nur großen Persönlichkeiten, die wir respektieren und verehren«, steht in einem Begleitbrief, der die Daumenabdrücke von zehn Penan-Häuptlingen trägt. »Ein Giftpfeil aus dieser Waffe kann jedes Tier in wenigen Minuten töten. Wir möchten mit diesem Geschenk unsere Dankbarkeit und große Anerkennung für Ihre Unterstützung unseres Kampfes für den Regenwald und unsere Landrechte zum Ausdruck bringen.«

Der Bruno Manser Fonds hätte die kritische Phase nach dem Verschwinden seines Gründers ohne die Unterstützung durch Ernst Beyelers Stiftung kaum überstanden. In den Jahren 2002 bis 2007 finanzierte sie das Community Mapping der Penan-Gebiete im Regenwald von Sarawak mit mehr als einer halben Million Franken. Dieses wichtigste Projekt des Bruno Manser Fonds ist weit mehr als eine Kartierung der traditionellen Penan-Lebensräume im Urwald, sondern umfasst eine viel weiter gehende kulturelle Dokumentation, zu der auch eine systematische Aufnahme der mündlichen Geschichte der kartierten Gemeinden gehört.

Ein vom Bruno Manser Fonds ausgebildetes Team von Penan-Kartierern vermisst in Zusammenarbeit mit den Dörfern, die ihren Wald vor der Abholzung schützen wollen, das traditionelle Land der betreffenden Gemeinden. In einem ersten Schritt werden auf Kartenskizzen alle bekannten Namen von Flüssen und Bächen, Bergspitzen und Wasserscheiden erhoben. Dann zeichnen die Penan ein, wo sich besonders gute Jagdgebiete, Vorkommen von Nutzpflanzen sowie kulturelle Stätten wie die Gräber ihrer Vorfahren befinden.

In einem zweiten Schritt schreiten die Kartierer zusammen mit ausgewählten Penan-Jägern und Pflanzensammlerinnen das Gemeindegebiet ab und erheben per GPS alle wichtigen Koordinaten, die zusammen mit einer Beschreibung in einem Notizheft festgehalten werden. Diese Feldaufnahmen können Wochen dauern und setzen voraus, dass die Penan in dieser Zeit im Wald leben und sich von wildem Sago und Früchten ernähren.

Nach der Rückkehr aus dem Feld werden die Daten eingetippt und in die Schweiz übermittelt, wo daraus Karten angefertigt werden. Die Salzburger Kartografin Julia Beckel produzierte so beim Bruno Manser Fonds die ersten digitalen Karten des Penan-Gebiets. Ihr Partner, der

Geograf Rainer Weißhaidinger, leitete während mehrerer Jahre unter dem Pseudonym Peter Müller das Community Mapping. Heute liegt die Koordination der Sarawak-Projekte des Bruno Manser Fonds bei Simon Kaelin. Erwin Zbinden, Leiter der Dokumentationsstelle, verantwortet den Abgleich der Karten mit historischen Luftbildern der Royal Air Force aus den 1950er-Jahren.

Seit dem Beginn des Mapping-Projekts im Jahr 2002 haben die Penan Tausende von Quadratkilometern Regenwald vermessen und Karten angefertigt, die weltweit zu den detailliertesten Karten von Indigenenland zählen. Über 5200 Fluss- und Bachnamen, 1800 weitere Flurnamen sowie die Standorte von 513 Pfeilgiftbäumen wurden erhoben. Parallel dazu wurde die Geschichte von Dutzenden von Penan-Gemeinden aufgezeichnet, transkribiert und partiell ins Englische übersetzt. Diese Fülle an kulturellen Daten ist in ihrer Gesamtheit schlagender Beweis dafür, dass die Penan ihre traditionellen Wälder seit Menschengedenken genutzt haben und bis ins letzte Detail kennen.

Bis 2013 konnten auf Grundlage dieser Karten sechs Landrechtsklagen über 3600 Quadratkilometer Regenwald und Landwirtschaftsgebiet im Quellgebiet der Flüsse Baram, Tutoh und Limbang eingereicht werden. Noch haben die Gerichte in Sarawak über keine dieser Klagen entschieden.

Neben diesem großen Kartierungsprojekt sorgen Freiwillige und Angestellte des Bruno Manser Fonds aber auch für die medizinische Unterstützung vieler Penan und für den Betrieb von zwei Grundschulen. Dort haben Penan-Kinder die Möglichkeit, vor ihrem Eintritt in die staatliche Schule in ihrer eigenen Sprache lesen, schreiben und rechnen zu lernen, und erhalten wichtige Grundlagen ihrer Kultur vermittelt. Ein besonderer Höhepunkt in der Projektarbeit des Bruno Manser Fonds war Anfang 2013 der Bau einer Hängebrücke über den Sela'an-Fluss. Dank des Engagements eines Schweizer Freiwilligen können heute die Penan auch bei Regenwetter den reißenden Strom überqueren und müssen nicht mehr am Flussufer warten, bis das Wasser abschwillt.

Für die Kartierung ihres traditionellen Landes sind vom Bruno Manser Fonds ausgebildete Teams von Penan-Kartierern oft wochenlang im Regenwald unterwegs.

PENAN-LANDRECHTSFÄLLE IN SARAWAK

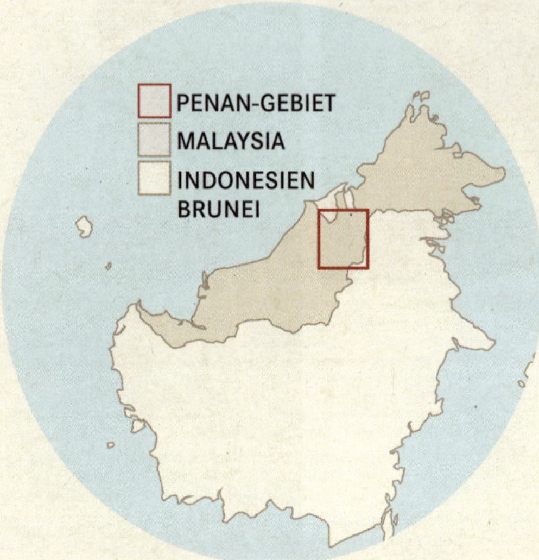

Eingereichte Penan-Landrechtsklagen in Sarawak:

Selungo-Sela'an	1998	552 km^2
Long Lamai	2007	336 km^2
Lower Patah-Akah	2009	268 km^2
Upper Patah	2009	541 km^2
Ba Jawi	2010	169 km^2
Upper Limbang mit Kelabit und Lun Bawang	2011	1771 km^2

Große Siedlungen

Große Flüsse

Grenze Sarawak

Lebensraum der Penan

Quelle: BMF 2013

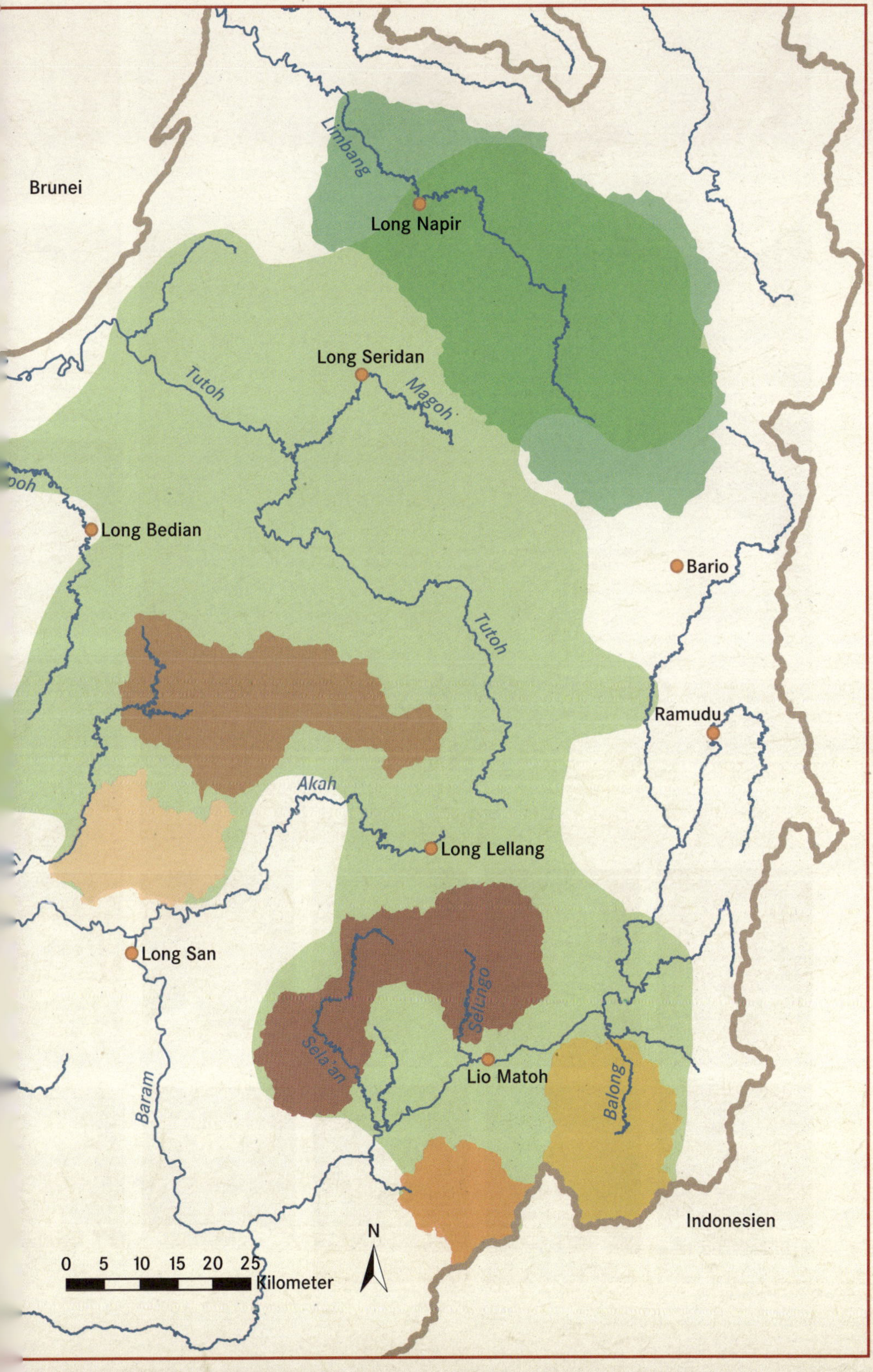

Brunei
Limbang
Long Napir
Long Seridan
Tutoh
Magoh
Long Bedian
Bario
Tutoh
Ramudu
Akah
Long Lellang
Long San
Selungo
Sela'an
Lio Matoh
Balong
Baram
Indonesien
N
0 5 10 15 20 25
Kilometer

1
14
15
16
17
21
22
23
24

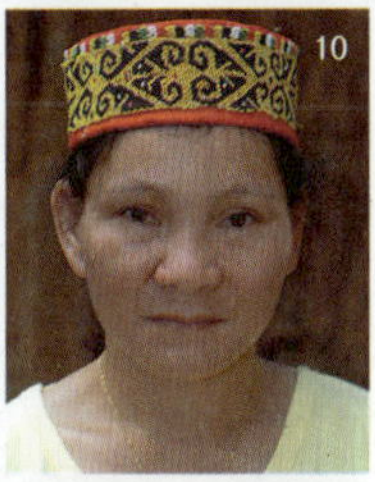

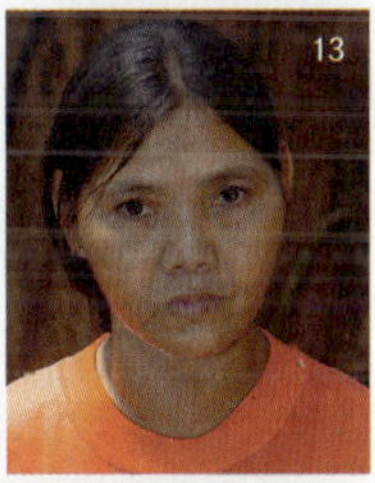

Penan Community Leader, die für den Schutz des Regenwalds kämpfen:

1 Along Sega, Long Gita († 2011)
2 Ali Toi, Ba Pengaran Kelian
3 Aya Luding, Long Sait
4 Marka Lajan, Long Sait
5 Saun Bujang, Long Benali
6 Kelesau Na'an, Long Kerong († 2007)
7 Uding Lidem, Long Kerong
8 Panai Irang, Ba Abang
9 Bilong Oyoi, Long Sait
10 Wesley Sinung, Long Sait
11 Tirong Lawing, Long Kerong
12 Thomas Pelutan, Long Sepigen
13 Marian Ngedu, Long Sepigen
14 Lajan Kade, Ba Lai
15 Lilit Turai, Ba Lai
16 Lolee Mirai, Long Leng
17 Raja Jemalee, Long Melapeh
18 Kusin Uvan, Ba Pengaran Iman
19 Juta Yok, Ba Repo
20 Yasayia Ara, Long Ajeng
21 Ngot Laeng, Long Lilim
22 Robert Sakun, Long Kepang
23 Dennis Bujang, Long Benali
24 Sri Lai, Long Benali
25 Lah Hunan, Long Item
26 Jalong Jok, Long Tegan
27 Pada Jutang, Long Pakan

KELESAUS VERSCHWINDEN

Im Herbst 2007 erreichte den Bruno Manser Fonds eine beunruhigende Nachricht aus dem Penan-Gebiet: Häuptling Kelesau Na'an aus Long Kerong, einer der vier Kläger und einer der wichtigsten Zeugen des Penan-Landrechtsfalls aus dem Gebiet des oberen Baram, ist verschwunden. Der fast 80-jährige Häuptling wurde zuletzt am 23. Oktober 2007 in der Nähe seines Dorfes gesehen. Seiner Frau sagte er, er wolle noch einige Fallen kontrollieren, die er im Wald zum Fang kleiner Wildtiere aufgestellt hatte. Doch er kehrte von seiner Tour nie zurück; trotz einer sofortigen Suchexpedition konnten ihn die Penan nicht finden.

Nach einigen Wochen alarmierten sie die Öffentlichkeit. Sie fühlten sich an einen Fall aus dem Jahr 1994 erinnert, als der Pastor des benachbarten Dorfes Ba Kerameu nach einem Streit mit Holzarbeitern verschwunden war. Vier Wochen später fanden ihn die Penan mit aufgeschlitztem Bauch in einem Bachbett auf.

Auch Kelesaus Verschwinden fiel in eine Zeit erhöhter Spannungen mit der Holzindustrie. Seit April des Jahres hatte der Holzkonzern Samling Sicherheitskräfte in die Gegend beordert, um die von Penan aus dem Dorf Long Benali errichtete Blockade einer neuen Holzfällerstraße in den oberen Baram zu demontieren. Doch die Penan widerstanden erfolgreich den Druckversuchen der Holzfirma. Im Mai wurde Samling von der Taib-Regierung mit der Führung einer Task Force beauftragt, welche die Penan zur Kooperation bringen sollte.[13] Am 16. Juni kam es zu einem Zwischenfall mit Samling-Arbeitern. Kelesau wurde bedroht, weil Landvermesser der Holzfirma von den Penan angehalten und weggeschickt worden waren. Darauf beschwerten sich die Häuptlinge von Long Kerong und Long Sait schriftlich beim Manager des benachbarten Samling-Holzfällercamps.[14]

In den folgenden Monaten erhielt Kelesau wiederholt Besuch von einer Samling-Gesandten, die seinem Dorf Unterstützung anbot und ihn zum Rückzug der Landrechtsklage bewegen wollte. Doch er blieb standhaft und wies alle Angebote zurück.

Zwei Wochen nach dem Verschwinden des Häuptlings landete ein Helikopter mit zwei mysteriösen Besuchern in seinem Dorf und bot den verdutzten Dorfbewohnern eine Spende von 30 000 Ringgit (10 000 CHF) an. Die beiden gaben an, dafür keine Gegenleistung zu wollen.[15]

Kurz vor Weihnachten 2007 fand ein Penan-Jäger die sterblichen Überreste von Kelesau am Ufer eines Zuflusses des Selungo, rund zwei Stunden von Long Kerong entfernt. Er erkannte das Skelett sofort an der Halskette und an der Armbanduhr. Kelesaus Hand war gebrochen; sein *parang* (Buschmesser) fehlte. Die Penan stellten die Gebeine des Häuptlings sicher und brachten sie zurück ins Dorf, wo sie sie einige Tage später beerdigten. Am 3. Januar 2008 erstatteten sie Anzeige bei der Polizei in Miri und verlangten eine Untersuchung. Doch erst nachdem der Bruno Manser Fonds die Angelegenheit publik gemacht und internationale Medien den Fall aufgegriffen hatten, ließ die malaysische Polizei zwei Monate später den toten Häuptling exhumieren.[16] Sie kam zu dem Schluss, dass Kelesau eines natürlichen Todes gestorben war.[17] – Trotzdem sind die Penan bis heute davon überzeugt, dass ihr standhafter Häuptling einem Gewaltverbrechen zum Opfer gefallen ist.

SEXUELLE GEWALT GEGEN PENAN-FRAUEN

Zur regelmäßigen Arbeit des Bruno Manser Fonds gehört auch die Betreuung von Journalisten und internationalen Filmteams, die über die Penan und die Bedrohungen für den Regenwald von Borneo berichten möchten. Ohne Karten und logistische Unterstützung für Transport und Übersetzung wäre dies in vielen Fällen kaum möglich. Fernsehteams von *Al Jazeera, BBC, ARD, RAI* und des *Schweizer Fernsehens* konnten so in den letzten Jahren die Penan-Gebiete bereisen und vor Ort Interviews führen. Auch der 2007 produzierte Dokumentarfilm *Bruno Manser – Laki Penan* des Schweizer Regisseurs Christoph Kühn war mit viel Hintergrundarbeit durch den Bruno Manser Fonds und unsere Partner vor

Ort verbunden. Für die Penan sind die Auftritte in Film und Fernsehen wichtige Gelegenheiten, um auf ihre Anliegen aufmerksam zu machen und durch Information der Öffentlichkeit Druck auf die Holzkonzerne und die malaysische Regierung auszuüben.

Auf schlimme Geschehnisse stieß 2008 die französische Journalistin Andrea Haug bei Dreharbeiten für einen Dokumentarfilm über das Community-Mapping-Projekt des Bruno Manser Fonds. Zusammen mit ihrem Bruder, Kameramann Johann Haug, besuchte sie als erste Journalistin ein abgelegenes Dorf im mittleren Baram, wo schon viel abgeholzt worden war. Die ungefähr 50-jährige Penan-Frau Juma (Name geändert) brach Haug gegenüber das Schweigen über schreckliche Vorgänge in ihrem Dorf, das unweit eines Holzfällercamps der Firmen Samling und Interhill lag.

»Ich, Juma, möchte der Öffentlichkeit mitteilen, dass wir Penan-Frauen von Holzfällern sexuell missbraucht werden«, sagte sie der Französin und berichtete über schockierende Szenen, die sich immer wieder in ihrem Dorf abspielten: Eine Gruppe von Holzarbeitern trifft unangekündigt mit Geländewagen im Dorf ein. Wenn sie kommen, sind sie bereits betrunken und suchen nach wehrlosen Frauen, an denen sie sich vergehen können. Besonders betroffen sind die jungen Frauen, unter ihnen teilweise auch Schwangere oder kaum 13-jährige Mädchen.

»Wenn wir die Fahrzeuge kommen hören, lassen wir alles stehen und flüchten in den Wald«, sagte Juma. »Wir haben uns bei den Verantwortlichen des Holzfällercamps und bei der Polizei beschwert. Doch unsere Beschwerden blieben unbeantwortet, und die Polizei sagte uns, dass wir diese Geschichten erfunden hätten. Wir warten immer noch auf den Besuch eines Polizeibeamten in unserem Dorf.«

Andrea Haug war eben von ihrer Reise in den Baram zurückgekehrt, als sie mir bei einem Treffen in der Küstenstadt Miri von ihrem erschütternden Interview mit Juma berichtete. Die Vorwürfe gegenüber den Holzarbeitern schienen zu schwer, um sie ungeprüft publizieren zu können. Ein Schweizer Arzt, der zu dieser Zeit als Freiwilliger für den Bruno Manser Fonds in Sarawak unterwegs war, ging den Vorwürfen nach, um sie zu verifizieren. Als auch er Interviews mit den Opfern geführt und ihre Aussagen bestätigt hatte, ging der Bruno Manser Fonds am 15. September 2008 mit dem Hilferuf der Penan-Frauen an die Öffentlichkeit. Parallel dazu lancierten wir einen E-Mail-Protest an die malaysische Regierung und eine Postkartenaktion an die malaysische UNO-Botschaft in Genf.

Kaum eine andere Kampagne des Bruno Manser Fonds in den letzten Jahren erzielte eine so große Wirkung in der malaysischen Öffentlichkeit. Eine wichtige Rolle spielte dabei, dass die größte englischsprachige Zeitung des Landes, *The Star*, das Thema aufgriff, vor Ort in Sarawak recherchierte und Anfang Oktober 2008 eine große Reportage dazu publizierte. Verfasst hatte sie Hilary Chiew, eine engagierte Journalistin aus Kuala Lumpur.[18]

Die Taib-Regierung reagierte nach dem gewohnten Muster auf den Skandal. Zuerst bestritt ein Regierungssprecher alle Aussagen der Penan-Frauen und behauptete, diese seien erfunden. Dann ging ein erzürnter Taib Mahmud selbst an die Medien und bezichtigte den Bruno Manser Fonds und andere NGOs der »Sabotage« gegen den Staat Sarawak und gegen seine Entwicklungspolitik. Dazu verlangte er von den Medien, die über die Affäre berichtet hatten, eine Entschuldigung und die Korrektur der Berichterstattung.[19] Sein Stellvertreter Alfred Jabu griff gar zum verbalen Zweihänder gegen den Bruno Manser Fonds: »Das ist eine Handvoll Leute, die in ihrem eigenen Land nichts sind und Ereignisse in anderen Ländern aufbauschen, ohne sich um Fakten zu kümmern.«[20] Und die Tageszeitung *The Borneo Post* publizierte einen großen Artikel mit frei erfundenen Behauptungen eines Politikers, der Bruno Manser bezichtigte, während seines Aufenthalts in Sarawak eine Penan-Frau geschwängert zu haben.[21] Mit Ausnahme des Internets sind die Medien in Sarawak fest in der Hand des Taib-Regimes und der Holzindustrie: Taibs jüngste Tochter Hanifah ist Direktorin des einzigen privaten Radiosenders *Cats FM* und der *New Sarawak Tribune*, einer von zwei englischsprachigen Tageszeitungen.[22] *The Borneo Post* gehört dem Holzkonzern KTS.[23] Das verunmöglicht praktisch jede öffentliche Debatte zu politisch heiklen Themen.

Doch die öffentliche Empörung in Malaysia war so groß geworden, dass sich das Thema nicht mehr unter den Tisch kehren ließ. Malaysias damalige Ministerin für Frauen, Familien und Community-Entwicklung, Ng Yen Yen, brachte das Thema ins Kabinett der Bundesregierung in Kuala Lumpur und gab einen Untersuchungsbericht in Auftrag.[24] Dieser wurde ein Jahr später veröffentlicht und bestätigte die Vorwürfe der Penan-Frauen.[25] Die Ergebnisse des Berichts gingen als Agenturmeldungen um die Welt und wurden von internationalen Medien wie der *Washington Post* aufgegriffen.[26] Eine unabhängige Fact-Finding-Mission deckte im folgenden Jahr sieben zusätzliche Fälle mutmaßlicher sexueller Gewalt gegen indigene Frauen und Mädchen im Baram-Gebiet auf.[27] Dennoch wurde in Malaysia bis heute kein einziges Strafverfahren gegen die mutmaßlichen Täter eröffnet, die durch die Holzkonzerne, die Taib-Regierung und die Polizei protegiert werden.

Der im *Star* namentlich erwähnte Holzkonzern Samling reagierte auf seine eigene Weise. Er verklagte die Zeitung und die Journalistin Hilary Chiew wegen Verleumdung. Ein dem Bruno Manser Fonds zugespieltes Dokument zeigt allerdings, dass der Holzkonzern das Thema hinter den Kulissen durchaus ernst nahm: In einem Zirkular unter dem Titel »Rape Case of Penan women« wies der verantwortliche Samling-Manager alle Angestellten des Holzkonzerns an, dass der Besuch von Penan-Siedlungen und der Transport von Penan ohne Bewilligung der Firma verboten sei.[28]

Eine Hand wäscht die andere. Unter diesem Motto arbeiten Holzkonzerne wie Samling seit Jahren eng mit der Regierung von Taib Mahmud und Malaysias Polizei zusammen. Bei der Vertuschung der sexuellen Übergriffe gegen die Penan-Frauen hatte diese Allianz zum Schaden der Opfer einmal mehr funktioniert.

OFFSHORE-GESCHÄFTE

INTERNATIONALE BANKEN SPIELEN FÜR TAIB UND SEINE GÜNSTLINGE EINE ZENTRALE ROLLE FÜR DEN ZUGANG ZUM KAPITALMARKT. AUCH FÜR BESTECHUNGSZAHLUNGEN UND GELDWÄSCHEREI SETZEN HOLZBARONE UND POLITIKER AUF DIE DISKRETEN DIENSTE DER FINANZBRANCHE. DIE SPUR DES GELDES FÜHRT BIS IN DIE SCHWEIZ, NACH DEUTSCHLAND UND AN DIE WALL STREET.

07

EIN MAHNBAUM VOR DER CREDIT SUISSE

Durch die Zürcher Bahnhofstraße weht ein kalter Nordwind an diesem ruhigen Freitagmorgen, dem 23. Februar 2007. Eine Gruppe junger Menschen, knapp zwei Dutzend an der Zahl, marschiert langsam in Richtung Paradeplatz. Auf den Schultern tragen sie einen fünf Meter langen, mit geschnitzten Urwaldtieren und Pflanzen verzierten Föhrenstamm, einen Mahnbaum für den verschollenen Bruno Manser. An der Spitze des kleinen Zuges geht Jannine Manser, die Nichte des Umweltschützers. Die 20-jährige Studentin trägt ein Plakat mit der Aufschrift: »Schluss mit der Zerstörung der Regenwälder. Credit Suisse muss die Finanzierung des Holzkonzerns Samling stoppen.«

Die Februarsonne scheint flach über die Dächer und erwärmt die klassizistische Fassade der Großbank am Paradeplatz. Doch das Herz der Schweizer Finanzmetropole bleibt an diesem Wintermorgen kalt, als die jungen Leute den schweren Stamm vor dem Eingang zum Credit-Suisse-Hauptsitz aufrichten. Im Mai 2000 verschwand Bruno Manser im Konzessionsgebiet des malaysischen Samling-Konzerns, der maßgeblich für die Zerstörung der Penan-Regenwälder verantwortlich ist. Sieben Jahre später ist die Schweizer Bank Credit Suisse federführend beim Börsengang des Tropenholzkonzerns in Hongkong – ein Schlag ins Gesicht für die Familie Manser und die zahlreichen Schweizer Freunde des verschollenen Menschenrechtspreisträgers, die von der Bank einen Rücktritt von dem umstrittenen Geschäft fordern. »Wir sind erschüttert, dass sich eine Schweizer Bank auf solch ein Geschäft einlassen kann«, sagen Erich Manser und Monika Niederberger-Manser im Namen der Familie. »Die Firma Samling zerstört all das, wofür unser Bruder Bruno sich jahrelang engagierte.«

Bei der Bank sind die Meinungen jedoch gemacht. »Credit Suisse wird an der Organisation des Börsengangs von Samling festhalten.« Mit diesen Worten beendet Tobias Guldimann, Chief Risk Officer der Credit Suisse Group, eine Stunde später ein Treffen mit dem Bruno Manser Fonds und der Gesellschaft für bedrohte Völker. Der Zürcher Banker räumt damit alle Zweifel aus: Die Schweizer Großbank stellt ihre kurzfristigen finanziellen Interessen über die Sorge um die Erhaltung der tropischen Regenwälder. Daran ändern auch alle blumigen Erklärungen der Bank nichts, dass man sich für Nachhaltigkeit und den Schutz der Umwelt engagiere. »Alle in und für unser Finanzinstitut Tätigen sind in ihrem Wirkungsbereich für den Schutz der Umwelt verantwortlich«, steht in den vom damaligen Konzernchef Oswald Grübel verabschiedeten Nachhaltigkeitsrichtlinien. Doch an diesem Mittag eilt der Credit-Suisse-CEO zum Business Lunch aus der Bankzentrale, vorbei am Manser-Mahnbaum auf dem Paradeplatz, ohne ihm Beachtung zu schenken.

280 Millionen US-Dollar neues Kapital werben die Investmentbanker der Credit Suisse als »Global Coordinator« des Börsengangs bis Anfang März 2007 für die Eigentümer von Samling Global ein. Unterstützt

werden sie dabei von der britischen HSBC und der australischen Macquarie Securities. Die Holzbarone aus Sarawak erhalten neue Mittel für den Ausbau ihrer Produktionskapazitäten, die weitere Abholzung der Regenwälder und die Rückzahlung ihrer Schulden. Rund 10 Millionen Dollar gehen direkt an die Credit Suisse, wo sich der für das Geschäft verantwortliche Angestellte über einen satten Bonus freuen darf.[1] Die Penan im Regenwald von Borneo gehen leer aus. Auch das Steueramt in Malaysia soll möglichst wenig Geld aus dem Tropenholzgeschäft erhalten. Deshalb ist Samling Global auf Bermuda registriert, wo keine Unternehmenssteuern anfallen.[2]

Nach dem Börsengang setzt die Samling-Aktie zu einem kurzen Kursfeuerwerk an: Innerhalb von vier Monaten steigt sie vom Ausgabewert von 2,08 Hongkong-Dollar auf 3,4 Hongkong-Dollar an. Doch dann, noch vor Ausbruch der Finanzkrise von 2008, beginnt der steile Absturz der Aktie, die den Anlegern keine Freude mehr bereiten sollte.

Nach fünf Jahren an der Börse beschließt die Eigentümerfamilie Yaw 2012, die Firma von der Börse zu nehmen. Sicherheitshalber hatten die Yaws die Aktienmehrheit am Unternehmen nie abgegeben und nur eine Minderheit an die Börse gebracht. Den zum Verkauf gezwungenen Minderheitsaktionären wird eine Barabfindung von 0,76 Hongkong-Dollar pro Aktie geboten – ein Verlust von 63 Prozent auf den Ausgabepreis.[3] Als die Aktien von Samling Global am 20. Juni 2012 dekotiert werden, fühlt sich bei der Credit Suisse schon lange niemand mehr zuständig für die Papiere des Tropenholzkonzerns.[4]

Bereits 2010 trennte sich die norwegische Regierung aus ethischen Gründen von ihren Samling-Aktien im Wert von 1,2 Millionen US-Dollar und setzte den Konzern auf eine schwarze Liste. Die Aktien waren vom staatlichen Pensionsfonds, einem der größten institutionellen Anleger der Welt, erworben worden. Aufgrund der Kampagne des Bruno Manser Fonds und seiner Partner ließ Norwegens Regierung die Geschäftstätigkeit von Samling durch den Ethikrat des Pensionsfonds untersuchen. Am 23. August 2010 sagte der norwegische Finanzminister Sigbjørn Johnsen gegenüber der Presse: »Unser Ethikrat hat Samling

Global untersucht und ist zum Schluss gekommen, dass die Aktivitäten der Firma in den Regenwäldern von Sarawak und Guyana zu illegaler Abholzung und schweren Umweltschäden beitragen. Ich habe deshalb beschlossen, der Empfehlung des Ethikrats zu folgen und die Firma aus dem Portfolio des staatlichen Pensionsfonds auszuschließen.«[5]

Der Fall Samling ist ein besonders anschauliches Beispiel dafür, wie internationale Banken vor den sozialen und ökologischen Folgen ihrer Geschäfte die Augen verschließen, wenn das schnelle Geld winkt. Das wirkt sich auf den Regenwald verheerend aus. Denn ohne das Know-how und die Reputation großer globaler Finanzdienstleister wie Credit Suisse und HSBC hätten die Tropenholzkonzerne nie denselben Zugang zu den internationalen Kapitalmärkten. Doch das Geschäft mit den Holzbaronen ist attraktiv und hoch lukrativ für westliche Banker – seien sie nun an der Wall Street, in der City of London oder am Zürcher Paradeplatz stationiert. Die britische Organisation Global Witness schätzt, dass allein HSBC im Geschäft mit Sarawaks sieben größten Holzfirmen seit Ende der 1970er-Jahre 130 Millionen US-Dollar verdient hat.[6]

Samling sorgte in der Finanzwelt noch aus einem anderen Grund für Aufsehen. Die Eigentümerfamilie Yaw investierte ihre riesigen Gewinne aus dem weltweiten Tropenholzgeschäft nicht nur in den Holzkonzern, sondern auch in andere Branchen, namentlich den Immobiliensektor SIEHE KAPITEL 8. Chee Siew Yaw, ein Sohn des Firmengründers, lebte von 1986 bis 2006 in Kalifornien, wo er in kürzester Zeit zu einem wichtigen Player in der Immobilienbranche wurde. Die von ihm gegründete SunChase Holdings war bald an den größten Immobiliendeals an der US-Westküste beteiligt und erwarb von der US-Regierung Immobilien für über 2 Milliarden US-Dollar. Mountain House, eine seit 2001 gebaute Planstadt in Nordkalifornien mit heute knapp 10 000 Einwohnern, war ein Projekt von SunChase Holdings. Die Stadt wurde später als eines der Epizentren der Subprime-Hypothekarkrise von 2008 bekannt.[7]

Das Immobiliengeschäft der Samling-Eigentümer steht unter akutem Korruptionsverdacht: So enthüllte *Sarawak Report,* dass Chee Siew Yaw Anfang der 1990er-Jahre zwei herrschaftliche Villen in Seattle im Wert von 9,6 Millionen US-Dollar der Taib-Familie schenkte.[8] Fragwürdig ist auch die 15-prozentige Beteiligung der Taib-Familie an einem Immobilienpark der Yaws in Malaysia: Die luxuriöse Desa Parkcity im Westen von Kuala Lumpur ist mehrere 100 Millionen Ringgit wert.[9] Waren diese großzügigen Geschenke und Beteiligungen eine Gegenleistung für Taibs Gewährung von Holzkonzessionen an Samling? – Beide Parteien hüllen sich darüber in Schweigen.

MILLIONENSCHECKS FÜR DIE UBS

Um Korruption im Tropenholzgeschäft geht es auch bei den Geschäften der UBS mit Musa Aman, dem Chief Minister des malaysischen Bundesstaates Sabah. Alles begann am 11. April 2006, als der junge Malaysier Michael Chia (alias Chia Tien Foh), ein Strohmann von Musa Aman, die Filiale der Schweizer Großbank im Finanzdistrikt von Singapur betrat. Chia trug an diesem denkwürdigen Dienstag elf Schecks im Wert von 15 Millionen US-Dollar in der Tasche. Er fuhr mit dem Lift bis in den 18. Stock des UBS-Gebäudes am Temasek Boulevard und verlangte seinen Kundenberater. Der Businessmann und sein Banker verschwanden hinter einer Tür im gekühlten Sitzungszimmer. Eine halbe Stunde später war die Sache geritzt: Chias Schecks trugen jetzt einen sauberen frischen Stempel »UBS AG. Singapore Branch. Reception« sowie die Unterschrift des Bankangestellten. Zwei Tage später wurden Chias Bankkonten bei der Niederlassung der Schweizer Großbank in Hongkong die 15 Millionen gutgeschrieben.[10] Auf jeder Seite seines UBS-Kontoauszugs war unten in kleinen Buchstaben zu lesen: »Incorporated in Switzerland with limited liability« (Eingetragen in der Schweiz mit beschränkter Haftung). – Die Korruption in Malaysia und das Schweizer Bankgeschäft stehen in direktem Zusammenhang.

Michael Chia ist die Schlüsselperson einer Geldwäscherei-Affäre, die zu umfangreichen Ermittlungen der Antikorruptionsbehörden und der Justiz in Hongkong, Malaysia und der Schweiz führte.[11] Über 90 Millionen US-Dollar Schmiergelder aus dem malaysischen Tropenholzgeschäft sind mutmaßlich allein in den Jahren 2006 und 2007 über Konten der UBS in Singapur, Hongkong und Zürich geflossen.[12] Doch dies ist vermutlich nur die Spitze des Eisbergs. An den komplexen Transaktionen waren neben der UBS auch die britische HSBC sowie die traditionsreiche Singapurer OCBC Bank beteiligt. Aufgrund einer Strafanzeige des Bruno Manser Fonds eröffnete die schweizerische Bundesanwaltschaft am 29. August 2012 ein Strafverfahren gegen die UBS und gegen Unbekannt wegen des Verdachts auf Geldwäscherei und wegen mutmaßlicher Verstöße gegen die gesetzliche Sorgfaltspflicht der Banken.[13]

Auftraggeber der Scheckaffäre bei der UBS war Chief Minister Musa Aman. Wie in Sarawak entscheidet auch im benachbarten Sabah der Regierungschef abschließend über die Vergabe von Holzkonzessionen und Exportgenehmigungen. Und wie in Sarawak bereichert sich auch in Sabah in erster Linie der Regierungschef an der Abholzung des Regenwaldes. Musa ist der Bruder von Malaysias Außenminister Anifah Aman, und seine Ehefrau ist praktischerweise mit der Frau des malaysischen Bundesanwalts Abdul Ghani Patail verschwägert. De facto bedeutet das eine Garantie für strafrechtliche Immunität im clanartig organisierten Politikermilieu von Malaysia.

TOP-SERVICE FÜR DIE HOLZMAFIA

»Musa Aman hat bei seinem Kollegen Taib in Sarawak abgeschaut, wie er sich mit der Abholzung bereichern konnte«, sagt ein Kronzeuge. »Der wichtigste Unterschied ist, dass Musa erst seit 2003 im Geschäft ist, Taib aber schon seit über drei Jahrzehnten. Taib hat diese Zeit genutzt, um sein Korruptionssystem zu perfektionieren. Und er kontrolliert in Sarawak viel größere und wertvollere Wälder, weil in Sabah schon vor Jahrzehnten das meiste Holz geschlagen wurde.«

In einem dünnen Baumwollhemd, ohne Jacke, trotzt der Zeuge dem kalten Novembernebel in der Altstadt von Bern. Der Mittdreißiger, nennen wir ihn Ling, ist soeben von der Bundesanwaltschaft vernommen worden. Er hat den Schweizer Ermittlern angeboten, ihnen die Rolle der UBS in der Geldwäscherei-Affäre zu erläutern. »Nein, nein, das geht schon; ich habe schon Ärgeres erlebt«, wehrt er meine Frage ab, ob er sich für seinen kurzen Besuch in der Schweiz keine wärmeren Kleider kaufen wolle. Immerhin kann man so die Rolex an seinem Handgelenk gut sehen.

Im Berner Kursaal angekommen, nimmt Ling ein selbst gezeichnetes Schema zur Hand, um die Transportwege des Tropenholzes und die damit verbundenen Geldflüsse zu erklären. Rechtsprofessorin Monika Roth, die als Anwältin den Bruno Manser Fonds im Fall UBS vertritt, die Journalistin Clare Rewcastle und ich hören aufmerksam zu. Wir schreiben den 20. November 2012.

Weil Ling selbst im Holzgeschäft tätig war, kennt er jedes Detail. »Ich kann euch das von Politikern, Holzfirmen und Bankern erfundene System von Korruption und Geldwäscherei genau erklären. Das Holzbusiness funktioniert überall in Südostasien nach den gleichen Prinzipien. Die allererste Möglichkeit zur Korruption besteht bei der Vergabe der Holzkonzessionen. Potentaten wie Musa und Taib lassen keine Gelegenheit aus, Schmiergelder einzufordern, und die Konzessionsvergabe ist eine der besten Möglichkeiten.«

Hier kassieren die Politiker Millionen einzig für eine Unterschrift – Geld, das für einen Holzunternehmer über Sein oder Nicht-Sein entscheidet. Denn wer keine staatlichen Konzessionen erhält, wird in Malaysia nie Holz ernten und verarbeiten. Wer nicht bereit ist zu bestechen, hat unter solchen Umständen kaum eine Möglichkeit, ins Holzgeschäft zu kommen. Das sagt viel aus über eine Branche, die von ihren engen Beziehungen zur Politik lebt. Und die zusammen mit den korrupten Regierungen die Hauptverantwortung trägt für die rücksichtslose Zerstörung der Tropenwälder Südostasiens. Im Gegenzug für die Bezahlung üppiger Schmiergelder drücken Regierungen und Polizei nämlich beide Augen zu, wenn die Holzkonzerne zu große Holzmengen und geschützte Hölzer schlagen oder anderweitig gegen die Waldgesetze verstoßen.

»Eine nächste Möglichkeit zur Korruption besteht beim Holztransport aus den Wäldern im Landesinnern zum Exporthafen an der Küste. Der Transport im LKW ist teuer und gefährlich«, sagt der Zeuge. »Für größere Mengen benutzen die Holzunternehmen Fähren, deren Betrieb staatlich bewilligt werden muss. Auch hier machen die Politiker die hohle Hand.«

UBS-Kunde Michael Chia, der Mittelsmann von Musa, war auch mit diesem Geschäft vertraut: Sein Vater hatte von Musa bereits 1997 ein Monopol für den Holzfährenbetrieb auf verschiedenen Flüssen von Sabah erhalten – eine Goldgrube, wie fast jedes Monopol.[14] Auch die Genehmigungen für die nächste Transportstufe, den Export ins Ausland, lässt sich Musa Aman versilbern – so wie Onn Mahmud, der Bruder von Taib, der gegen Cash Exportgenehmigungen erteilt SIEHE KAPITEL 5.[15]

»Mit dem Export unserer Stämme zur Verarbeitung in Länder wie Japan, China, Korea und Taiwan fließt viel Geld aus dem Land ab und kommt nicht mehr zurück«, fährt Ling fort. »Unsere Holzkonzerne stellen gefälschte Lieferscheine mit zu tiefen Beträgen aus, damit sie in Malaysia keinen Gewinn machen. Die Rechnungen mit den wahren Beträgen lassen sie sich an Tarnfirmen in Hongkong und Singapur bezahlen. Von dort aus gehen die Schmiergeldzahlungen direkt auf die ausländischen Bankkonten der malaysischen Politiker. So wird das Korruptionsgeld in Malaysia selbst gar nicht sichtbar.«

Unsichtbar in Malaysia, dafür umso sichtbarer auf den Bankkonten im Ausland. Genau so funktionieren Korruption und Geldwäscherei im Tropenholzgeschäft, und genau deshalb spielen die internationalen Banken eine Schlüsselrolle. Schätzungen der Weltbank beziffern die illegalen Erträge aus dem globalen Holzgeschäft auf jährlich 10 bis 15 Milliarden US-Dollar – Geld, das den Volkswirtschaften der Holz-Herkunftsländer systematisch entzogen wird.[16]

»Die UBS ist nur eine von vielen Banken, die sich an diesem Geschäft beteiligt haben«, sagt Ling. »Alle in Südostasien tätigen internationalen Banken kennen dieses Business, und viele haben davon profitiert.« Und dann fügt er an: »Ich sage das ungern, aber die UBS hat uns einen hervorragenden Service geboten.«

DER FALL UBS–MUSA AMAN

Quelle: BMF 2013

Ling erklärt, wie Michael Chias Kundenberater und dessen Chef bei der UBS in Singapur von Anfang an gewusst hätten, dass Chias Geld nicht sauber war. Zuvor waren Chias Geschäfte über die HSBC-Filiale in Singapur gelaufen, doch dann wurde es HSBC zu heiß und Chia wurde aufgefordert, seine Konten zu schließen. Die UBS empfing den Statthalter von Potentat Musa mit offenen Armen.

Die Bestechungsgelder der Holzfirmen kamen in Tranchen von einigen 100 000 Dollar und teilweise mit dem Vermerk »Deposit for Logging Concession« (Depot für Holzkonzession), manchmal wurden aber auch 2 Millionen Dollar auf einen Schlag überwiesen. Chia sorgte dafür, dass die Beträge auf seinen verschiedenen Konten nicht zu hoch und auffällig wurden, und verschob das Geld über ein kompliziertes Geflecht von Firmen und Komplizen weiter – alle mit Konten bei der UBS in Hongkong. Die zur Tarnung benötigten Firmen mit Sitz in der Karibik (auf den Britischen Jungferninseln) und klingenden Namen wie CTF International, Blisstop und Zenique Investment organisierte ihm die UBS gleich selbst.

Endstation der Transaktionen von insgesamt über 90 Millionen US-Dollar waren Musa Amans persönlicher Anwalt Richard Barnes sowie je ein persönliches Konto von Musa bei der UBS in Hongkong und in Zürich.[17] Die UBS hätte Musa und seinen Anwalt als »politisch exponierte Personen« (PEPs) erkennen und die Annahme dubioser Gelder verweigern müssen, unternahm aber offenbar nichts. Dies sollte sich für die Schweizer Großbank, die sich im gleichen Zeitraum auch an der Manipulation des Libor-Zinssatzes und illegalen Geschäften in den USA und in Frankreich beteiligte, im Schweizer Strafverfahren gegen sie noch rächen.

Musas Geld hatte zu diesem Zeitpunkt die UBS allerdings längst verlassen und soll, wie Insider wissen wollen, inzwischen bei einer holländischen Bank angelegt worden sein.

DAS DUNKLE GEHEIMNIS DER DEUTSCHEN BANK

Kurz nach seiner Rückkehr aus Malaysia eröffnete Bruno Manser 1992 ein Konto bei der Deutschen Bank in Lörrach, einen Steinwurf von der Schweizer Grenze bei Riehen entfernt. Ziel des Kontos war, Gönnerinnen und Gönnern aus Deutschland das Spenden zu erleichtern. Zwölf Jahre lang unterhielt der Bruno Manser Fonds dieses Spendenkonto; der Verkehr mit der Lörracher Filiale war immer freundlich. Die Kontonummer wurde mit jedem Spendenaufruf des Bruno Manser Fonds und im Internet publiziert.

Der Brief der Deutschen Bank liegt Mitte Oktober 2004 im Briefkasten des Bruno Manser Fonds. Ich denke nichts Böses, als ich ihn zu lesen beginne. Doch die Mitteilung des Finanzinstituts überrascht: »Aufgrund Nr. 19 Abs. 1 unserer Allgemeinen Geschäftsbedingungen (AGB) haben wir das Recht, die gesamte Geschäftsverbindung zu Ihnen jederzeit zu kündigen. Hiervon machen wir Gebrauch und kündigen Ihr Konto zum 19.11.2004. Bitte richten Sie sich mit Ihren Dispositionen darauf ein, dass wir ab diesem Zeitpunkt keine Bankgeschäfte mehr für Sie besorgen werden […].«[18]

Erstaunt frage ich bei der Deutschen Bank telefonisch nach, um die Gründe für die Kündigung in Erfahrung bringen. Es muss sich wohl um einen Irrtum handeln. Der zuständige Angestellte in Lörrach gibt sich unverbindlich. Es gebe da neue Vorschriften der EU, die Vereinen aus dem Ausland nicht mehr erlaubten, Konten bei ihnen zu unterhalten. Auf meine Frage, welche Vorschriften das seien, kann er keine Auskunft geben. »Fragen Sie doch beim Private Banking in Duisburg nach. Die sind da zuständig«, sagt er kurz angebunden und gibt mir die Nummer durch. Das Private Banking soll für ein Vereinskonto mit einigen hundert Euro zuständig sein, in einem Institut, das Vermögen in Milliardenhöhe verwaltet? Das scheint doch etwas übertrieben.

Der Herr vom Private Banking in Duisburg hört sich mein Anliegen höflich an, fragt in seinem Computer die Kontonummer ab, um dann nur zu kommentieren. »Ich kann Ihnen über die Hintergründe dieser Kontoauflösung leider keine Auskunft geben.«

»Gibt es denn einen Grund für die Kündigung?«, will ich wissen.

»Ja, es gibt einen Grund. Aber niemand wird Ihnen den Grund nennen.«

Jetzt wird die Sache langsam spannend. Es gibt einen Kündigungsgrund, aber der Kunde darf ihn nicht kennen. Weshalb gilt der Bruno Manser Fonds für die Deutsche Bank plötzlich als unerwünschter Kunde? Wurde Umweltaktivist Bruno Manser etwa auf eine schwarze Liste gesetzt? War das eine verspätete Auswirkung der Terroranschläge in den USA vom 11. September 2001, als die Bankengesetze weltweit verschärft wurden? Oder hatte die Regierung von Malaysia Druck auf die Deutsche Bank ausgeübt, um den Schweizer Störenfried loszuwerden?

Die Intervention in Duisburg hat immerhin eine Fristverlängerung ergeben, welche dem Bruno Manser Fonds erlaubt, ein neues Konto bei der Deutschen Postbank in Nürnberg zu eröffnen, was problemlos möglich ist. Von den angeblichen neuen EU-Vorschriften weiß dort niemand etwas.

Um Klarheit zu schaffen, beschließe ich, beim Hauptsitz der Deutschen Bank in Frankfurt schriftlich zu protestieren. Joe Ackermann, der Schweizer Konzernvorsitzende, erhält eine Kopie des Schreibens. Wie jeder andere Schweizer kennt auch Ackermann den Namen Bruno Manser und die gemeinnützige Tätigkeit des Bruno Manser Fonds. Spätestens sein 60-tägiger Hungerstreik vor dem Bundeshaus in Bern brachte Manser in der Schweiz zu nationaler Bekanntheit.

Kurz vor Weihnachten schreibe ich im Namen des Bruno Manser Fonds an Deutschlands größte Bank: »Wir sind uns im Klaren darüber, dass die Deutsche Bank innerhalb des Finanzsektors zu den größten ausländischen Investoren in Malaysia gehört und zurzeit intensiv daran arbeitet, ihre Marktstellung in Südostasien weiter auszubauen. Leider können wir aufgrund dieser Tatsache nicht ausschließen, dass bei Ihrem Entscheid, unser Konto zu kündigen, auch politische Erwägungen eine Rolle gespielt haben.«

Von der Frankfurter Zentrale kommt postwendend ein ganz freundlicher Brief zurück – adressiert an den bereits seit vier Jahren verschollenen Bruno Manser. Man werde sich der Sache annehmen und danke »auch im Namen von Dr. Ackermann.« Zwei Wochen später schickt die

Deutsche Bank ihren abschließenden Bescheid: »Es bedarf keiner Begründung, wenn wir unser Kündigungsrecht ausüben. Für die Zusammenarbeit in den zurückliegenden Jahren möchten wir uns bei Ihnen bedanken. […] Wir wünschen Ihnen alles Gute für das neue Jahr.«[19]

OFFSHORE-DEALS AUF DER TROPENINSEL

Zum Zeitpunkt des Briefwechsels mit der Deutschen Bank weiß ich noch nicht, dass diese der Taib-Regierung gerade einen Kredit von 135 Millionen US-Dollar zugesprochen hat.[20] Und ein halbes Jahr später wird sie für Taib auf dem malaysischen Offshore-Finanzplatz Labuan eine hoch profitable Staatsanleihe von 600 Millionen US-Dollar auflegen.[21] Die Organisation der Anleihen für die Taib-Regierung bedeutet viel schnell verdientes Geld für die Investmentbanker aus Frankfurt. Da möchte wohl niemand Taib die Laune verderben und für den von seinem Gegenspieler gegründeten Verein ein unbedeutendes Spendenkonto führen.

Labuan, die acht Kilometer vor der Nordküste Borneos gelegene Tropeninsel, ist mit dem Expressboot in einer kurzen Fahrt zu erreichen. Die ehemalige britische Kronkolonie war lange ein verschlafener Inselstaat, der außer ein paar Tauchtouristen kaum Besucher anzulocken vermochte. Dann hatte 1990 Malaysias Premierminister Mahathir Mohamad die Idee, Labuan zu einem Offshore-Finanzplatz zu machen, auf dem die Finanzindustrie nur minimal reguliert ist. Seither haben fast alle großen Banken in Labuan Niederlassungen eröffnet – neben der Deutschen Bank auch die UBS, die Credit Suisse, HSBC, Goldman Sachs, Citibank und viele andere. Und Taib erhielt vor seiner Haustür einen Finanzplatz, auf dem er mit den großen Namen der internationalen Finanzindustrie direkt und praktisch unkontrolliert Geschäfte treiben konnte.

Viele dieser Banken tauchen in den weltweiten Finanzgeschäften der Taibs wieder auf. So waren neben der Deutschen Bank auch die UBS und Goldman Sachs mit von der Partie im Geschäft mit den Sarawak-

Staatsanleihen. Im Dezember 2004 legte die UBS für Taib in Labuan und Luxemburg eine Anleihe über 350 Millionen US-Dollar auf.[22] In den Jahren 2011 und 2012 platzierte Goldman Sachs für die Taib-Regierung zwei Anleihen von je 800 Millionen US-Dollar auf dem Finanzmarkt.[23] Laut dem *Wall Street Journal* soll Goldman Sachs allein mit der ersten dieser beiden Anleihen über 50 Millionen US-Dollar verdient haben. Malaysische Regierungsanleihen zählen für die US-Bank mittlerweile zu einem ihrer lukrativsten Geschäftsbereiche.[24]

Die »Sarawak Corporate Sukuk« genannte Anleihe der UBS aus dem Jahr 2004 diente der Taib-Regierung unter anderem dazu, die Produktionsanlagen des defizitären Halbleiterproduzenten 1st Silicon in Kuching zu erwerben.[25] 1st Silicon wurde zwei Jahre später an den deutschen X-Fab-Konzern verkauft, wobei der Staat Sarawak geschätzte 2,5 Milliarden Ringgit (830 Mio. CHF) verloren haben soll. Als der oppositionelle Parlamentarier Chong Chieng Jen 2010 im Regionalparlament von Sarawak kritische Fragen zum 1st-Silicon-Deal stellte, wurde er vom Speaker kurzerhand suspendiert.[26]

Chong, ein jugendlich wirkender Anwalt aus Kuching, verfolgt die Finanzgeschäfte der Taib-Regierung schon seit Jahren mit kritischen Augen. Seit 2004 vertritt der quirlige Politiker den Wahlkreis Kuching im Parlament in Kuala Lumpur; 2006 wurde er für die Democratic Action Party (DAP) ins Regionalparlament von Sarawak gewählt. Chong ist auch Vizepräsident der DAP Malaysia, die ein sozialdemokratisches Programm vertritt. Die Partei mit der roten Rakete als Symbol hat sich dem Kampf gegen die Korruption verschrieben. Da ist klar, dass Taibs Griff in die Staatskasse der DAP schon seit Längerem ein Dorn im Auge ist.

Anfang 2013 enthüllte die DAP, dass die Taib-Regierung innerhalb von acht Jahren über 11 Milliarden Ringgit (3,6 Mrd. CHF) in einem geheimnisvollen Fonds verschwinden ließ, hinter dem die Opposition Unternehmen und Tarnorganisationen des Taib-Clans vermutet. Gegenüber dem Regionalparlament von Sarawak gab Finanzminister Taib nur die ganz allgemeine Erklärung ab, dass diese Fonds der »Entwicklung« von Sarawak dienten.

»Die Geheimhaltung der Mittelverwendung widerspricht den Grundprinzipien der parlamentarischen Demokratie«, kommentierte der Oppositionelle Chong.[27] Bereits 2009 kritisierte die DAP, dass die drei von Taib geleiteten Ministerien zusammen die Hälfte aller Staatsausgaben kontrollieren, während sich die übrigen zehn Minister den Rest teilen.[28] Solange keine Transparenz herrscht, ist davon auszugehen, dass ein wesentlicher Teil dieser Mittel in den Taschen von Taib, seiner Familie und seinen politischen Verbündeten landet, welche ihre illegal erworbenen Vermögen nicht nur in Malaysia, sondern weltweit im Finanz- und Immobiliensektor anlegen.

Dass gigantische Summen aus der Volkswirtschaft von Malaysia abgezogen werden, bestätigt Global Financial Integrity, eine NGO mit Sitz in Washington, D.C., die sich für transparente Kapitalmärkte und eine Eindämmung der Kapitalflucht aus Entwicklungs- und Schwellenländern einsetzt. Die Organisation schätzt, dass in den Jahren 2001 bis 2010 rund 285 Milliarden US-Dollar Schwarzgeld aus Malaysia in die internationalen Kapitalmärkte flossen. Damit belegt Malaysia in der Kapitalflucht weltweit den dritten Rang nach den ungleich größeren Volkswirtschaften China und Mexiko.[29] Nur ein Teil dieses Geldes stammt aus Sarawak. Doch der Anteil ist offenbar groß genug, um internationalen Banken als äußerst attraktiv zu erscheinen.

PECUNIA NON OLET

Eine besonders enge Verbindung mit der Taib-Familie ist die Deutsche Bank über die malaysische Finanzgesellschaft K & N Kenanga Holdings eingegangen. Kenanga ist der malaysische Name der jasminartig duftenden tropischen Blütenpflanze *Cananga odorata* (Ylang-Ylang), deren Duftstoff so berühmten Parfümkreationen wie Coco Chanels Chanel N° 5 zugrunde liegt. Der Zweck der Kenanga-Gruppe ist allerdings weit profaner: Ihre Aktivitäten drehen sich ausschließlich um Geld und dessen

Vermehrung. *Pecunia non olet,* sagten die Römer vom Geld. Und in der Tat: Weder duftet noch stinkt es.

Größte Aktionärin der K & N Kenanga-Holdings – ihr Aktienkapital beträgt 612 Millionen Ringgit (204 Mio. CHF) – ist die Taib-Firma CMS Capital mit einem Aktienanteil von 25,1 Prozent. Die Deutsche Bank hält 13,8 Prozent der Kenanga-Aktien über ihre Tochter Deutsche Asia Pacific Holdings in Singapur. Im Aufsichtsrat sitzen unter anderem Taibs Schwiegersohn Syed Ahmad Alwee Alsree, der CMS-CEO Richard Curtis sowie drei gegenwärtige und ehemalige Manager der Deutschen Bank.[30]

Eine Tochter der Gruppe, die Kenanga Deutsche Futures, ist als Broker im Aktienhandel an der malaysischen Börse tätig – die Deutsche Bank hält daran 37 Prozent.[31] Auch das klassische Bankgeschäft zählt zu den Aktivitäten der Kenanga-Gruppe. Ende 2011 verwaltete Kenanga über 2,5 Milliarden Ringgit (830 Mio. CHF) an Kundengeldern.[32]

In jüngster Zeit verstärkte Kenanga ihre Aktivitäten im Investment Banking und gründete Tochtergesellschaften in Sri Lanka, Vietnam und Saudi-Arabien. Kenanga beteiligte sich auch an der Mittelbeschaffung für Taibs Lieblingsprojekt in Sarawak, den Bau von zwölf neuen Staudämmen im Rahmen von SCORE (Sarawak Corridor of Renewable Energy) SIEHE KAPITEL 9. 2011 beschaffte Kenanga auf dem Kapitalmarkt 2,5 Milliarden Ringgit (830 Mio. CHF) für Sarawak Energy, den staatlichen Elektrizitätskonzern der Taib-Regierung und Auftraggeber für den Bau der umstrittenen Staudämme.[33] Die Deutsche Bank meidet die Öffentlichkeit zu solch hoch sensiblen Projekten: Medienanfragen und einen Brief der deutschen Gesellschaft für bedrohte Völker ließ der Frankfurter Konzern unbeantwortet.

Dass die Deutsche Bank in Malaysia mit Kenanga ein Finanzinstitut stützt, das maßgeblich der Taib-Familie gehört, und für Projekte der Taib-Regierung die Finanzen beschafft, erscheint als äußerst fragwürdig. Es stellt sich auch die Frage, ob die Kenanga-Gruppe nicht an der Geldwäscherei unrechtmäßig erworbener Vermögen der Taibs beteiligt ist. Pikantes Detail am Rande: Wegen Verstößen gegen die malaysische Geldwäscherei-Gesetzgebung kassierte Kenanga Deutsche Futures 2011 von der Börsenaufsicht in Kuala Lumpur eine Buße in der Höhe von 200 000 Ringgit (66 000 CHF).[34]

Auch eine andere Geschäftsbeziehung der Deutschen Bank zur Taib-Familie bleibt mangels Kooperation aus Frankfurt vorerst ungeklärt: Verschiedene Taib-Immobilien in den USA werden laut Whistleblower Ross Boyert über eine auf der britischen Kanalinsel Jersey domizilierte Gesellschaft namens Sogo Holdings gehalten.[35] Auch bei einem 20-Millionen-Dollar-Darlehen an die Immobiliengruppe Sakto in Kanada SIEHE KAPITEL 1 war Sogo Holdings mit von der Partie.[36] Die Aktien der Sogo Holdings in Jersey lauten alle auf Offshore-Trusts der Deutschen Bank: Ein Drittel hält die Deutsche-Bank-Tochter der Nachbarinsel Guernsey, zwei Drittel die Deutsche Bank International Trust Co auf den Cayman Islands in der Karibik.[37]

Auf Intervention des Bruno Manser Fonds bei der Deutschen Bundesregierung nahm die deutsche Bankenaufsicht BaFin (Bundesanstalt für Finanzdienstleistungsaufsicht) 2011 die Beziehungen der Deutschen Bank zur Taib-Familie unter die Lupe.[38] Die Prüfung bezog sich »auf die Beachtung der nach dem Geldwäschegesetz vorgeschriebenen Sorgfaltspflichten« sowie »der internen Sicherungsmaßnahmen durch das Kreditinstitut« und ergab, dass »keine Anhaltspunkte für ein aufsichtsrechtliches Einschreiten« durch die BaFin bestanden.[39]

FRANKFURTER WÜRSTCHEN MIT SENF

Um mehr über die Beziehung der Deutschen Bank zur Taib-Familie zu erfahren, kauft der Bruno Manser Fonds im Frühjahr 2013 einige Aktien der Deutschen Bank. Als Aktionäre können wir an der Hauptversammlung teilnehmen und dort Fragen direkt ans Topmanagement richten. Am Morgen des 23. Mai 2013 ist es so weit: Mutang Urud und ich tragen uns in der Festhalle der Frankfurter Messe in die Rednerliste ein, um vom Deutsche-Bank-Management Rechenschaft über die Taib-Geschäfte zu verlangen. Natürlich interessiert mich auch zu wissen, warum das Konto des Bruno Manser Fonds geschlossen worden ist und ob wir neun Jahre später jetzt wieder ein Spendenkonto bei der Deutschen Bank eröffnen können.

Zum Mittagessen gibt es Frankfurter Würstchen mit Senf und Kartoffelsalat. Die schmecken ganz ordentlich. Auf weißen Stofftischtüchern stehen blaue Briefbeschwerer in der Form des Deutsche-Bank-Logos. Hunderte von grauhaarigen Kleinaktionären bevölkern das Buffet.

Nach sechsstündigem Warten – die Reihen in der Festhalle haben sich schon arg gelichtet – werden Mutang und ich endlich ans Rednerpult vorgelassen. Vier Minuten Zeit haben wir, um unser Anliegen vorzutragen, dann schaltet der Versammlungsleiter das Mikrofon aus. Kurz darauf nimmt der Co-Vorsitzende Jürgen Fitschen zu unseren Fragen Stellung. Seine Antwort ist höflich, wenig aussagekräftig und beschränkt sich auf Allgemeinheiten. Mehr habe ich eigentlich nicht erwartet, doch wichtiger ist die juristische Konsequenz unseres Auftritts: Niemand kann jetzt noch behaupten, dass die Deutsche Bank mit der Taib-Familie »im guten Glauben« und ohne Kenntnis unserer Korruptionsvorwürfe Geschäfte betreibt.

Aussagekräftiger ist eine E-Mail der Deutschen Bank, die uns einige Tage später erreicht. Sie beantwortet eindeutig die Frage, ob der Bruno Manser Fonds wieder ein willkommener Kunde sei:

Betreff: Wiederaufnahme der Geschäftsbeziehungen
Datum: 27. Mai 2013 13:35:26 MESZ
An: info@bmf.ch
Classification: Confidential

Sehr geehrter Herr Dr. Straumann,
vielen Dank für Ihre Anfrage bzgl. der Wiederaufnahme einer gemeinsamen Geschäftsbeziehung.
Jedoch muss ich Ihnen mitteilen, dass wir, die Deutsche Bank, an einer Wiederaufnahme einer Geschäftsbeziehung mit dem ›bruno manser fonds‹ nicht interessiert sind.

Ich bedauere Ihnen keine positivere Entscheidung mitteilen zu können, verbleibe jedoch
mit freundlichen Grüßen,
Kind regards,
[...]
Deutsche Bank Privat- und Geschäftskunden AG.[40]

SWISS CONNECTION?

Verwalten auch Schweizer Banken für Taib und seinen Clan Millionenvermögen? Diese Frage stellte ich mir während Jahren, seit ein Gewährsmann aus Malaysia behauptete, dass Taib Mahmud mit seinem Privatjet jeweils nach Genf zum Zahnarztbesuch fliege. Nachdem die Schweiz im Zuge des Arabischen Frühlings Anfang 2011 hohe Millionenbeträge der Herrscherfamilien von Ägypten, Tunesien und Libyen einfror, informierten wir die damalige Bundespräsidentin und Außenministerin Micheline Calmy-Rey über Gerüchte in Malaysia, wonach die UBS für die Taib-Familie Vermögenswerte verwalten soll. Zudem sei die Taib-Nichte Elia Geneid Abas (sie erhielt von ihrem Onkel 10 000 Hektar Staatsland) seit 2010 mit einem Schweizer verheiratet und pflege enge Beziehungen zur Schweiz. Der Bruno Manser Fonds forderte den Bundesrat (die Schweizer Regierung) im März 2011 deshalb auf, mögliche Taib-Vermögen in der Schweiz zu blockieren.[41]

Das gehe leider nicht, lautete die Antwort von Calmy-Rey. Zwar verfüge der Bundesrat über die Kompetenz, Potentatenvermögen zu blockieren. Doch sei dies nur sinnvoll, wenn die Aussicht bestehe, diese mittels Rechtshilfeverfahren den geschädigten Staaten zurückzugeben. »Solange jedoch die betroffenen Personen an der Macht sind, werden die notwendigen Rechtshilfegesuche kaum gestellt«, und deshalb sei auch keine richterliche Abklärung der kriminellen Herkunft solcher Gelder möglich. Doch zur aufsichtsrechtlichen Klärung unserer Vorwürfe leitete die Bundesrätin unser Schreiben an die Eidgenössische Finanzmarktaufsicht FINMA weiter.[42]

Die Nachricht, dass die Schweizer Bundespräsidentin zur Frage der Taib-Vermögen Stellung genommen hat, wurde von den Online-Medien in Malaysia aufgenommen und führte zu offiziellen Reaktionen. Im neu gewählten Regionalparlament kündigte Taib eine Erklärung an. Alle Journalisten waren gespannt, als Taib wenig überraschend verkündete, er sei nicht korrupt und habe kein Geld in der Schweiz.[43] Als direkte Folge unserer Kampagne eröffnete die malaysische Antikorruptionsbehörde MACC am 9. Juni 2011 eine Untersuchung gegen Taib.[44]

Zwei Jahre später konnte die MACC noch keine Untersuchungsresultate vorweisen. Dafür wurden aus der Taib-Familie selbst neue Vorwürfe gegen Schweizer Banken und gegen Taib erhoben.

»Mein ehemaliger Schwiegervater Taib Mahmud ist der reichste Mann Malaysias und einer der reichsten Menschen von ganz Südostasien.« Die zierliche Frau mit dem beigen Kopftuch und den rosa geschminkten Lippen legte vor dem Scharia-Gericht in Kuala Lumpur einen Eid ab, dass sie nur die Wahrheit sagen würde. Dann packte die 49-jährige Shahnaz Abdul Majid, Schwester einer berühmten malaysischen Popsängerin, so richtig aus über die Familie ihres Ex-Mannes Mahmud Abu Bekir Taib.

»Mein Ex-Mann hat 111 persönliche Bankkonten mit über 700 Millionen Ringgit (233 Mio. CHF) Guthaben in Kanada, den USA, der Karibik, Frankreich, Monaco, der Schweiz, Luxemburg, Hongkong und Malaysia. Zusätzlich gehören ihm Immobilien in Sarawak, West-Malaysia und auf der ganzen Welt. Er ist Direktor in 112 Firmen und Aktionär von 50 Unternehmen. Wenn er auf eine Auslandsreise geht, dann nur im Privatjet.«[45]

19 Jahre lang war Shahnaz Abdul Majid mit Taibs älterem Sohn Bekir verheiratet, bevor dieser mit einer blonden jungen Russin durchbrannte und sie sitzen ließ. Zuerst hoffte sie, er würde zu ihr zurückkommen. Doch dann wollte Shahnaz nur noch ihren Anteil an den Taib-Vermögen sehen und mit Bekir nichts mehr zu tun haben. Die ehemalige Direktorin des Taib-Unternehmens CMS entschied sich für eine öffentliche

Konfrontation mit der Politikerfamilie.[46] Was sie in ihrem Scheidungsprozess vor Gericht sagte, ließ die Taibs erzittern und die malaysische Öffentlichkeit staunen.

Als Abfindung für ihre Scheidung und erlittenes Leid verlangte Shahnaz von ihrem Ex-Mann zunächst 400 Millionen Ringgit (120 Mio. CHF) *mutaah* (Abschiedsgeschenk). Später senkte sie ihre Forderung auf bescheidene 100 Millionen Ringgit (30 Mio. CHF) – ein Pappenstiel für den Taib-Sohn, wie sie meinte: »Für ihn sind diese 100 Millionen gerade so viel wert wie für andere Leute 10 Cent.« Unterstützt wurde Shahnaz vom gerissenen indischen Anwalt Dr. Rafie Mohd Shafie, der seine Klientin vor Gericht im Kreuzverhör genüsslich die Details des Taib-Familienvermögens ausbreiten ließ.[47]

Shahnaz' Aussagen sandten auch Schockwellen in die Schweiz: Mit einer Motion im Schweizer Parlament verlangte der Genfer Nationalrat Carlo Sommaruga im Dezember 2012 die Einziehung der in der Schweiz befindlichen Taib-Familienvermögen.[48] Der sozialdemokratische Politiker und Anwalt doppelte mit einer Strafanzeige gegen die Taibs und die mutmaßlich beteiligten Banken nach, gestützt auf Artikel 72 des Schweizer Strafgesetzbuches. Dieser erlaubt die »Einziehung aller Vermögenswerte, welche der Verfügungsmacht einer kriminellen Organisation unterliegen«.[49] Der Bruno Manser Fonds schloss sich dieser Strafanzeige an und belieferte die Bundesanwaltschaft mit detaillierten Informationen zur Korruption der Taib-Familie. Doch die Anschuldigungen von Taibs Ex-Schwiegertochter ließen sich nicht erhärten. Abklärungen der Bundesanwaltschaft unter Einbezug der FINMA und der Meldestelle für Geldwäscherei zeigten, dass nur eine von vier angezeigten Schweizer Banken »zu zwei Personen der Taib-Familie eine Kundenbeziehung unterhalten hatte. Diese Konten wurden indessen bereits 1999 saldiert.«[50] Im Unterschied zum Fall Musa Aman eröffnete die Bundesanwaltschaft deshalb kein Strafverfahren und schloss die Angelegenheit im September 2013 mit »Nichtanhandnahmeverfügungen« ab.

UNTER DEM TAIB-REGIME WURDEN DIE HOLZBARONE AUS SARAWAK GROSS, HEUTE GEHÖREN SIE ZU DEN WICHTIGSTEN PLAYERN IM GLOBALEN TROPENHOLZ-GESCHÄFT. KONZERNE WIE RIMBUNAN HIJAU UND SAMLING SIND WELTWEIT AN ILLEGALER ABHOLZUNG BETEILIGT. IN

SPUR DER

ATEMBERAUBENDEM TEMPO ZERSTÖREN

ZERSTÖRUNG

SIE URWÄLDER IN SÜDOSTASIEN, AFRIKA, SÜDAMERIKA UND AUSTRALIEN.

08

EIN URWALD-HÄUPTLING IN DER BAHNHOFSTRASSE

Die Halskette aus Schalen von Urwaldfrüchten über der lose gebundenen Krawatte verrät den Herrn im dunklen Anzug als *toshao,* als Häuptling eines Indigenendorfes aus dem Amazonas-Staat Guyana. David Wilson ist Dorfvorsteher des 800-Seelen-Dorfes Akawini am gleichnamigen Fluss, rund 70 Kilometer nördlich der Hauptstadt Georgetown. Doch heute spricht der junge Häuptling mit den schwarzen Augen vor Journalisten in der Zürcher Bahnhofstraße, 7700 Kilometer von seiner Heimat entfernt, um sein Dorf gegen den malaysischen Holzkonzern Samling und dessen Geldgeber Credit Suisse zu verteidigen.

»Samling hat uns arglistig getäuscht«, sagt der *toshao.* »Wir haben einem pensionierten Lehrer erlaubt, bei uns einige Stämme aus dem Wald zu schlagen. Doch das Ganze war ein einziger Betrug: Seine kleine Holzfirma Interior Wood Products war eine Tarnfirma für den malaysischen Konzern Samling.«

Anfang Mai 2007 treffen sich in Zürich Ureinwohner von zwei Kontinenten: aus dem südostasiatischen Sarawak und aus dem südamerikanischen Guyana. Die Indigenenvertreter sind durch den Bruno Manser Fonds und die Gesellschaft für bedrohte Völker eingeladen worden, um die Schweizer Öffentlichkeit über die Machenschaften des malaysischen Tropenholzkonzerns Samling zu informieren. Samling wurde zwei Monate zuvor von der Credit Suisse in Hongkong an die Börse gebracht – trotz internationaler Proteste. Jetzt verlangen die Indigenen von der Schweizer Großbank eine Entschädigung von 10 Millionen US-Dollar für die Zerstörung ihres Lebensraums und den Verlust ihres Tropenwaldes wegen der Abholzungen durch Samling – eine rein symbolische Forderung, denn rechtlich haben die Ureinwohner keine Handhabe gegen die Holzfäller und ihre Schweizer Banker.[1]

»Eines Tages kam der Direktor von Interior Wood Products ins Dorf, begleitet von einigen Regierungsleuten«, erzählt *toshao* David Wilson. »Er brachte einen Vertrag mit und sagte uns, er habe das Einverständnis der Regierung, bei uns Holz zu schlagen. Dann teilte man uns in verschiedene Gruppen auf und gab uns fünf Minuten Zeit, um den Vertrag zu lesen, obwohl wir diese Juristensprache nicht verstanden.« Anschließend wurden die Bewohner von Akawini genötigt, ein Abkommen mit der Holzfirma zu unterschreiben. Wenige Tage nach Unterzeichnung des Vertrags tauchten Arbeiter von Barama, einer 100-prozentigen Samling-Tochter, mit großen Bulldozern, LKWs und Baggern in Akawini auf und begannen, den Wald abzuholzen.

»Die Arbeiter von Barama haben keinen Respekt für uns Dorfbewohner und den Dorfrat. Sie kommen ohne unser Einverständnis ins Dorf und jagen unser Wild. Wir haben sie aufgefordert, damit aufzuhören, aber sie machen trotzdem weiter. Wir baten sie, keine Brücke über den Akawini-Fluss zu bauen, der unser wichtigster Wasserweg und unsere Trinkwasserquelle ist. Aber sie haben sich nicht daran gehalten«, sagt David Wilson. »Das Resultat der Samling-Aktivität in unserem Dorf war eine Typhusepidemie. So etwas hat es bei uns in Akawini zuvor noch nie gegeben.«[2]

Mit *toshao* David Wilson sind auch der Präsident der Vereinigung der Ureinwohner von Guyana (Amerindian Peoples' Association), Anwalt

David James, und die Anthropologin Janette Bulkan aus Guyana in die Schweiz gekommen.

Der Tropenstaat an Südamerikas Atlantikküste ist mit einer Fläche von 215 000 Quadratkilometern rund fünfmal so groß wie die Schweiz, zählt aber nur 770 000 Einwohner, die hauptsächlich vom Bergbau und der Landwirtschaft leben. Wichtigste Exportprodukte sind Gold, Bauxit, Zucker und Reis.[3] Mehr als 85 Prozent der Fläche Guyanas sind von tropischem Regenwald bestanden, in dem über 1000 Baumarten, 1600 Vogelarten und 1100 weitere Wirbeltierarten vorkommen. Das Hochland von Guyana, der Guyana-Schild, zu dem auch Gebiete der Nachbarstaaten Venezuela, Brasilien, Surinam und Französisch-Guayana gehören, zählt wie Borneo zu den Gebieten mit der weltweit höchsten Biodiversität. Jaguare, Papageien und der urtümliche Hoatzin, Guyanas Nationalvogel, gehören zu den faszinierendsten Lebewesen dieser abgelegenen Urwaldregion.

Als ehemalige britische Kolonie ist das 1966 in die Unabhängigkeit entlassene Guyana der einzige englischsprachige Staat in Südamerika. Großbritannien erhielt das zuvor von den Niederlanden kolonisierte Gebiet im Vertrag von London 1814 zugesprochen. Auf die Kolonialzeit geht auch die Bevölkerungsstruktur zurück: 30 Prozent der Guyaner sind Kreolen (Afro-Guyaner), Abkömmlinge der von holländischen Siedlern zur Arbeit in den Zuckerrohrplantagen gezwungenen afrikanischen Sklaven. Nach Abschaffung der Sklaverei brachten die britischen Kolonialherren indische Arbeiter in die Plantagen. Ihre Nachfahren machen heute 43 Prozent der Bevölkerung aus, während Guyanas Indigene bis zum Beginn des 21. Jahrhunderts auf 9 Prozent der Bevölkerung reduziert wurden.[4]

Auch Janette Bulkan, heute Professorin für indigene Waldwirtschaft an der University of British Columbia in Vancouver, geht mit Samling hart ins Gericht. »Samling hält in Guyana größere Holzkonzessionen als in Malaysia, nämlich über 1,6 Millionen Hektar. Dazu operiert Samling illegal in 400 000 Hektar Wald, der an andere Firmen konzessioniert wurde«, sagt sie in Zürich.[5]

Die in einer Sägerei geborene Janette Bulkan weiß, wovon sie spricht, wenn sie den Raubbau am Regenwald anprangert. Wegen ihrer unverblümten Kritik an der Korruption in Guyana und an den Machenschaften der Holzindustrie hat sich die Wissenschaftlerin in ihrem Heimatland, wo sie im Iwokrama-Nationalpark mit den Makushi-Indigenen arbeitete, viele Feinde geschaffen.

Die Ankunft von Samling und anderen asiatischen Holzunternehmen Anfang der 1990er-Jahre krempelte die Forstwirtschaft von Guyana völlig um: »Asiatische Unternehmen profitieren von der ungenügenden staatlichen Regulierung der Waldwirtschaft«, sagt Bulkan. »Sie übernahmen unterkapitalisierte und schwach bewirtschaftete Konzessionen, sodass die asiatischen Holzfäller heute über 52 Prozent des für die Holzernte ausgeschiedenen Staatswaldes kontrollieren.«[6]

Bulkan stört sich bei unserem Treffen besonders daran, dass die Malaysier seit ihrer Ankunft im Jahr 1991 in Guyana noch keinen Dollar Unternehmenssteuern bezahlt haben, obwohl Samling aufgrund eines Direktinvestitionsvertrags mit der guyanischen Regierung verbilligtes Benzin und weitere Privilegien erhält. Durch buchhalterische Tricks wies Samling in Guyana nie einen Gewinn aus und umging so die Steuerpflicht. Das angeblich defizitäre Unternehmen wurde rasch zum größten Holzexporteur und exportierte den größten Teil des Holzes in Form von unverarbeiteten Baumstämmen nach China und Indien.[7]

Der Gipfel der Unverfrorenheit lag darin, dass sich die Samling-Tochter Barama 2006 trotz ihrer Beteiligung am illegalen Holzschlag einen wesentlichen Teil der Konzessionen in Guyana – unterstützt durch den WWF – vom Forest Stewardship Council (FSC) als nachhaltig bewirtschaftet zertifizieren ließ. Im März 2006 kündigte der WWF vollmundig einen neuen Rekord bei der Waldzertifizierung an: Die Samling-Operationen auf 570 000 Hektar Tropenwald in Guyana waren weltweit die größte Fläche an FSC-zertifiziertem Tropenwald.[8] Ausgestellt wurde das Nachhaltigkeitszertifikat durch SGS Qualifor, eine Tochtergesellschaft des Schweizer Zertifizierungsunternehmens SGS mit Hauptsitz in Genf.

Es brauchte die minutiösen Recherchen und hartnäckigen Interventionen von Janette Bulkan und ihrem Ehemann John Palmer, um nachzuweisen, dass Samling die strengen FSC-Vorgaben nicht einhielt und nie hätte zertifiziert werden dürfen. Als die FSC-Akkreditierungsstelle auf öffentlichen Druck hin die Aktivitäten von Samling in Guyana überprüfte, kam sie zu einem vernichtenden Ergebnis und suspendierte im Januar 2007 das FSC-Label von Barama.[9]

Trotz des Skandals um die missbräuchliche FSC-Zertifizierung von Samling in Guyana brachten die Credit Suisse, HSBC und die australische Bank Macquarie Securities Ltd Samling Global zwei Monate später in Hongkong an die Börse. Erst die vom Bruno Manser Fonds koordinierte internationale Kampagne gegen den Börsengang brachte die Wende. Ende Mai 2007, vier Wochen nach dem Auftritt der Delegation aus Guyana in der Schweiz, war der öffentliche Druck gegen Samling so gestiegen, dass der Holzkonzern seine Bulldozer aus dem Wald der Dörfer Akawini und St. Monica zurückziehen musste. Der Protest der Indigenen gegen die Zerstörung ihres Waldes und die Reise von *toshao* David Wilson in die Zürcher Bahnhofstraße hatten sich gelohnt.[10]

Im Oktober des gleichen Jahres hatten die illegalen Operationen von Samling in Guyana endlich politische und strafrechtliche Konsequenzen. Guyanas Präsident Bharrat Jagdeo verurteilte Barama scharf und enthüllte, dass Mitarbeiter der lokalen Forstbehörde die Gesetzesverstöße der Malaysier gedeckt hatten.[11] Schließlich kassierten Barama und einige kleinere asiatische Unternehmen Bußen von über 2 Millionen US-Dollar wegen Betrugs, illegalen Holzschlags außerhalb ihrer Konzessionen und der Fälschung von Holzexport-Dokumenten.[12] 2 Millionen Dollar sind zwar eine Menge Geld, doch für Holzkonzerne wie Samling ist das nur ein Klacks. Allein mit dem Export von 191 000 Kubikmetern Holz aus Guyana im Jahr 2006 erzielten sie mutmaßlich bis zu 5 Millionen Dollar Nettoerlös an illegalen Einkünften.[13]

Bis heute hat der Samling-Konzern die FSC-Zertifizierung seiner Tochtergesellschaft Barama in Guyana nicht wiedererlangt. 2009 wandte sich der WWF enttäuscht von dem malaysischen Unternehmen ab, das sich um keinen Preis zu einer nachhaltigen Forstwirtschaft verpflichten will.[14]

SARAWAK, DAS EPIZENTRUM DER ABHOLZUNG

Die schockierende Geschichte von Samling im Regenwald von Guyana ist keine Ausnahme, sondern die traurige Regel für das Verhalten der Holzbarone aus Sarawak. Von großen Flächen in Kambodscha, Papua-Neuguinea und Brasilien mussten sie wegen illegaler Aktivitäten schon ihre Bulldozer zurückbeordern. Rund um den Globus zieht sich durch die roten Böden des tropischen Regenwaldes eine Spur der Zerstörung. Wer dieser Spur folgt, stößt in vielen Fällen auf Verbindungen zu Taibs Holzfällerstaat. Das »Fair Land Sarawak«, einst Privatkolonie der ebenso idealistischen wie paternalistischen Brookes, ist unter Taibs Herrschaft zum globalen Epizentrum der Tropenwaldzerstörung geworden.[15]

Die britische Organisation Global Witness schätzt, dass vier Holz- und Plantagenfirmen aus Sarawak – Samling, Shin Yang, WTK und Ta Ann Holdings (alles Kunden der Bank HSBC) – weltweit auf einer Fläche von 18 Millionen Hektar (180 000 km^2) Wälder abholzen oder in Plantagen umwandeln. Dies entspricht der halben Fläche der Bundesrepublik Deutschland.[16] Dazu kommen weitere geschätzte acht bis zehn Millionen Hektar Holz- und Plantagenkonzessionen von Rimbunan Hijau, dem größten Player in der Ausbeutung des tropischen Regenwalds. Der Konzern aus Sarawak mit einem Umsatz von über einer Milliarde US-Dollar und einer Präsenz in 17 Staaten auf sechs Kontinenten hat schon lange vom reinen Holz- zum Mischkonzern diversifiziert und ist heute auch im Öl- und Gasgeschäft, im Tourismus, als Medienkonzern und in der Informatik aktiv.[17]

Die Holz- und Plantagenindustrie aus Sarawak ist weltweit führend in der Waldzerstörung – mit verheerenden Auswirkungen auf die Biodiversität und das langfristige Wohlergehen der indigenen Völker. Die Regenwälder von Äquatorialafrika? Rimbunan Hijau ist an ihrer Abholzung.[18] Die Urwaldriesen aus den Paradieswäldern von Papua-Neuguinea? Gleich drei Holzkonzerne aus Sarawak machen sie zu Kleinholz.[19] Die uralten Eukalypten von Tasmanien? Ta Ann zersägt sie zu Parkett für den japanischen Markt. Das brasilianische Amazonasbecken? WTK und KTS waren schon vor 15 Jahren hier.[20] Selbst in den dichten

Nadelwäldern der russischen Taiga dröhnen tagaus, tagein die Kettensägen der malaysischen Holzbarone. Die einstigen Kolonisierten aus Borneo sind selber zu Kolonisatoren geworden, die in ihrer Rücksichtslosigkeit den europäischen Vorbildern in keiner Weise nachstehen.

Allen diesen Unternehmen ist gemeinsam, dass sie im Potentatenstaat Sarawak groß geworden sind und dort unter Taibs Protektion ein auf Korruption, Umweltzerstörung und Missachtung der Indigenenrechte beruhendes Geschäftsmodell entwickelten, das sie äußerst effizient umsetzten und später erfolgreich rund um den Globus exportierten.

Der absolute Glaube ans Geld sowie Gleichgültigkeit gegenüber sozialer Gerechtigkeit und dem Schutz der Natur sind die Essenzen dieser Wirtschaftsform, die eine kleine Clique von Leuten extrem reich gemacht, doch den vielen von der Abholzung betroffenen Ureinwohnern Entrechtung, Entmündigung und bleibende Schäden an ihrer natürlichen Umwelt gebracht hat. Von dem versprochenen Wohlstand ist nur ein verschwindend geringer Teil bei den Waldbewohnern angekommen.

Ein Blick auf die Liste der reichsten Malaysier gibt Aufschluss, bei wem die Reichtümer aus dem Regenwald gelandet sind: Der 77-jährige Rimbunan-Hijau-Boss Tiong Hiew King ist laut Forbes 1,5 Milliarden US-Dollar schwer, der 74-jährige Samling-Gründer Yaw Teck Seng und seine Söhne Yaw Chee Ming und Yaw Chee Siew sollen zusammen 865 Millionen US-Dollar besitzen, das Vermögen von Ta-Ann-Chef Hamed Sepawi wird mit 175 Millionen US-Dollar beziffert.[21]

Diese zweifellos konservativen Schätzungen gehen nur von den öffentlich bekannten Vermögen der Holzbarone aus. Und der Mann, der all diese Magnaten durch seine Konzessionsvergaben reich gemacht und an ihren Geschäften mitverdient hat, fehlt auf der Liste. Es ist Taib Mahmud, vermutlich der reichste Mann Malaysias. Als in der Öffentlichkeit exponierter Politiker hält er sein Vermögen geheim. Der Bruno Manser Fonds schätzt es auf rund 15 Milliarden US-Dollar.[22]

MIT BIBEL UND MOTORSÄGE

Worin liegt das Erfolgsgeheimnis von Sarawaks Holzbaronen? Ein Blick auf die Biografie und den Hintergrund von Tiong Hiew King, dem erfolgreichsten Geschäftsmann seiner Zunft, ist aufschlussreich. Tiong wurde 1935 in Sibu, einer damals noch kleinen Handelsstadt am Unterlauf des Rejang, Sarawaks größtem Fluss, geboren. Wie viele Einwohner von Sibu waren auch Tiongs Eltern Anfang des 20. Jahrhunderts aus der südchinesischen Stadt Fuzhou nach Sarawak gekommen. Viele waren Christen aus dem gleichen Clan und froh, China verlassen zu können. Die ersten 1000 Immigranten aus Fuzhou trafen 1901 in Sibu ein, kurz nach Chinas »Boxeraufstand« von 1900 mit seinen schweren Ausschreitungen gegen die mit westlichen Missionaren verkehrenden chinesischen Christen.[23]

Raja Charles Brooke waren die chinesischen Siedler zur Entwicklung des fruchtbaren Landes am Rejang sehr willkommen. Er bezahlte ihnen die Reisekosten nach Sarawak, schenkte jedem Erwachsenen einen Hektar Land und lieh ihnen aus der Staatskasse 30 Sarawak-Dollar, die innerhalb von fünf Jahren zurückbezahlt werden mussten.[24] Die Investition des Rajas hat sich gelohnt: Nachfahren von Sibus chinesischen Immigranten wurden später zu den erfolgreichsten Geschäftsleuten Malaysias; Sarawaks Fuzhou-Community ist in 100 Jahren auf 120 000 Personen angewachsen. Auch bei der Waldzerstörung spielen die Geschäftsleute aus Sibu eine führende Rolle: Fünf der sechs größten Holz- und Plantagenkonzerne aus Sarawak werden von Fuzhou-Chinesen geleitet.[25]

Tiong Hiew King wuchs in einfachen Verhältnissen in einem Dorf unterhalb von Sibu auf, wo seine Eltern einen Landwirtschaftsbetrieb mit Reisanbau und einer kleinen Kautschukplantage betrieben. Er absolvierte zuerst die methodistische Missionsschule, dann die katholische Sacred Heart School, bevor er im Holzbusiness seines Onkels Wong Tuong Kwang, dem Gründer von WTK, seine erste Stelle fand.

1975 stieg Tiong aus dem Geschäft seines Onkels aus und gründete sein eigenes Holzunternehmen, das er sinnigerweise Rimbunan Hijau (»für immer grün«) nannte.[26]

Zu dieser Zeit machte Tiong eine einschneidende Erfahrung: Der damalige Regierungschef Rahman Ya'kub (Taibs Onkel) ließ ihn verhaften und für einige Wochen ins Gefängnis setzen. Rahman warf Tiong kommunistische Sympathien vor, doch vielleicht war er ihm einfach nur zu reich und damit politisch zu gefährlich geworden. Auch einen anderen Holzunternehmer, den führenden Oppositionspolitiker James Wong, Chef der Limbang Trading Company, ließ Rahman damals unter einem ähnlichen Vorwand verhaften.[27]

Um nach seiner Freilassung Rahmans politische Gunst wiederzuerlangen, erniedrigte sich Tiong auf jede erdenkliche Weise. Als der Regierungschef zum Golfen nach Taiwan flog, folgte er ihm dorthin – um ihm auf dem Golfplatz den Schirm zu halten.[28] Tiong hatte seine Lektion gelernt: Ohne Politiker läuft im Holzgeschäft nichts. Sie sind immer am längeren Hebel, wenn es um Konzessionen und Bewilligungen geht. Und notfalls können sie einen sogar ins Gefängnis werfen. Also gilt es, sich mit den Politikern gut zu stellen, sie reichlich an den eigenen Gewinnen zu beteiligen und sich ihnen gegenüber stets erkenntlich zu zeigen.

Als Taib Mahmud 1981 Chief Minister wurde, zögerte Tiong deshalb nicht lange und ernannte dessen Lieblingsbruder Arip zum Verwaltungsrat von Jaya Tiasa, der börsenkotierten Tochtergesellschaft von Rimbunan Hijau. Weitere Familienmitglieder und politische Freunde von Taib durften in zwölf Gesellschaften der Rimbunan-Hijau-Gruppe Direktoren und Aktionäre werden. Taib dankte es Tiong mit der Vergabe und Erneuerung von Holzkonzessionen über 1,5 Millionen Hektar[29] – mehr als ein Drittel der Fläche der Schweiz – im Wert von über 10 Milliarden US-Dollar.[30] So wurde Tiongs Firma in nur zehn Jahren zu einem der größten Holzkonzerne von Sarawak.

Nicht nur die sorgfältige Pflege der Kontakte zur politischen Führung, sondern auch die strenge Arbeitsethik des protestantisch erzogenen Tiong beförderte seinen wirtschaftlichen Erfolg. »Wir können Tiongs Erfolg wahrscheinlich teilweise den religiösen Werten seiner Kirche zuschreiben«, sagt der ehemalige Pastor und Menschenrechtsaktivist Wong Meng Chuo, der wie Tiong der methodistischen Kirche von Sibu angehört und dessen Familie seit seiner Kindheit kennt. »Hart zu arbeiten, seine Zeit nicht zu verschwenden, sparsam zu leben und materiellen Reichtum als Zeichen göttlicher Gnade anzusehen, das ist typisch puritanisch, entspricht aber auch der chinesisch-konfuzianischen Tradition.«

Die protestantische Ethik und der Geist des Kapitalismus nannte der deutsche Soziologe Max Weber 1904 seine berühmte Abhandlung über den Zusammenhang zwischen Religion und wirtschaftlichem Erfolg. Hundert Jahre später entspricht Holzbaron Tiong Hiew King geradezu idealtypisch Webers Vorstellung des protestantischen Kapitalisten. Und er ist nicht der einzige Protestant unter den Holzbaronen. Ein Sohn von Samling-Gründer Yaw Teck Seng stiftete in Bintulu das Land für einen Kirchenbau der protestantischen Indigenenkirche Sidang Injil Borneo (SIB). Und auch auf viele andere Magnaten in Südostasien übt der Protestantismus eine fast magische Anziehungskraft aus.[31]

»Wie viele Puritaner trinkt Tiong keinen Alkohol, raucht und spielt nicht. Das erlaubte ihm, ein gutes soziales Image aufzubauen, und war so seinem Geschäft förderlich. Zudem war die Kirche – und früher die christlichen Missionare – immer auch ein wichtiges geschäftliches Netzwerk«, erläutert Pastor Wong. »Doch leider ist Tiong wie viele Christen sehr selektiv in der Wahrnehmung der religiösen Inhalte und ignoriert Werte wie soziale Gerechtigkeit und die Bewahrung der Umwelt.«[32]

PAPUA-FELDZUG

Als Ende der 1980er-Jahre klar wurde, dass die aggressive Ausbeutung der Regenwälder in Sarawak schon bald zu einem Mangel an verwertbaren Edelhölzern führen würde, begannen sich die malaysischen Holzbarone nach neuen zuverlässigen Holzquellen umzusehen. Am naheliegendsten waren die noch unerschlossenen Wälder in den benachbarten südostasiatischen Staaten, die eine besonders hohe Holzausbeute versprachen. Indonesien blieb den Malaysiern damals aus politischen Gründen verschlossen. Umso mehr konzentrierten sie ihre Aktivitäten auf die Urwälder von Papua-Neuguinea, Kambodscha, der Salomonen und anderer pazifischer Inselstaaten. Dank der fetten Gewinne aus der Abholzung von Sarawak waren die Kriegskassen der Holzkonzerne voll, um in neue Operationsgebiete zu investieren.

Sarawak trägt in seinem Wappen den Nashornvogel, Guyana den Hoatzin und Papua-Neuguinea den Paradiesvogel. Alle diese schmucken Wappenvögel sind Bewohner der tropischen Urwälder und sie alle leiden ganz direkt unter der Abholzung. 39 Arten der zu den Singvögeln zählenden Familie der Paradiesvögel leben ausschließlich in Neuguinea und den angrenzenden Regenwaldregionen. Alfred Russel Wallace, der große Erforscher der südostasiatischen Inselwelt, nannte sie »die außergewöhnlichsten und schönsten der gefiederten Bewohner der Erde«.[33] Die Männchen sind für ihre spektakulären Balztänze bekannt; ihre Federn werden von Neuguineas Ureinwohnern seit Jahrhunderten für Rituale und als Schmuckstücke benutzt.

Wie Sarawak und Guyana ist auch Neuguinea, die zweitgrößte Insel der Erde, mit seinen großen unberührten Regenwäldern einer der weltweiten Hotspots der Biodiversität. Faszinierende Tiere wie Baumkängurus, Schnabeligel und Riesenschlangen leben hier, dazu der grünlichblau schillernde Königin-Alexandra-Vogelfalter, der größte Tagfalter der Welt, mit einer Flügelspannweite von bis zu 28 Zentimetern. Allein im ersten Jahrzehnt des 21. Jahrhunderts wurden hier noch über 1000 neue Tierarten entdeckt.[34]

Einzigartig ist auch die kulturelle Vielfalt der Bevölkerung von Neuguinea, wo über 1000 indigene Sprachen gesprochen werden. Politisch ist Neuguinea zweigeteilt in das 1963 durch Indonesien annektierte West-Papua (Irian Jaya) in der Westhälfte der Insel sowie das lange durch Australien verwaltete und 1975 unabhängig gewordene Papua-Neuguinea im Osten. Papua-Neuguineas ethnische Diversität ist gleichzeitig Ursache für politische Instabilität und die schwachen staatlichen Strukturen des Inselstaats – ideale Voraussetzungen für die Ausbeutung seiner natürlichen Ressourcen durch externe Kolonisatoren.

Rimbunan Hijau begann 1989 als erster malaysischer Holzkonzern mit der Abholzung der Regenwälder in Papua-Neuguinea. Im folgenden

Jahr bescheinigte die unabhängige Untersuchung eines australischen Richters dem Land ein katastrophales Management seiner Forstressourcen und massive Korruption.[35] Tiongs Firma wurde nachgewiesen, alle Politiker des Landes, die sich ihren Interessen in den Weg hätten stellen können, systematisch gekauft zu haben.[36] Innerhalb weniger Jahre schaffte es Tiong, eine monopolartige Stellung in der Holzindustrie des Landes zu erlangen. Für seinen Feldzug nach Papua-Neuguinea benutzte er über 60 Unternehmen, von denen nur ein Teil offiziell zur Rimbunan-Hijau-Gruppe gehörte.[37] Besonders clever war 1993 die Gründung der Zeitung *The National* als eine von nur zwei englischsprachigen Zeitungen des Landes. Über die Medien konnte der Holzbaron jetzt auch politischen Einfluss auf die Öffentlichkeit nehmen – mit zunehmendem Erfolg.

Äußerst dreist ging auch Tiongs Konkurrent, Samling-Boss Yaw Teck Seng, in Papua-Neuguinea vor. Seine Firma Concord Pacific begann 1995, als angebliches Entwicklungsprojekt eine Straße vom abgelegenen Dorf Aiambak ins Städtchen Kiunga im Westen des Landes zu bauen. Der Straßenbau der Samling-Schwesterfirma entpuppte sich bald als Vorwand für illegalen Holzschlag im zuvor intakten Urwald. Nach sieben Jahren »Bauzeit« fehlten noch über 60 Kilometer Straße, dafür waren aus Tausenden von Hektaren Primärwald die wertvollsten Stämme gestohlen worden.[38] 2011 verurteilte das Bundesgericht von Papua-Neuguinea die Firma des Samling-Gründers zu einer Entschädigungszahlung in Höhe von 97 Millionen US-Dollar an die durch das Projekt geschädigten Ureinwohner – ein rarer Sieg für die Gegner der Holzkonzerne.[39]

Eine Greenpeace Studie stellte fest, dass 2005 über 80 Prozent der Holzexporte von Papua-Neuguinea durch malaysische Holzfirmen getätigt wurden. Zwei Firmen aus Tiongs Imperium allein exportierten innerhalb von fünf Monaten 435 000 Kubikmeter Tropenholz – fast die Hälfte des gesamten Holzexports des Landes.[40] Praktisch alles Holz wurde in Form von Rundholz (Baumstämmen) nach China und in andere asiatische Destinationen exportiert; die Wertschöpfung im Land selbst blieb minimal. Die Betrogenen waren die indigenen Landeigentümer, ohne deren Einverständnis in den meisten Fällen gar kein Holz hätte geschlagen werden dürfen.

Unabhängige Untersuchungen zeigten immer wieder, dass Rimbunan Hijau seit Beginn seiner Aktivitäten in Papua-Neuguinea an Korruption und illegalem Holzschlag beteiligt war. Selbst die Weltbank schätzte 2006, dass in Papua-Neuguinea 70 Prozent des Holzes illegal geschlagen wurden.[41] Doch weil weder die führenden Politiker noch die Justiz des Landes je etwas gegen die malaysischen Wirtschaftskolonisatoren unternahmen, hatte das nie Konsequenzen. Im Gegenteil: Tiong und seine Firmen werden von der korrupten Elite des Landes, die an der Waldzerstörung mitverdient, auf Händen getragen.[42]

Auf Antrag der Regierung von Papua-Neuguinea verlieh 2009 sogar die britische Königin Elisabeth II., noch immer formelles Staatsoberhaupt des Landes, Tiong Hiew King für seine Verdienste einen Orden (Order of the British Empire) und schlug ihn zum Ritter.[43]

Heute steht Tiong Hiew King, der Immigrantensohn aus Sibu, dank globaler Expansion und Diversifizierung einem weit verzweigten Firmenkonglomerat im Wert von mehreren Milliarden Dollar vor. Neben Holz- und Plantagenoperationen in Ländern wie Gabun, Äquatorialguinea, Indonesien, Neuseeland und Russland besitzt er auch Medien in Hongkong, Malaysia, Kanada und den USA, Immobilien in Australien, China und Papua-Neuguinea oder betreibt Öl- und Gasgeschäfte in Myanmar und Malaysia.[44] Das Grundkapital für alle diese späteren Erweiterungen seiner Geschäfte stammt aber letztlich aus den ihm von Taib verliehenen Holzkonzessionen und der Zerstörung des Regenwalds von Sarawak.

OUT OF AFRICA

Fast unbemerkt von der Weltöffentlichkeit ist die malaysische Holzindustrie zu einem der größten Player in den Tropenwäldern Zentral- und Westafrikas geworden. Seit den 1990er-Jahren betätigen sich die Malaysier insbesondere in Gabun, Äquatorialguinea und der Republik Kongo (Kongo-Brazzaville).[45] Auch hier sind die Unternehmen aus Sarawak an vorderster Front dabei, allen voran Rimbunan Hijau, das bei der Versorgung Chinas mit afrikanischen Hölzern eine Schlüsselrolle spielt. Laut der Internationalen Naturschutzunion IUCN belieferte Rimbunan Hijau chinesische Importeure maßgeblich mit den für die Herstellung von Furnier gefragten Okoumé-Tropenholzstämmen.[46]

Bei seiner Expansion nach Afrika zeigte das Unternehmen keinerlei Berührungsängste – auch nicht mit Potentaten der übelsten Sorte wie Teodoro Obiang Nguema, dem Herrscher über den Erdölstaat Äquatorialguinea. Obiang, dessen Regime systematische Folter, Mord an Oppositionellen und zahlreiche weitere Menschenrechtsverletzungen zur Last gelegt werden, gilt als einer von Afrikas schlimmsten Diktatoren.[47] Sein Sohn »Teodorin«, vom Vater zum Forstminister ernannt, verlangte von ausländischen Investoren enorme Schmiergeldzahlungen als Eintrittsgeld ins Holzgeschäft.[48] Für die Malaysier war das kein Hinderungsgrund: Mitte der 1990er-Jahre kamen sie ins Geschäft mit dem Diktatorensohn und brauchten nicht lange, um eine monopolartige Stellung im Land aufzubauen. Gemäß Ermittlungen des US-Justizministeriums bezahlte Rimbunan Hijau 30 000 CFA (ca. 55 CHF) Schmiergeld pro Kubikmeter geerntetes Holz. Im Gegenzug wurde der Konzern von der Einhaltung der Forstgesetze dispensiert und durfte auch in geschützten Nationalparks operieren.[49] Innerhalb von wenigen Jahren waren die meisten Stämme geschlagen und die Holzexporte des Landes sanken schon bald von 700 000 Kubikmeter im Jahr 1997 auf 300 000 Kubikmeter 2004.[50] Weit über 100 Millionen Franken an Bestechungsgeldern dürften in dieser Zeit den Weg in die Taschen des Forstministers gefunden haben.

DIE 10 WICHTIGSTEN TROPENHOLZIMPORTEURE UND -EXPORTEURE WELTWEIT 2011 (HOLZVOLUMEN IN M³)

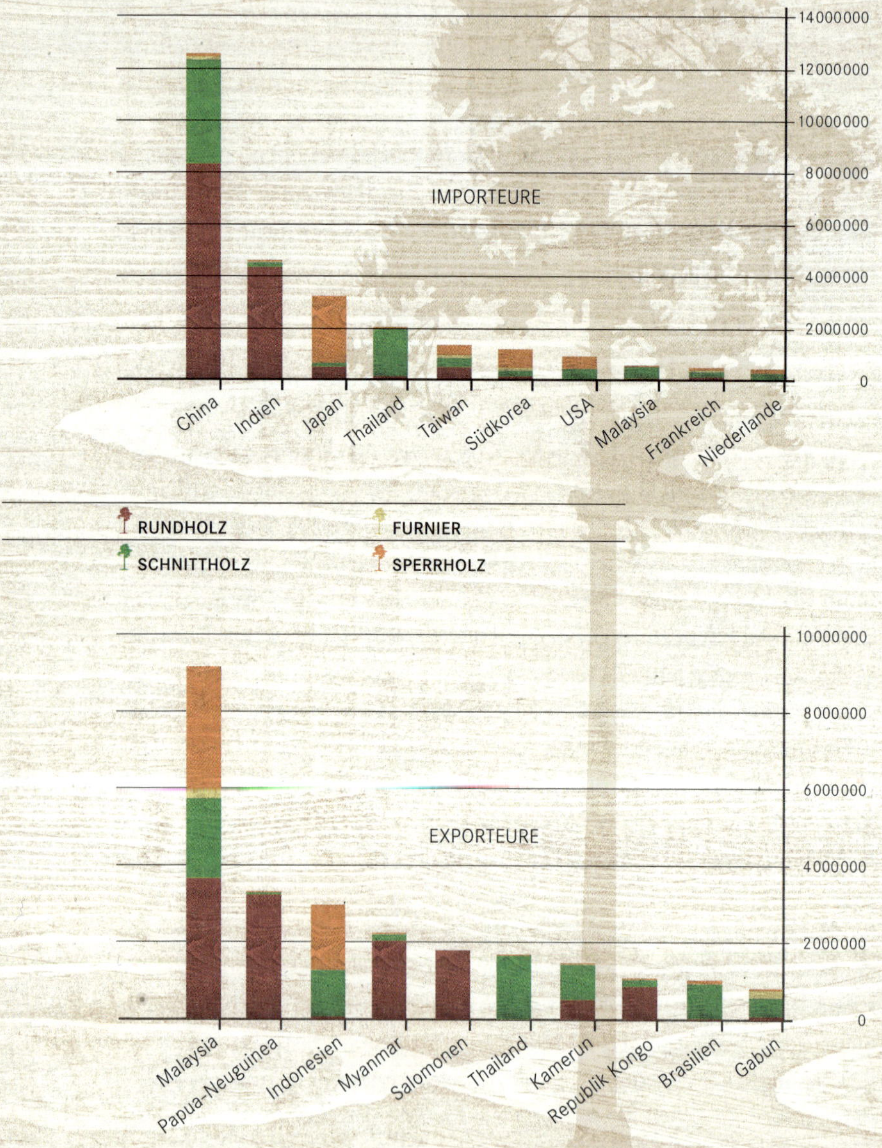

Quelle: ITTO Annual Report 2012

Auch im benachbarten Gabun, während über 40 Jahren durch den 2009 verstorbenen Diktator Omar Bongo beherrscht, operiert Rimbunan Hijau über seine afrikanische Tochter Shimmer International als eine der größten Holzfirmen. Die Malaysier kontrollieren hier 1,69 Millionen Hektar Tropenwald, rund 17 Prozent der nutzbaren Waldfläche des Landes.[51] Die meisten der von Rimbunan Hijau geschlagenen Stämme – seit 1996 mehrere Millionen Kubikmeter Holz – gingen bis zum Erlass eines Rundholzexportverbots im Jahr 2010 unverarbeitet nach China, sodass in Gabun selbst nur eine geringe Wertschöpfung entstand. Dasselbe Muster zeigt sich in der Republik Kongo, von wo die Malaysier seit 2001 Hölzer nach China exportieren. 2004 betrug das Exportvolumen 500 000 Kubikmeter.[52]

KRIMINALTOURISMUS INS LAND DER KHMER

Als die Credit Suisse im Frühjahr 2007 der internationalen Investorengemeinde in Hongkong den Samling-Konzern zum Aktienkauf vorstellte, fehlte im grandios präsentierten Firmenporträt eine wichtige Episode der Firmengeschichte:[53] Zwischen 1994 und 2001 war Samling der größte in Kambodscha tätige Holzkonzern. Dann wurden die Malaysier per Regierungsdekret aus dem Land der Khmer hinausgeworfen. Auf Neujahr 2002 beendete die Regierung von Kambodscha sämtlichen Holzschlag im Land – an diesem Dekret hatte das Geschäftsgebaren der Familie Yaw aus Sarawak einen nicht unerheblichen Anteil.

Der 1938 geborene Yaw Teck Seng, ein Sarawak-Chinese mit Wurzeln im südchinesischen Guangzhou (Kanton), stieg 1963, im Jahr der Unabhängigkeit von Sarawak, als 25-Jähriger ins Holzgeschäft ein. 1976 legte er mit der Gründung von Samling (Mandarin für »drei Bäume«) den Grundstein für einen Großkonzern, der demjenigen seines um zwei Jahre älteren Rivalen Tiong aus Sibu zunächst nur um wenig nachstehen sollte. Yaw war beim Einwerben von Holzkonzessionen von Regierungschef Taib sogar noch etwas erfolgreicher als Tiong und brachte es bis

1 Rodung für eine neue Ölpalmplantage.

2 LKWs mit Tropenholzstämmen – ein häufiger Anblick in Sarawak.

Vom Regenwald gelangen die geschlagenen Stämme zunächst in Holzlager, wo sie geschält, sortiert und teilweise bereits zersägt werden. Anschließend wird das Holz auf Lastkähnen an die Küste verschifft. Im Wald hinterlässt der Holzschlag breite Straßenschneisen und Erosionsschäden.

Mitte der 1990er-Jahre auf 1,6 Millionen Hektar, fast 10 Prozent mehr als Tiong.[54] Doch Tiong hatte später bei seinen Auslandsinvestments und bei der Diversifikation des Unternehmens den besseren geschäftlichen Riecher und vielleicht auch einfach mehr Glück.

Drei Jahre nachdem Samling ins Guyana-Geschäft einstieg, unternahmen die Yaws einen zweiten wichtigen Schritt zur Auslandsexpansion, diesmal ins nahe gelegene Kambodscha. Am 18. August 1994 erhielt die Samling-Tochter SL International Limited von der kambodschanischen Regierung 787 000 Hektar Holzkonzessionen in Kambodscha – 12 Prozent der Waldfläche des Landes – und wurde damit über Nacht zum größten Akteur auf dem kambodschanischen Holzmarkt.[55]

Ein Jahr zuvor hatte das nach Jahrzehnten von Bürgerkrieg und Diktatur wirtschaftlich am Boden liegende Land am Mekong unter Aufsicht der UNO eine neue Regierung gewählt. Die Wunden des Völkermords der Roten Khmer, dem in den 1970er-Jahren zwei Millionen Kambodschaner zum Opfer gefallen waren, waren noch frisch. In dieser fragilen Situation waren die staatlichen Institutionen sehr schwach, und das nutzte Samling schamlos aus.

Die britische NGO Global Witness stellte schon sehr bald die Legalität der Samling-Aktivitäten in Kambodscha infrage, waren die riesigen Konzessionen doch von der Regierung ohne die vorgeschriebene Konsultation des Parlaments vergeben worden. Wie in Guyana hatte sich der Yaw-Familienkonzern im Gegenzug für seine »Investitionen« auch in Kambodscha eine jahrelange Steuerbefreiung ausbedungen.[56] Die Menschenrechtsorganisation fand heraus, dass die Malaysier illegalerweise Holz von der kambodschanischen Armee und der Grenzpolizei kauften, dass sie Schutzgelder an die Armee und an die Roten Khmer bezahlten und dass sie der in den Konzessionsgebieten wohnhaften Bevölkerung verboten hatten, Holz für den Eigengebrauch zu ernten.[57]

Ausgedehnter illegaler Holzschlag in einem Wildschutzreservat und die Verletzung weiterer gesetzlicher Bestimmungen durch Samling trugen dazu bei, dass die kambodschanische Regierung die Notbremse zog und Ende 1996 vorübergehend jede weitere Abholzung im Land verbot. Die malaysischen »Investoren« hatten daran natürlich keine Freude –

und ignorierten das Regierungsdekret kurzerhand. Im April 1997 erhielt Han Chen Kong, Direktor der Samling-Tochter in Kambodscha, vom Landwirtschaftsminister eine schriftliche Warnung, in der seine Firma des illegalen Holzschlags beschuldigt wurde.[58]

Drei Jahre später überprüfte die asiatische Entwicklungsbank (Asian Development Bank) die kambodschanische Forstpolitik und kam zum Schluss, dass die Situation ein »totales Systemversagen« war. Als größte Konzessionsinhaberin war die Samling-Tochter SL International von diesem vernichtenden Urteil natürlich besonders betroffen.[59]

So war es denn kein Wunder, dass Samling vor die Tür gesetzt wurde und Kambodscha verlassen musste. Wie viele Tropenholzstämme malaysische Holzfäller im Auftrag der Yaw-Familie während ihres sechseinhalbjährigen Kambodscha-Abenteuers geschlagen und exportiert haben, ist unbekannt. Doch offenbar ist Samling bemüht, dieses dunkle Kapitel aus der Firmengeschichte zu tilgen. Erst auf öffentlichen Druck hin gab der Konzern im Mai 2007 auf der Webseite zu, dass eine »indirekte Tochtergesellschaft«, SL International, bis Ende 2001 in Kambodscha tätig gewesen sei, bestritt aber »nach bestem Wissen und Gewissen« alle Vorwürfe illegaler Abholzung.[60]

Hatte Samling aus dem Verlust des Kambodscha-Geschäfts gelernt, wie wichtig es war, sich an Gesetze zu halten? Leider nein. Zu groß waren die Verlockungen und die Gewinne aus dem illegalen Holzschlag. Als Beispiel mag ein Zeitungsbericht aus dem Jahr 2009 von den pazifischen Salomonen dienen, wo Häuptling Henry Stardora eine malaysische Holzfirma namens Samling Sun (zweifellos eine Yaw-Familiengesellschaft) aufforderte, das Land der Indigenen von Hailadami zu verlassen: »Mister Stardora sagte, Samling Sun sei eine Holzfirma, die üblicherweise die Gesetze des Landes missachte. Er sagte, die Firma sei auch in anderen Provinzen des Landes tätig und die Landeigentümer müssten sich vor ihr in Acht nehmen.«[61]

Die systematische Verletzung der Forstgesetzgebung zieht sich wie ein roter Faden durch die Firmengeschichte des Samling-Konzerns und seiner Schwestergesellschaften. Bußen in Guyana, eine Millionenstrafe in Papua-Neuguinea, illegaler Holzschlag auf den Salomonen – das Geschäft der malaysischen Holzmafia ist dreckig und umweltzerstörerisch geblieben. Doch nur äußerst selten werden seine Urheber und Profiteure zur Rechenschaft gezogen.

VETTERNWIRTSCHAFT IN AUSTRALIEN

Zehn Tage vor Weihnachten 2011, in der Hitze des australischen Sommers, erkletterte eine schwarzhaarige junge Frau flink einen 400-jährigen Eukalyptus am Mount Mueller im Südwesten der Insel Tasmanien, Australiens südlichstem Bundesstaat. Anschließend trotzte die 30-jährige Gymnasiallehrerin Miranda Gibson 60 Meter über dem Boden auf einer behelfsmäßig errichteten Plattform der Unbill der Witterung und der australischen Forstpolitik.

»Ich werde diesen Baum erst verlassen, wenn dieser Wald geschützt ist«, gelobte Gibson, als sie auf ihren Eukalyptus stieg, den sie zum »Observer Tree«, zum Beobachtungsposten über den bedrohten tasmanischen Urwald, erklärte. Vier Monate zuvor hatte die australische Premierministerin Julia Gillard den Schutz von über 400 000 Hektar Regenwald im südlichen Tasmanien angekündigt. Doch der Ankündigung folgten keine Taten, und als die Holzfäller ins Gebiet des Mount Mueller vordrangen, sah Gibson sich zum Besetzen eines der ältesten Bäume der Umgebung veranlasst. Über ein Jahr lang lebte sie in der Baumkrone und stellte so einen neuen australischen Rekord im »Treesitting« auf. Sengender Hitze, stürmischen Winden und sogar Schnee und Eis trotzte sie dort oben, ohne ihren Baum zu verlassen.

Ein Laptop und drahtloses Internet machten es möglich, dass die Umweltschützerin von ihrem Baumhaus aus die Entwicklungen der Forstpolitik verfolgen und auf ihrem Blog kommentieren konnte.[62] »Helft mir, der Welt zu zeigen, dass es Zeit für echten Waldschutz ist«, rief Gibson die Besucher ihrer Webseite auf. In Sachen Medienaufmerksamkeit war ihre außergewöhnliche Aktion ein voller Erfolg. Neben australischen Medien berichteten Zeitungen wie der britische *Guardian* sowie die Fernsehnetzwerke *BBC, CNN* und *Al Jazeera* über ihre Aktion.

Von ihrem Wachposten in der Kronenschicht aus sah Miranda Gibson auf das eindrückliche Styx Valley (benannt nach dem Totenfluss der griechischen Mythologie) mit seinen mächtigen Baumfarnen und Riesen-Eukalypten *(Eucalyptus regnans)*, den größten Laubbäumen der Erde mit einer Wuchshöhe von bis zu 100 Metern. Neben einer Fülle an endemischen Pflanzen beherbergen Tasmaniens Regenwälder auch faszinierende Tierarten wie den Beutelmarder oder den Tasmanischen Teufel, ein hundegroßes Beuteltier, das auf dem australischen Festland längst ausgestorben ist. Hier brüten Keilschwanzadler, weiße Habichte und die bunten Schwalbensittiche, eine gefährdete Papageienart, die vom Nektar der Blauen Eukalypten *(Eucalyptus globulus)* lebt. Weiter oben am Mount Mueller beginnt die UNESCO-geschützte Tasmanian Wilderness World Heritage Area mit drei großen Nationalparks. Doch Umweltschützer kritisieren, dass die Parkgrenzen absichtlich so gezogen wurden, dass die ausgedehnten Eukalyptus-Urwälder der Holzindustrie preisgegeben sind.

Wie an so vielen Orten rund um den Globus hat auch hier die malaysische Holzindustrie ihre Hände im Spiel: Der mit der Taib-Familie eng verbandelte Holzkonzern Ta Ann spielt eine zentrale Rolle bei der Abholzung der tasmanischen Regenwälder. Als Australiens Bundesregierung und die Regierung von Tasmanien im August 2011 den Schutz von 430 000 Hektar biologisch hochwertigen Waldes in Tasmanien vereinbarten, sicherte sich Ta Ann eine Garantie für die jährliche Lieferung von 265 000 Kubikmetern Holz für die Herstellung von Furnier. Bald stellte sich heraus, dass solche Mengen nur durch Abholzung der alten Eukalyptuswälder geliefert werden konnten, und der vermeintlich historische Deal für den Schutz der tasmanischen Wälder platzte.

Unter allen malaysischen Holzkonzernen hat Ta Ann die engsten Verbindungen zu Taib Mahmud. Der Konzern wurde Mitte der 1980er-Jahre von Taibs Vetter Hamed Sepawi, dem PBB-Politiker Wahab Dolah (die Partei PBB ist Taibs politische Hausmacht) sowie dem Geschäfts-

WELTWEITER HOLZSCHLAG DER HOLZKONZERNE AUS SARAWAK SEIT 1990

Quellen: *Annual Reports; Faeh 2011; www.forestsmonitor.org; Global Witness*

mann Wong Kuo Hea gegründet[63] und erhielt sofort riesige Holzkonzessionen in Sarawak – natürlich ohne öffentliche Ausschreibung. Sepawi ist als Vorsitzender (Chairman) und Hauptaktionär der starke Mann bei Ta Ann.[64] Doch Insider vermuten, dass er nur ein Strohmann für Taib selbst ist, der aus dem Hintergrund den Konzern kontrolliert.[65]

Der 1949 geborene Hamed Sepawi ist einer der engsten Vertrauten seines zwölf Jahre älteren Vetters. In Malaysia hält Sepawi namhafte Beteiligungen an mindestens 55 Unternehmen. Er ist Chairman und Großaktionär beim Baukonzern Naim Holdings (16 %), hält Aktien am Holzkonzern Samling Global und ist Vorsitzender von Sarawak Energy, dem staatlichen Stromversorgungsunternehmen von Sarawak. Bis 2006 präsidierte er zudem den staatlichen Holzkonzern Sarawak Timber Industry Development Corporation, bevor Taib persönlich dieses Amt übernahm. Sepawi hat auch Geschäftsinteressen in den USA und Australien, wo er im Holzgeschäft (Ta Ann), im Immobilienbusiness und als Finanzinvestor tätig ist.[66]

In Sarawak fällte Ta Ann nicht nur Bäume im Regenwald der Penan, sondern zerstörte auch den Lebensraum von Orang-Utans im Landesinnern, dem »Heart of Borneo«-Gebiet, zu dessen Schutz sich die Regierungen von Malaysia, Indonesien und Brunei gemeinsam verpflichtet haben.[67] Heute hält Ta Ann in Sarawak gemäß Firmenangaben 362 000 Hektar Holzkonzessionen und 348 000 Hektar Plantagenkonzessionen.[68]

Auf der Suche nach neuen Holzquellen zur Belieferung des japanischen Marktes, dem Hauptabnehmer seiner Produkte, expandierte Sepawis Konzern 2006 nach Australien – und erhielt von der tasmanischen Regierung Subventionen in Millionenhöhe für den Bau von zwei Sägewerken, die aus Eukalypten Furnier herstellen. Über Lieferverträge mit Forestry Tasmania, einem Unternehmen im Besitz des Bundesstaates Tasmanien, sicherte sich Ta Ann vertraglich Holzlieferungen für einen Zeitraum von 20 Jahren. Für Ta Ann ist interessant, dass das tasmanische Holz im Vergleich zum malaysischen Hartholz rund viermal billiger ist. Trotz äußerst großzügiger Subventionen fuhr Ta Ann seit Aufnahme der Tätigkeit in Tasmanien offiziell nur Verluste ein – und zahlte dementsprechend keine Unternehmenssteuern.[69] Bei einem Umsatz von 29

Millionen australischen Dollar wies Ta Ann 2012 10 Millionen Dollar Verlust aus. Dafür kassierten die Malaysier 26 Millionen Dollar Entschädigung aus einem Waldschutzprogramm der australischen Bundesregierung.[70]

»Die Operationen von Ta Ann in Australien sind weder ökonomisch noch ökologisch nachhaltig«, sagt Jenny Weber vom Huon Valley Environment Centre, einer kleinen Umweltorganisation, die sich unerschrocken für den Schutz der Wildnis in Tasmanien engagiert. »Ta Ann hat Taibs Geringschätzung für die Umwelt nach Tasmanien mitgebracht. Jetzt ist der Konzern eine der treibenden Kräfte hinter der großflächigen Abholzung unserer schützenswerten alten Regenwälder.«

Trotz der Verluste von Ta Ann konnte die tasmanische Regierung von der Geschäftsbeziehung zu Hamed Sepawi profitieren: Die staatseigene Elektrizitätsgesellschaft Hydro Tasmania erhielt von Sarawak Energy verschiedene lukrative Beratermandate und Verträge zur Planung von Staudämmen im Regenwald von Sarawak. Erst als Ende 2012 eine NGO-Delegation aus Sarawak, unterstützt vom Bruno Manser Fonds, nach Australien reiste und über die verheerenden Folgen dieser Projekte für Sarawaks Indigene und den Regenwald informierte, kündigte Hydro Tasmania an, sich zurückzuziehen.[71]

Einen Erfolg konnte am 31. Januar 2013 nach über einem Jahr auf ihrem Eukalyptus auch die Baumbesetzerin Miranda Gibson vermelden. Die australische Regierung gab bekannt, bei der UNESCO eine Erweiterung des Weltnaturerbereservats Tasmanian Wilderness um 170 000 Hektar zu beantragen.[72] Am 7. März 2013 verließ eine glückliche und erleichterte Miranda Gibson nach 449 Tagen die Kronenschicht des tasmanischen Regenwalds und betrat seit Langem erstmals wieder festen Boden.[73] Drei Monate später hieß das Welterbekomitee der UNESCO das Gesuch der australischen Regierung gut. Das Gebiet um den »Observer Tree« und weitere alte Eukalyptuswälder in der Umgebung wurden zum Weltnaturerbe erklärt.[74] Ohne das außerordentliche und wichtige Engagement von Menschen wie Miranda Gibson und Jenny Weber wäre dieser Erfolg gegen die Abholzung in Australien nicht möglich geworden.

KERNGESCHÄFT UMWELTZERSTÖRUNG

Die beschriebenen Fälle sind nur einige Beispiele für die führende Rolle malaysischer Holzkonzerne bei der Abholzung und Zerstörung der Regenwälder rund um den Globus. Auch in Surinam, Brasilien, Belize, Kamerun, Liberia, Indonesien, Russland, Neuseeland und auf Vanuatu waren Malaysias Holzfäller in den letzten zwei Jahrzehnten aktiv. An vielen dieser Firmen sind Mitglieder der Taib-Familie oder anderer malaysischer Spitzenpolitiker beteiligt und haben so an der weltweiten Abholzung der Regenwälder kräftig mitverdient.

Diese Holzkonzerne – die Mehrheit davon aus Sarawak – wurden in einem Staat groß, der nie ein ernsthaftes Interesse an einer nachhaltigen Holznutzung bekundete, und sie exportierten ihre Kultur der Korruption und Umweltzerstörung mit Vorliebe in Entwicklungsländer mit schwachen Institutionen. So konnten sie ein Maximum an Holz schlagen und die geernteten Baumstämme meist unverarbeitet nach Asien ausführen. Den Herkunftsländern der tropischen Edelhölzer brachte die Abholzung durch Malaysias Magnaten kaum einen nachhaltigen wirtschaftlichen Aufschwung und wurde mit sozialen und ökologischen Schäden erkauft.

Bereits 1997 warnte Greenpeace in einem Report das brasilianische Parlament eindringlich vor dem Vormarsch malaysischer Holzfirmen in das Amazonasbecken, die größte intakte Urwaldregion der Welt.[75] »Unsere Erfahrung hat gezeigt, dass asiatische Holzfirmen bei der Zerstörung der tropischen Regenwälder führend sind«, schrieb Greenpeace damals und hob die Schlüsselrolle der Konzerne aus Sarawak besonders hervor.[76] Andere NGOs betonten, dass die Expansion der malaysischen Holzfirmen durch Malaysias Regierung aktiv gefördert werde.[77] Zu diesem Zeitpunkt hatten Samling und WTK eben große Konzessionen im brasilianischen Amazonas erworben. Das Brasilien-Geschäft wurde allerdings wegen politischer Widerstände im Land nichts und die Malaysier mussten sich wieder zurückziehen.[78]

20 Jahre nach ihrer internationalen Expansion spielen die Holzkonzerne aus Sarawak noch immer eine führende Rolle im weltweiten Tropenholzgeschäft, das kaum nachhaltiger geworden ist. In der Zwischenzeit

sind viele dieser Konzerne stark gewachsen und haben sich diversifiziert. Ihnen allen ist gemeinsam, dass sie dank geschickten Agierens in einem Umfeld von Korruption, Umweltzerstörung und einer äußerst laxen Anwendung der Forstgesetze groß wurden, in dem Regeln fast nach Belieben gebrochen werden konnten. Dank der hohen Wertschöpfung aus dem Tropenholzgeschäft konnten sie mittlerweile in neue Geschäftsbereiche wie Hotellerie, Immobilien, Medien, Schiffstransporte und Palmölproduktion vordringen. Das Erzielen von Profiten auf Kosten der natürlichen Umwelt der Tropen ist aber ihr Kerngeschäft geblieben.

DIE GRÜNE WÜSTE

WEIL DER HOLZSCHLAG NICHT NACHHALTIG WAR, WIRD IN SARAWAK IMMER MEHR WALD DURCH RIESIGE ÖLPALMPLANTAGEN ERSETZT. DIE PALMÖLINDUSTRIE IST MITTLERWEILE DIE HAUPTURSACHE FÜR DIE ZERSTÖRUNG DER REGENWÄLDER IN SÜDOSTASIEN. ABER AUCH NEUE STAUDAMMPROJEKTE BEDROHEN DIE LEBENSGRUNDLAGE VON ZEHNTAUSENDEN VON UREINWOHNERN. TAIBS HELFER AUS DEM AUSLAND VERSCHLIESSEN DIE AUGEN VOR UMWELTZERSTÖRUNG, LANDRAUB UND KORRUPTION.

09

AUTOBAHN DER ANGST

Über zwei Straßen gelangt man von der Erdölstadt Miri an der Nordküste von Borneo ins knapp 200 Kilometer entfernte Bintulu, die drittgrößte Stadt von Sarawak. Die eine, ältere Straße im Landesinnern führt durch leicht hügeliges Gelände an verschiedenen Langhäusern der Iban-Ureinwohner vorbei. Die zweite, neuere Straße liegt näher an der Meeresküste.

Die Küstenstraße führt zuerst an Luak Bay vorbei, der Meeresbucht südlich von Miri mit ihrer Millionärsmeile, wo sich Sarawaks Holzbarone prächtige Paläste gebaut haben und durch hohe Zäune und gusseiserne Tore vor den neugierigen Blicken der Öffentlichkeit schützen lassen. Große »Betreten verboten«-Schilder machen unmissverständlich klar, was bei Zuwiderhandlung droht: Die Piktogramme zeigen Sicherheitsmänner, die mit Gewehren auf Eindringlinge zielen.

Nach wenigen Kilometern säumen links und rechts immer mehr Palmen den Weg, bis spätestens nach dem Städtchen Niah eine Art Mondlandschaft beginnt. In Reih und Glied stehen beidseits der Straße Ölpalmen in schier endlosen Plantagen in der menschenleeren, unheimlich stillen Landschaft. Die Gegend ist so einsam, dass wegen bewaffneter Räuberbanden nach dem Eindunkeln dringend von der Benutzung der Straße abgeraten wird. Dieser Abschnitt der Küstenstraße wird auch »The Highway of Fear« (Autobahn der Angst) genannt.[1]

Auf kurzen, frisch abgeholzten Abschnitten zwischendurch zeigt sich nackter Torfboden und lässt erahnen, dass hier noch bis vor wenigen Jahren ein reichhaltiger Tiefland-Regenwald wuchs. Doch damit ist jetzt Schluss. In alle Richtungen erstrecken sich gigantische Monokulturen, so weit das Auge reicht. Weder Tiere noch andere Bäume als Ölpalmen sind zu sehen, sondern nur eine einzige grüne Wüste.

Elaeis guineensis heißt mit wissenschaftlichem Namen die Ölpalme, die in Westafrika ihre Heimat hat und im 19. Jahrhundert erstmals in Südostasien angepflanzt wurde. Ihren Siegeszug als Plantagenpflanze trat sie erst nach Mitte des 20. Jahrhunderts an, zuerst auf der malaysischen Halbinsel und in Indonesien, dann in den ost-malaysischen Staaten Sabah und Sarawak und heute rund um den Globus zunehmend überall dort, wo auch tropischer Regenwald wachsen könnte. Allein in Malaysia nahm die Fläche der Ölpalmplantagen zwischen 1990 und 2005 um mehr als die Hälfte auf 4,2 Millionen Hektar zu – etwas mehr als die Fläche der Schweiz.[2]

Kommerziell ist der Anbau von Ölpalmen für Malaysias Volkswirtschaft ein Riesenerfolg, doch für den Regenwald und für Malaysias indigene Gemeinden bedeutet er ein Desaster. In Südostasien ist die Expansion der Ölpalmplantagen heute der Hauptgrund für die rasch fortschreitende Entwaldung. Eine britische Wissenschaftlergruppe hat die Auswirkungen des Ölpalmbooms auf die Biodiversität untersucht und kam zu erschreckenden Ergebnissen: Neue Ölpalmplantagen in Malaysia und Indonesien werden meist auf Kosten des Regenwaldes angelegt und führen zu einem dramatischen Artenschwund. Im Vergleich mit dem Regenwald enthalten die Plantagen weniger als 15 Prozent von dessen Biodiversität und bieten oft nur wenigen Allerweltsarten einen Lebensraum, während die besonders stark bedrohten Regenwaldtiere und -pflanzen fast alle verschwinden.[3]

Dass keine andere tropische Kulturpflanze in den letzten Jahrzehnten in so großer Zahl angepflanzt wurde, verdankt die afrikanische Ölpalme ihrem hohen Flächenertrag und ihrer ausgesprochen vielseitigen Verwendbarkeit. Bereits drei bis vier Jahre nach der Pflanzung lassen sich an den jungen Palmen die ersten rötlichen Früchte ernten, aus deren Fruchtfleisch das energiereiche Palmöl gepresst wird. Aus den Kernen wird das stärker fetthaltige Palmkernöl gewonnen, und die getrockneten Samenschalen werden zu Palmkernschrot verarbeitet.

Würde das begehrte Pflanzenöl nicht auf Kosten des Tropenwaldes gewonnen, so könnte man bei seiner Beschreibung leicht ins Schwärmen geraten. Lebensmittelindustrie, Kosmetik und chemische Industrie reißen sich um den Rohstoff, der heute schätzungsweise in jedem zehnten Supermarktprodukt enthalten ist. Schon am Frühstückstisch konsumieren wir Palmöl, ohne es zu bemerken, sei es mit der Margarine, dem Müsli oder der Würzmischung, mit der das Frühstücksei gesalzen wird. Wegen seines hohen Oleingehalts ist Palmöl als eines der wenigen pflanzlichen Öle bei Zimmertemperatur fest und lässt sich deshalb besonders gut verarbeiten. Palmöl enthält auch keine der schädlichen Transfettsäuren, die in den letzten Jahren ins Visier der Gesundheitsbehörden geraten sind,[4] und es ist vergleichsweise billig.

Mit einer Weltjahresproduktion von 48 Millionen Tonnen (2011) ist Palmöl heute das wichtigste Pflanzenöl. Der weltweite Marktanteil beträgt ein Drittel (33 %), vor Sojaöl (28 %), Rapsöl (16 %) und Sonnenblumenöl (8 %).[5] Indonesien und Malaysia produzieren zusammen über 85 Prozent des weltweiten Palmöls, doch andere tropische Staaten holen rasch auf – unter anderem wegen der Auslandsaktivitäten malaysischer Palmölkonzerne. So kündigten internationale Investoren zwischen 2009 und 2013 die Pflanzung von über 1,6 Millionen Hektar Ölpalmen in den Regenwäldern des afrikanischen Kongobeckens an. An vorderster Stelle mit dabei sind verschiedene malaysische Palmölkonzerne, darunter

Sime Darby, Atama Plantations und FELDA.[6] Wichtigste Ursachen des anhaltenden Palmölbooms sind die Herstellung von Agrotreibstoffen aus Pflanzenöl und ein global zunehmender Bedarf an pflanzlichen Ölen für die Nahrungsmittelproduktion.[7]

Für indigene Gemeinden wie die im Tiefland von Sarawak lebenden Iban-Ureinwohner ist der industrielle Anbau von Ölpalmen meist mit dem Verlust ihres traditionellen Landes verbunden. Oft erfahren sie erst, dass ihr Land von der Taib-Regierung heimlich und ohne ihr Einverständnis an Ölpalmkonzerne vergeben wurde, wenn die Bulldozer auffahren. Über 90 Prozent der Ölpalmen in Sarawak werden von Konzernen und vom Staat auf Großplantagen angebaut. Da die Ölpalmfrüchte rasch verderben, müssen sie innerhalb von 24 Stunden nach der Ernte verarbeitet werden, was eine ausgeklügelte Logistik erfordert. Dies begünstigt Großunternehmen, die mit dem Ölpalmanbau viel höhere Renditen erzielen können als die Kleinbauern. Um eine Palmölmühle rentabel zu betreiben, braucht es mindestens 4000 Hektar Ölpalmen im Umkreis.[8]

NACHHALTIGES PALMÖL?

Wie rücksichtslos die Palmölkonzerne vorgehen, haben die Einwohner von Long Teran Kanan, einer kleinen Indigenen-Gemeinde am Fluss Tinjar im Norden von Sarawak, am eigenen Leib erfahren. Mitte der 1990er-Jahre vergab Taibs Landministerium ohne vorherige Konsultation der Dorfbewohner Plantagenlizenzen über 7800 Hektar Land im Gemeindegebiet an die Firma Rinwood Pelita, ein Joint Venture zwischen dem Privatunternehmen Rinwood und der von Taib kontrollierten staatlichen Entwicklungsagentur Pelita. Wenig später fuhren Bulldozer auf und begannen, den Sekundärwald und eine große Fläche Kulturland zu planieren und das Terrain für die Bepflanzung mit Ölpalmen vorzubereiten. Nicht nur der Wald wurde gefällt, auch Kautschuk-, Pfeffer-, Kakao- und Durian-Kulturen wurden weggeräumt. Die Trinkwasser-

WELTWEITER PALMÖLKONSUM IN MIO. T 1992–2012

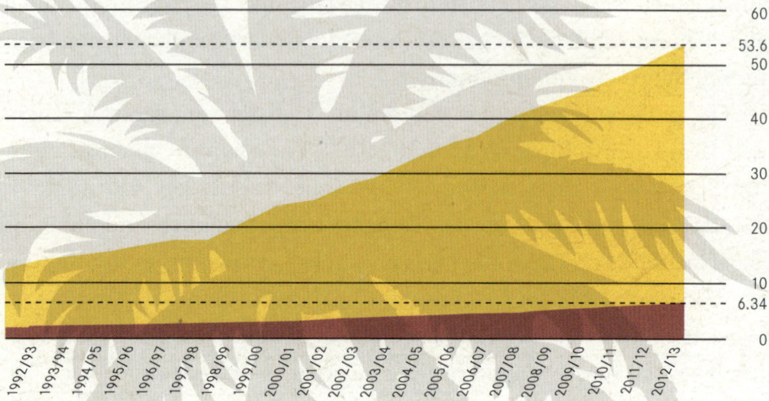

Palmöl
Palmkernöl

WELTWEITER KONSUM PFLANZLICHER ÖLE IN MIO. T 1992–2012

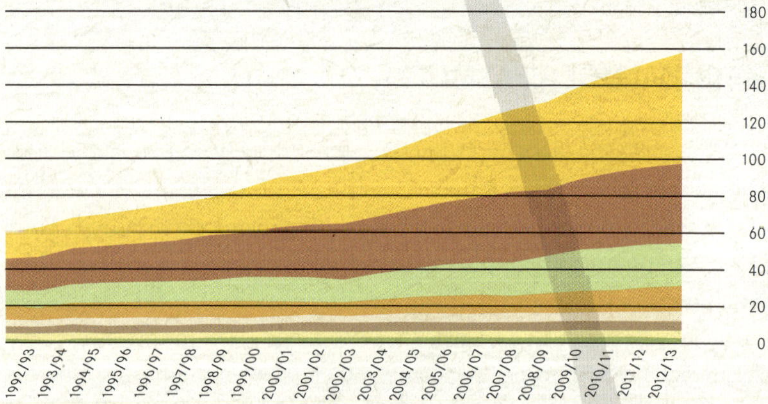

Palm-/Palmkernöl
Sonnenblumenöl
Kokosnussöl
Sojaöl
Baumwollsamenöl
Olivenöl
Rapsöl
Erdnussöl

Quelle: USDA statistics

fassung wurde verunreinigt, und selbst Reisfelder fielen den Bulldozern zum Opfer.[9]

»Alle meine Pflanzen wurden von Rinwood weggebaggert«, erinnert sich Dorfbewohner Baya Sigah. »Ich hatte etwa 3000 Kakaosträucher, die alle abgehauen wurden. Es gab keine wirkliche Konsultation. Manchmal kamen die Bulldozer am Sonntag, wenn die Leute in der Kirche waren. Einige Leute wurden entschädigt, andere nicht. Ich zum Beispiel habe nie eine Entschädigung gesehen.«[10]

Als sich die Dorfbewohner gegen das willkürliche Vorgehen wehrten, schickte der Palmölkonzern Schlägertrupps vorbei, um die Indigenen zu bedrohen. Weder die Polizei noch die lokalen Behörden unternahmen etwas zum Schutz der Dorfbewohner, sondern stellten sich hinter den Palmölkonzern. 1997 gingen vier Dorfbewohner zum Indigenen-Anwalt Harrison Ngau und zogen namens ihrer Gemeinde die Firma Rinwood Pelita und die Regierung von Sarawak vor Gericht. Sie verlangten eine Anerkennung ihrer Landrechte, eine Annullierung der Plantagenlizenz und ein Zutrittsverbot der Firmenangestellten zum Gemeindeland.

Es dauerte volle zwölf Jahre, bis ein lokales Gericht zum Fall Stellung nahm und am 25. März 2010 der Gemeinde Landrechte über 3279 Hektar Land zusprach. Der Richter befand allerdings, da die Ölpalmen mittlerweile gepflanzt seien, reiche es aus, wenn die Dorfbewohner eine Entschädigung für die Nutzung ihres Landes erhielten. Doch dem unterlegenen Palmölkonzern und der Sarawak-Regierung ging auch dieser Entscheid zu weit und sie legten umgehend Berufung ein.

Rinwood war in der Zwischenzeit vom malaysischen Palmölgiganten IOI übernommen worden, einem der größten Konzerne Südostasiens, dem auch Raffinerien in Holland, den USA und Kanada gehören. IOI-Gründer Lee Shin Cheng steht mit einem geschätzten Vermögen von 5,2 Milliarden US-Dollar auf Platz 4 der Forbes-Liste der reichsten Malaysier.[11]

IOI ist auch Gründungsmitglied des Palmöl-Nachhaltigkeitslabels RSPO (Roundtable on Sustainable Palm Oil), das 2004 vom WWF, verschiedenen Detailhandelsunternehmen (u.a. der Migros) und der

Palmölindustrie als Verein nach Schweizer Recht mit Sitz in Zürich ins Leben gerufen wurde. Ein IOI-Vertreter sitzt im Direktorium von RSPO, dessen Sekretariat sich in Kuala Lumpur befindet.[12] Auf dem Papier klingen die Nachhaltigkeitskriterien von RSPO ziemlich gut: So wäre beispielsweise die Anlage von Ölpalmplantagen auf indigenem Land ohne Einwilligung der betroffenen Ureinwohner untersagt. Doch in der Praxis sind die RSPO-Kriterien ein Papiertiger und die Label-Verwaltung ist ein ineffizienter bürokratischer Apparat, der davor zurückschreckt, die Umsetzung seiner Kriterien bei den mächtigen Konzernen, die das Label finanzieren, einzufordern.

In Long Teran Kanan machte sich die Übernahme von Rinwood durch die »nachhaltig« produzierende IOI dadurch bemerkbar, dass die neuen Eigentümer gleich weitere Hunderte von Hektaren Sekundärwald und Fruchtbäume abholzen ließen und mit jungen Ölpalmen bepflanzten. Ein Reporterteam der *BBC* besuchte das Gebiet Ende 2009 und filmte schockierende Bilder über die großflächige Zerstörung der Vegetation. IOI verteidigte sich mit dem Argument, man habe mit den Leuten im Dorf geredet und RSPO habe dem Konzern einen verantwortungsvollen Umgang mit Land in Sarawak bescheinigt.[13] So sieht also die Pflanzung einer »nachhaltigen« Palmölplantage in der Praxis aus.

Zur gleichen Zeit wurde bekannt, dass IOI im indonesischen Teil von Borneo widerrechtlich große neue Ölpalmplantagen angelegt hatte. Im Ketapang-Distrikt in West-Kalimantan hatte IOI Hunderte von Hektaren Regenwald gerodet und Moore entwässert, ohne über Genehmigungen zu verfügen und die Frage der indigenen Landrechte sauber geklärt zu haben. Den indonesischen Behörden wurden gefälschte Papiere vorgelegt, in denen IOI behauptete, man werde auf dem neu erworbenen Land nichts unternehmen, solange keine Umweltverträglichkeitsprüfung vorliege. Doch das war alles gelogen. Der Schwindel flog auf, als die holländische Umweltorganisation Milieudefensie (Friends of the Earth) im März 2010 eine Studie über IOI in Kalimantan publizierte.[14]

Trotz internationaler Proteste und langwieriger Verhandlungen zwischen den Ureinwohnern von Borneo und IOI hatten die Betrügereien für den Palmölkonzern keine wirklichen Konsequenzen. Zwar suspendierte

RSPO vorübergehend die Zertifizierung zusätzlicher IOI-Plantagen, doch der Konzern darf sein Palmöl weiter als »nachhaltig produziert« auf dem Markt anpreisen.[15] Die Verhandlungen zwischen IOI, Long Teran Kanan und den Gerichten von Malaysia werden sich voraussichtlich noch über Jahre hinziehen. In Indonesien haben die betroffenen Ureinwohner aufgegeben.

Für die Palmölindustrie ist die Erfindung des Nachhaltigkeitslabels RSPO ein Geschenk des Himmels. Wo immer Kritik auftaucht, kann man sich darauf berufen – ohne dass die Geschäftspraxis groß geändert werden müsste. Besonders für umstrittene neue Geschäftsfelder wie die Verwendung von Palmöl als Treibstoff öffnet das Label den Markt. Das haben fast alle großen Palmölproduzenten gemerkt und verkaufen jetzt RSPO-zertifiziertes Palmöl nach Westeuropa und in andere Industrieländer. Für ihr restliches Palmöl finden sie immer noch genügend Abnehmer auf Märkten mit weniger anspruchsvollen Konsumenten.

108 Konzerne und Organisationen aus Malaysia waren 2013 beim RSPO Mitglied, darunter die Palmölgiganten IOI und Sime Darby. Sogar die Taib-Familie ist mittlerweile ins Geschäft mit dem »nachhaltigen« Palmöl eingestiegen. Über seine Firma Achi Jaya Plantations gehören Taibs Bruder Onn Mahmud 12 000 Hektar RSPO-zertifizierte Ölpalmplantagen in Johor, West-Malaysia. Im April 2013 verhandelte IOI mit Taibs Bruder über einen Kauf seiner Plantagen. Der Verhandlungspreis lag bei geschätzten 800 bis 900 Millionen Ringgit (265 bis 300 Mio. CHF).[16]

Worin liegt der Wert von RSPO für die Umwelt und die Indigenen von Borneo wirklich? Einerseits ist zu begrüßen, dass für die Palmölproduktion Umwelt- und Sozialstandards definiert wurden, zu deren Einhaltung sich alle Mitglieder zumindest auf dem Papier verpflichten. Andererseits sind diese Kriterien besonders im Umweltbereich schwach und ihre Einhaltung ist äußerst schwierig zu kontrollieren und durchzusetzen. Der Fall IOI zeigt, dass das Label nicht viel wert ist, wenn es um knallharte Geschäftsinteressen der Palmölindustrie geht, und dass RSPO als Organisation zu wenig unabhängig von der Industrie ist.

Keine schlüssige Antwort über die Wirkung von RSPO kann der WWF geben, der das »nachhaltige« Palmöl miterfunden hat. Zwar hat der WWF eine Studie publiziert, welche die potenziellen wirtschaftlichen Vorteile einer RSPO-Zertifizierung für die Palmölproduzenten aufzeigt, doch eine Evaluation mit Wirkungsmessung für die Umwelt und die betroffene ländliche Bevölkerung gibt es ein Jahrzehnt nach der Gründung von RSPO noch keine.[17]

Letztlich stellt sich die Frage, ob ein Massenprodukt, das immer auf Kosten des Regenwaldes und fast ausschließlich in großflächigen Monokulturen hergestellt wird, überhaupt nachhaltig sein kann. Denn auf jedem Quadratmeter Ölpalmplantage könnte auch tropischer Regenwald wachsen. Und in vielen Fällen werden für die Pflanzung von Ölpalmplantagen ganz direkt Primär- und Sekundärwälder abgeholzt, sei es auf Borneo, Neuguinea oder in Zukunft im afrikanischen Kongobecken. Wissenschaftler der ETH Zürich und der Princeton University haben errechnet, dass zwischen 1990 und 2005 in Malaysia und Indonesien mehr als die Hälfte der Fläche der Schweiz nur deshalb abgeholzt wurde, um Platz für Ölpalmen zu schaffen.[18] Zu den Opfern der oft vom Staat gestützten, kapitalintensiven Palmölindustrie gehören nicht nur die vom Regenwald lebenden Indigenen, sondern auch die immer bedrohtere Fauna und Flora der feuchten Tropen mit ihren Orang-Utans, Waldelefanten und den weltweit größten Blütenpflanzen – den Rafflesien und der Titanwurz – als spektakulärste Arten.

Bisher konnte der Beweis nicht erbracht werden, dass dank des RSPO-Labels weniger Regenwald abgeholzt würde. Sogar das Gegenteil könnte der Fall sein, da RSPO das umstrittene Palmöl erst salonfähig machte und so neue Kunden und Märkte erschloss, was den Gesamtverbrauch weiter anwachsen ließ. In der Schweiz beispielsweise wuchs der Verbrauch von Palmöl seit der Einführung des RSPO-Labels von 21 000 Tonnen im Jahr 2004 auf 34 000 Tonnen im Jahr 2012 (+62 %).[19] Und in der EU erhielt der Palmölabsatz zusätzlichen Schub, als die Europäische Kommission Ende 2012 RSPO als ausreichenden Nachhaltigkeitsnachweis für den Zugang zum subventionierten Markt für Treibstoffe aus erneuerbaren Quellen anerkannte.[20]

So rechtfertigt beispielsweise die vom finnischen Staat kontrollierte NESTE Oil, ein Großkunde von IOI, die Herstellung von Treibstoffen aus Palmöl damit, dass ab 2015 ausschließlich zertifiziertes »nachhaltiges« Palmöl verwendet werden soll.[21] Mit ihren beiden neuen Raffinerien in Singapur und Rotterdam, die 1,2 Milliarden Euro kosteten, verfügt NESTE Oil über eine Produktionskapazität von jährlich 1,6 Millionen Tonnen Agrodiesel.[22] Allein im Jahr 2012 verbrauchte NESTE Oil 1,36 Millionen Tonnen Palmöl für die Herstellung von Treibstoffen, was 2,7 Prozent der weltweiten Palmölproduktion entsprach.[23] Das finnische Staatsunternehmen ist dadurch zu einem der weltgrößten Palmölverbraucher aufgestiegen.

Eine ganz andere Antwort als Finnland hat Norwegen gefunden. In den Jahren 2010 bis 2012 stieß der staatliche norwegische Pensionsfonds alle seine Anteile an IOI und weiteren 29 Palmölkonzernen aus Malaysia, Indonesien und Singapur ab, die für die Abholzung tropischer Regenwälder verantwortlich sind. Die Entscheidung hat Gewicht, da Norwegens Pensionsfonds mit einem verwalteten Vermögen von über 600 Milliarden Franken der weltweit größte institutionelle Investor ist. Verkauft haben die Norweger unter anderem alle Aktien von Ta Ann Holdings.[24]

STAATLICH GEPLANTER LANDRAUB

In Sarawak ist die rasche Expansion der Palmölplantagen aufs Engste mit der Korruption von Chief Minister Taib Mahmud verbunden. Nicht von ungefähr hat sich Taib zusätzlich zu seinem Amt als Regierungschef das Ministerium für Ressourcenplanung geschnappt. Karten mit Palmöl- und Holzkonzessionen werden keine veröffentlicht, und die Landtransaktionen der Regierung gehören zu den bestgehüteten Staatsgeheimnissen überhaupt. Schließlich stellen der Raub von Staatsland und die anschließende Verteilung an seine Günstlinge zentrale Pfeiler von Taibs Macht dar. Nur dank unerschrockener Insider aus der Sarawak-Regierung, die mit Taibs Landraub und der Zerstörung des Regenwalds nicht einverstanden sind, dringen hie und da Informationen aus diesem Geheimbereich staatlichen Handelns an die Öffentlichkeit.

Das heimliche Treffen mit einem Informanten fand Ende 2010 in einem kleinen Familienhotel im indischen Stadtteil von Singapur statt. Aus Sicherheitsgründen durfte ich in Malaysia nicht mit ihm in Kontakt treten und ihn weder vor noch nach unserem Treffen anrufen. Zu sehr fürchtete er die Spitzeltätigkeit der Special Branch, Malaysias politischer Polizei, und Taibs Rache für die Preisgabe eines seiner größten Geheimnisse, das er mir auf einem unauffälligen grauen USB-Stick übergab.

Die Datei mit der scheinbar harmlosen Bezeichnung »Land and Survey« enthielt eine Liste von Namen, Daten, Preis- und Flächenangaben und schien auf den ersten Blick wenig interessant. Doch bei näherer Betrachtung erwies sich der Inhalt der langen Liste des Land and Survey Department von Sarawak, Taibs Landministerium, als äußerst brisant. Zeile für Zeile schlüsselte sie auf, wie Taib zwischen 1999 und 2010 1,5 Millionen Hektar Staatsland im Wert von mehreren Milliarden Dollar an Familienmitglieder, Freunde und ihm nahestehende Geschäftsleute und Politiker verteilte.[25] Sie erhielten das exklusive Recht, auf Staatsland und Land der Ureinwohner alles Holz zu ernten und während 60 Jahren Ölpalmen oder andere Monokulturen anzubauen. Eine öffentliche Kontrolle über die Vergabe dieser Ländereien gab es keine. Darüber entschied Taib ganz allein und ohne der Öffentlichkeit Rechenschaft abzulegen.

Mindestens 199 000 Hektar Land für Ölpalmen – mehr als die Fläche des Kantons Zürich – gingen direkt an Taibs allernächste Verwandte und an Firmen, an denen seine Familienmitglieder offiziell beteiligt sind. Taibs Sohn Bekir, seine Schwester Raziah, sein Cousin Hamed Sepawi, seine Nichte Elia Geneid und die Firma Delta Padi, an der Taib selbst Aktien hält, gehören zu den Begünstigten des Lands, dessen Wert auf mehrere 100 Millionen Schweizer Franken geschätzt wird. Über 45 000 Hektar Land erhielt Taibs Familie ohne jede Bezahlung, für das restliche Land wurde ein Preis weit unter dem Marktwert verlangt.[26] Viele dieser Ländereien wurden nach kurzer Zeit zu einem weit höheren Preis weiterverkauft. Die Journalistin Clare Rewcastle dokumentierte auf ihrer

Webseite *Sarawak Report* einen Fall, in dem Taibs Brüder Arip und Ali durch den Weiterverkauf von 15 000 Hektar Staatsland im Mai 2004 in zwölf Tagen einen Gewinn von 40 Millionen Ringgit (13,3 Mio. CHF) erzielten.[27]

Global Witness wollte die Mechanismen von Taibs Landraub genauer kennen und schickte 2012 einen erfahrenen Ermittler nach Sarawak. Dieser meldete sich beim Land and Survey Department und gab sich als Vertreter ausländischer Investoren aus, die in Malaysia Land für Ölpalmplantagen erwerben wollten. Immer dabei hatte er eine winzige Agentenkamera, mit der er seine Treffen mit Taibs Leuten heimlich filmte.[28]

Kaum hatte Andy S., wie sich der Detektiv nannte, das Landministerium kontaktiert, wurde er von einem Beamten weitergeschickt – direkt zu Taibs Cousinen Fatimah Abdul Rahman und Norlia Abdul Rahman, zwei Töchtern seines Onkels und Vorgängers Rahman Ya'kub. Mit Rahman hatte sich Taib nach jahrelangem Streit Anfang 2008 öffentlich versöhnt SIEHE KAPITEL 5. Der neu gewonnene Familienfriede bedeutete, dass Rahman und seine acht Töchter zurück ins Geschäft mit dem Chief Minister kamen.

Der Ermittler traf die beiden Rahman-Töchter zu Verkaufsverhandlungen im Pullman Kuching, einem der besten Fünfsternehotels in Sarawak. In der scheinbaren Sicherheit des Hotelzimmers gaben die ziemlich vulgär auftretende Fatimah und ihre ältere Schwester Norlia freiherzig preis, wie der Landraub abläuft und welche Rolle ihr Cousin dabei spielt. Als Beispiel diente die Firma Ample Agro, die Fatimah und Norlia zusammen mit fünf Schwestern besitzen, darunter die Politikerin Norah (sie sitzt für die Taib-Partei PBB im malaysischen Parlament) und Khadijah, die mit einem Bruder von Malaysias Premierminister Najib Razak verheiratet ist.[29]

Anfang 2011 erhielt Ample Agro von Taib eine Konzession für die Rodung von 5000 Hektar Regenwald und für die Nutzung des Lands als Ölpalmplantage bis ins Jahr 2071. Sie bezahlten dafür rund 300 000 Franken und verpflichteten sich zur Ablieferung eines jährlichen Pachtzinses von etwas weniger als einem Franken pro Hektar und Jahr. Das betroffene Waldstück wird zwar seit über 100 Jahren von vielen Iban-Ureinwohnern genutzt, doch diesen werden von der Taib-Regierung keinerlei Rechte über den als Staatsland klassierten Wald zugestanden.

Dem Ermittler von Global Witness boten Fatimah und Norlia die Firma Ample Agro mit ihrer Landkonzession für 49,4 Millionen Ringgit (16,5 Mio. CHF) zum Verkauf an. Ohne irgendwelche Arbeiten zu verrichten, wollten die Taib-Cousinen rund 16,2 Millionen Franken Gewinn einstreichen – offensichtlich ohne jedes Unrechtsbewusstsein und unter grober Missachtung der Rechte der auf dem Land lebenden Ureinwohner: »Diese Leute sind Landbesetzer [...]. Sie können das Land nicht beanspruchen, aber sie können einem das Leben schwer machen, wenn man sie nicht ruhigstellt«, sagte Norlia in die versteckte Kamera.

Außer von den Rahman-Töchtern erhielt Andy S. noch weiteres Land angeboten, nämlich 32 000 Hektar Land der Firma Billion Ventures von Taib-Vertrauensmann Hii Yii Peng. Der Holzbaron wollte dafür 230 Millionen Ringgit (77 Mio. CHF) und betraute seinen Neffen mit der Verkaufsverhandlung. Dieser sprach gegenüber dem Ermittler Klartext – natürlich ohne zu wissen, dass er dabei gefilmt wurde. 10 Prozent des Kaufpreises müssten direkt an den Chief Minister abgeliefert werden, sagte er, doch das würde sein Onkel Hii Yii Peng übernehmen. Bei einem Zustandekommen des Deals hätte Taib über 7 Millionen Franken Schmiergelder kassiert.[30]

Das Land von Billion Ventures, ein prächtiger Sekundärwald, liegt im Norden von Sarawak am Oberlauf des Limbang River in der Nähe des Kelabit-Dorfs Long Napir, wenige Kilometer vom UNESCO-geschützten Mulu-Nationalpark entfernt. Es wird seit Jahrhunderten von indigenen Penan- und Kelabit-Gemeinden genutzt. Taib vergab die Plantagenkonzession, die zur Abholzung des gesamten Regenwaldes und seine Umwandlung in Ölpalmplantagen berechtigt, ohne jede Konsultation der Ureinwohner. Im März 2011 verlangten indigene Kläger vor einem Gericht in Sarawak die Anerkennung ihrer traditionellen Nutzungsrechte über das Land, das zuvor mit Unterstützung des Bruno Manser Fonds kartiert worden war.[31] Die Klage wurde vom High Court von Sarawak und Sabah in erster Instanz aus formalen Gründen abgewiesen; doch das malaysische Appellationsgericht stieß diesen Entscheid um und ordnete einen Prozess über die Landrechte der Indigenen an.

Die Publikation des Videos durch Global Witness wenige Wochen vor der Parlamentswahl vom 5. Mai 2013 führte in Malaysia zu einem Sturm der Entrüstung, und in kurzer Zeit wurde es auf YouTube über eine Million Mal abgerufen. Doch Taib entzog sich dem öffentlichen Druck geschickt, und weder die Antikorruptionsbehörden noch die Justiz in Kuala Lumpur trauen sich, ihn anzurühren.

TAIBS KORRIDOR DER KORRUPTION

Neben der Zerstörung des tropischen Regenwalds für Ölpalmplantagen droht ein neues Element von Taib Mahmuds »Entwicklungs«-Masterplan, den bis vor Kurzem so einzigartigen Tropenstaat Sarawak bis zur Unkenntlichkeit zu entstellen. Wie bei der Expansion der Ölpalmplantagen spielen auch hier Korruption und die Geldgier des Taib-Clans eine zentrale Rolle. Die Leidtragenden sind einmal mehr die Ureinwohner, insbesondere die im Landesinneren lebenden Orang-Ulu-Völker – Penan, Kayan, Kenyah und Kelabit –, denen die erzwungene Umsiedlung oder gar die Auslöschung ihrer Kultur droht. Nachdem die Urwälder bis auf letzte Reste gefällt worden sind und geplant ist, große Teile des Sekundärwaldes durch Plantagen zu ersetzen, soll nach Taibs Willen die Flusskultur der Indigenen in den Fluten riesiger neuer Staudämme ertränkt werden. Und dies, nachdem 2011 mit dem 2,4 Milliarden US-Dollar teuren Bakun-Staudamm in Sarawak bereits der größte Staudamm Südostasiens in Betrieb ging.[32] Mit 2400 Megawatt verfügt er über eine 20 Prozent höhere Produktionskapazität als Grande Dixence, das größte Wasserkraftwerk der Schweizer Alpen. Die vom Bakun-Stausee überflutete Fläche ist mit 696 Quadratkilometern allerdings 174 Mal größer als der bloß 4 Quadratkilometer große Grande-Dixence-Stausee.[33] Die übermäßig große Überflutungsfläche geht auf das flache Relief zurück und hat enorme soziale und ökologische Auswirkungen. 10 000 Regenwaldbewohner mussten für den Mammutstaudamm ihre Dörfer verlassen und wurden ins triste Umsiedlungszentrum Sungai Asap verfrachtet.

Im Rahmen des von der malaysischen Bundesregierung unterstützten »Korridors der erneuerbaren Energie« (Sarawak Corridor of Renewable Energy, SCORE) plant Taib ein gigantisches Industrialisierungsprogramm, das mit geplanten Investitionen von bis zu 105 Milliarden US-Dollar das größte je unternommene Energieprojekt Südostasiens ist und auch weltweit zu den kapitalintensivsten und ambitiösesten staatlichen Programmen zählt.[34] Der Grundgedanke ist simpel: Neue Megastaudämme sollen die mächtigen Urwaldströme von Borneo aufstauen und riesige Mengen an Elektrizität bereitstellen, welche über Hochspannungsleitungen in die Küstenregion geführt werden. Dort sollen dank der billigen Elektrizität energieintensive (und umweltschädliche) Schwerindustrien wie Schmelzwerke für Aluminium, Stahlöfen und Glaswerke angesiedelt werden.

Das Gute an diesem Plan für Taib ist, dass seine Familie bei SCORE auf allen Stufen mitverdient: beim Bau der Staudämme, beim Bau der Hochspannungsleitungen und beim Aufbau der Schwerindustrie. Das Schlechte an diesem Plan für die Indigenen von Sarawak ist, dass sie auf allen Stufen verlieren werden: bei der Überflutung ihres Landes, beim erzwungenen Umzug in staatliche Umsiedlungszentren und bei der mangelhaften Kompensation für ihre Opfer.

Eigentlich hätte man denken sollen, dass diese Art von Entwicklungspolitik mit der Brechstange passé sei, doch der in den 1960er-Jahren sozialisierte Taib hat riesige neue Verdienstmöglichkeiten gewittert und weiß, dass sich kaum einer trauen wird, sich ihm in den Weg zu stellen.

Bekannt wurden die großen Staudammpläne Anfang 2008, als die Organisatoren einer Energiekonferenz im südchinesischen Nanning eine vertrauliche Präsentation von Sarawak Energy versehentlich ins Internet stellten. Taibs Schwager Abdul Aziz Husain, damals Direktor des staatlichen Elektrizitätsversorgers, hatte dort die hochtrabenden Pläne der Taib-Regierung vorgestellt: Bis ins Jahr 2020 plant Sarawak Energy die Realisierung von zwölf neuen Staudämmen mit einer Gesamtkapazität von 7000 Megawatt – dies bei einem damaligen Spitzenverbrauch von weniger als 1000 Megawatt.[35] Zu diesem Zeitpunkt beabsichtigte die malaysische Regierung noch, über ein 700 Kilometer langes Unterseekabel Elektrizität des im Bau befindlichen Bakun-Staudamms nach West-Malaysia zu exportieren.[36]

Seither hat sich viel verändert: Der Stromexport durch das Südchinesische Meer nach West-Malaysia erwies sich als unwirtschaftlich, der multinationale Bergbauriese Rio Tinto Alcan begrub seine Pläne für ein großes Aluminiumschmelzwerk in Sarawak und die Inbetriebnahme des milliardenteuren Bakun-Staudammes führte zu einem akuten Stromüberschuss.

Nur am Gigantismus von Taib Mahmuds Staudammplänen hat sich nichts geändert. Noch vor Fertigstellung des Bakun-Staudamms begannen 2008 die Bauarbeiten für den Murum-Staudamm im Oberlauf des Rajang-Beckens. Unter striktem Ausschluss der Öffentlichkeit nahmen dort 2000 chinesische und pakistanische Arbeiter unter Leitung eines australischen Projektmanagers die 141 Meter hohe Staumauer für einen weiteren 900-Megawatt-Staudamm in Angriff.

Der Zement konnte praktischerweise von der Taib-Familie bezogen werden, deren Familienunternehmen Cahya Mata Sarawak über ein Zementmonopol verfügt. Eine Sozial- und Umweltverträglichkeitsprüfung zum 1,3 Milliarden Franken teuren Murum-Projekt wurde erst erarbeitet, als der Staudamm bereits zu zwei Dritteln gebaut war.[37] So ließen sich unnötige Bauverzögerungen vermeiden – das Resultat stand ohnehin von vornherein fest: Der Murum-Staudamm musste unbedingt gebaut werden und die am Fluss ansässigen Indigenen mussten gehen. Immerhin wurde den Ureinwohnern die Zwangsumsiedlung mit neuen Häusern versüßt – doch selbst an deren Bau verdiente die Taib-Familie mit: Ihre beiden Familienunternehmen Naim Holdings und Cahya Mata Sarawak kassierten für den Bau des Murum-Umsiedlungszentrums satte 220 Millionen Ringgit (68 Mio. CHF).[38]

Recherchen des Bruno Manser Fonds haben gezeigt, dass bei einer Realisierung aller bis ins Jahr 2020 geplanten zwölf Staudammprojekte insgesamt eine Fläche von 2300 Quadratkilometern tropischem Regenwald unter Wasser gesetzt würde (inklusive Bakun-Staudamm). Zwischen 30 000 und 50 000 Indigene aus rund 235 betroffenen Gemeinden würden ihre Heimat verlieren.[39]

Taibs »Korridor der erneuerbaren Energie« ist nicht nur ein ökologisch und sozial äußerst folgenschweres Vorhaben, sondern auch ein schamloser Etikettenschwindel. So sind unter dem grünen Mäntelchen der erneuerbaren Energie auch fünf neue Kohlekraftwerke mit einem jährlichen Verbrauch von 12,8 Millionen Tonnen Kohle geplant.[40] Und unter den Prioritätssektoren innerhalb von SCORE wird die Ankurbelung der Erdölförderung genannt.[41] Viel eher als von einem Korridor der erneuerbaren Energie müsste man bei diesem Mammutprojekt von einem einzigartigen »Korridor der Korruption« sprechen.

EIN NORWEGER FLUTET DEN REGENWALD

Vorangetrieben werden Taibs ambitiöse Staudamm- und Kohlekraftpläne von einem norwegischen Staatsbürger, der sich auf ungesunde Art und Weise mit dem Taib-Regime eingelassen hat. Torstein Dale Sjøtveit steht seit Ende 2009 als CEO an der Spitze von Sarawak Energy, wo er Taibs Schwager als operativen Chef des Unternehmens ablöste. Auch unter der Leitung von Sjøtveit ist Sarawak Energy fest in der Hand der Taibs geblieben: Chairman ist weiterhin Taibs Cousin Hamed Sepawi. Und weil das Unternehmen zu 100 Prozent dem Staat Sarawak gehört, hat Taib Mahmud persönlich als Regierungschef immer das letzte Wort.[42]

Der Norweger Sjøtveit, mit einem Gehalt von 1,2 Millionen US-Dollar einer von Malaysias bestbezahlten Managern, porträtiert sich gerne als uneigennützigen Entwicklungshelfer, der den Bewohnern von Sarawak endlich zu Entwicklung und Wohlstand verhilft.[43] Dabei unterschlägt er, dass bereits mit dem Einzug der Holzindustrie vor 30 Jahren ähnliche Versprechungen gemacht wurden und dass Korruption und der politische und wirtschaftliche Würgegriff der Taib-Familie heute das Haupthindernis für die Entwicklung von Sarawak sind.

Auf einem Blog von Sarawak Energy zeigt Sjøtveit rührselige Bilder seiner Kindheit im norwegischen Telemark und erzählt, wie sein Heimatstädtchen Rjukan 1911 dank der Bändigung eines Wasserfalls und der Entwicklung der Wasserkraft den Weg in die Industrialisierung gefunden habe.[44] Ein anderes Bild zeigt, wie Sjøtveit Penan-Kindern bei der Eröffnung eines Kindergartens liebevoll die Hand schüttelt.[45] Doch Sjøtveit kann auch anders, wenn es sein muss, zum Beispiel wenn die Rede auf Nichtregierungsorganisationen wie SAVE Rivers und den Bruno Manser Fonds kommt, welche die Ureinwohner von Sarawak bei ihrem Widerstand gegen die Staudammpläne unterstützen. Einem norwegischen Journalisten schrieb Sjøtveit, der »Mangel an Entwicklung«, wie ihn NGOs in Sarawak angeblich propagierten, sei »ein Verbrechen gegen die breitere Bevölkerung und in grober Weise undemokratisch.«[46] Als im September 2013 300 Indigene mit einer Blockade gegen ihre Zwangsumsiedlung für den Murum-Staudamm protestierten, schrieb Sjøtveit dies »dem bösartigen Einfluss fremder Anstifter« zu.[47]

Was bedeutet es, wenn ein westlicher Manager für ein repressives Regime arbeitet? Der Fall des Norwegers Sjøtveit zeigt fast exemplarisch, wie zu große Nähe zu einem korrupten Potentaten die Wertmaßstäbe versetzt und Skandalöses als normal erscheinen lässt. Sjøtveit weist jede Mitverantwortung an der Korruption im Staudamm-Geschäft in Sarawak weit von sich und behauptet, zeitlebens nie einen Auftrag vergeben zu haben, der nicht in einem »transparenten Prozess unter Anwendung höchster Standards« geprüft wurde.[48]

Die Fakten sprechen eine andere Sprache: Innerhalb von drei Jahren nach Sjøtveits Amtsantritt als CEO vergab Sarawak Energy im Zusammenhang mit den Staudammprojekten der Taib-Regierung Aufträge im Wert von über 689 Millionen malaysischen Ringgit (230 Mio. CHF) an die der Taib-Familie nahestehenden Unternehmen Cahya Mata Sarawak, Naim Holdings und Sarawak Cable.[49] Nach der malaysischen Parlamentswahl vom Mai 2013 SIEHE KAPITEL 10 erhielt das von Taib-Sohn Bekir

Der 2011 in Betrieb genommene Bakun-Staudamm ist mit einer Leistung von 2400 Megawatt und einer Überflutungsfläche von 696 Quadratkilometern einer der größten Staudämme Asiens.

Anlässlich des Weltkongresses der International Hydropower Association demonstrierten im Juni 2013 Hunderte von Indigenen in Kuching gegen die Wasserkraftpläne des Taib-Regimes.

STOP
BARAM
DAM

STOP
BARAM
DAM
BAKUN
is
ENOUGH
RESPECT
NATIVE
RIGHTS
FULL TRASNPARENCY ON
SARAWAK'S DAM
NO TO FORCED RESETTLEMENT
OUR LIFELINE

präsidierte Unternehmen Sarawak Cable weitere Aufträge für Stromleitungen im Wert von 618 Millionen Ringgit (206 Mio. CHF).[50]

Konfrontiert mit diesen Vorwürfen, weigert sich Sjøtveit, Stellung zu nehmen, und bezichtigt den Bruno Manser Fonds wahlweise der Lüge oder zahlreicher Irrtümer, ohne spezifisch zu werden. »Ich war nie korrupt oder an korrupten Machenschaften beteiligt; weder bevor ich nach Sarawak kam noch seit ich in Sarawak bin noch in der Zukunft«, schrieb Sjøtveit im Juni 2013. »Ich habe dem Bruno Manser Fonds weiter nichts zu sagen, aber da ich euch [den Bruno Manser Fonds] kenne, fürchte ich, dass ich mich darauf einstellen muss, dass ihr eure schmutzige, unbegründete und persönliche Belästigung weiterführen werdet.«[51] Als Dank für seine Dienste für das Taib-Regime wurde Sjøtveit im September 2013 vom Gouverneur von Sarawak der Ehrentitel »Datuk« (Sir) verliehen.[52]

TAIBS HELFER AUS DEM AUSLAND

Sarawak-Energy-CEO Sjøtveit ist nur einer von vielen Geschäftsleuten aus dem Ausland, die sich an Taib schadlos halten und ein persönliches pekuniäres Interesse an seinem Regime haben, ihm aber auch wichtige Hilfestellung leisten. Unter diesen Taib-Helfern finden sich vor allem Anwälte, Finanzexperten, Buchhalter oder eben technisch qualifizierte Manager wie Sjøtveit. Ende 2011 publizierte der Bruno Manser Fonds im Rahmen seiner »Stop Timber Corruption«-Kampagne eine als Fahndungsplakat gestaltete schwarze Liste mit den Namen von 30 Personen aus neun Staaten, die bezichtigt werden, für Taib Mahmud finanzielle, technische oder ideelle Dienstleistungen erbracht und so das Regime des Potentaten unterstützt oder legitimiert zu haben. Neben dem Norweger Sjøtveit standen auf dieser »Taib's Foreign Helpers«-Liste neun Australier, sechs Kanadier, vier Briten und zehn andere Staatsangehörige.

Prominentester Europäer auf der Liste ist Fürst Albert II. von Monaco. Durch öffentliche Auftritte mit Taib verhalf er diesem zu unverdientem internationalem Ansehen. Im April 2008 war der Fürst auf Staatsbesuch in Sarawak – zusammen mit einem Privatbankier aus Monaco und dem griechisch-britischen Immobilienmakler Achilleas Kallakis, der damals Mitglied im Stiftungsrat von Fürst Alberts Umweltstiftung war.[53] Die Reise sollte für Albert II. nicht nur wegen Taib, sondern auch wegen Kallakis zum Problem werden. Dieser erwies sich als Hochstapler und Millionenbetrüger. Im Januar 2013 verurteilte ihn ein Gericht in London zu sieben Jahren Haft, weil er sich mittels falscher Bankgarantien Immobilien im Wert von 750 Millionen Pfund erschwindelt hatte.[54] Eingefädelt hatte den Besuch die mit der Taib-Familie befreundete Evelyne Genta, die Botschafterin von Monaco in Großbritannien und Ehefrau des verstorbenen Genfer Uhren-Designers Gérald Genta.[55] Genta wirkte auch bei einer von der Taib-Regierung gesponserten islamischen Modeschau in Monaco mit. Taib Mahmud und Malaysias Premier Najib Razak standen auf der Bühne, als Albert II. am 9. August 2010 aus den Händen von Rosmah Mansor, der First Lady Malaysias, eine Spende von 100 000 Euro für seine Umweltstiftung Fondation Prince Albert II de Monaco entgegennahm.[56]

Als prominentester Amerikaner schaffte es FBI-Direktor Robert Mueller auf die Liste der Taib-Helfer: Muellers Name steht für den Entscheid der amerikanischen Bundespolizei, vor der Korruption des malaysischen Potentaten die Augen zu verschließen, als sie ihren Sitz in Seattle in ein Gebäude der Taib-Familie verlegte SIEHE KAPITEL 1. Verschiedene Schreiben zum Thema ließ Mueller unbeantwortet.

Aus Australien steht James McWha, der ehemalige Präsident der Universität Adelaide, auf der Liste. Die Universität, an der Taib 1961 sein Jura-Studium abschloss, verlieh ihrem Absolventen und großzügigen Mäzen die Ehrendoktorwürde und benannte einen Platz auf dem Universitätsgelände nach ihm SIEHE KAPITEL 4. »Der Chief Minister war eine starke Kraft für die Entwicklung enger und anhaltend guter Beziehungen zwischen unseren beiden Ländern«, pries Professor McWha den Potentaten.[57]

TAIB'S FOREIGN HELPERS

ABDUL TAIB MAHMUD

Corrupt Chief Minister of Sarawak, Malaysia

For three decades, potentate Abdul Taib Mahmud has robbed Sarawak and destroyed the Borneo rainforest, making him one of the world's top eco-criminals. Taib has stolen billions of dollars from Sarawak state coffers and has hidden them in companies and bank accounts around the globe. The following persons have helped Taib and his family members to conduct business, hide their foreign assets or gain undeserved respectability outside Malaysia.

Sean Patrick Murray

Nationality: Canadian
Active in: Canada, UK, USA

Executive of Sakto (CAN), Ridgeford Properties (UK), Wallysons Inc. (USA)

Josef Ackermann

Nationality: Swiss
Active in: Germany, Malaysia, Jersey, Cayman

CEO of Deutsche Bank

Richard Alexander John Curtis

Nationality: British
Active in: Malaysia

Group Managing Director of Cahya Mata Sarawak

Shea Kin Kwok

Nationality: Chinese
Active in: Hong Kong

Director of Regent Star Company and Richfold

Alan Friedman

Nationality: American
Active in: Global

Chairman of FBC Group

Farok Majeed

Nationality: Singapore
Active in: Australia

Former business partner

Michael Lewis Abbott

Nationality: Australia
Active in: Australia

Sole shareholder of Australian Universities

John Antoine Kiosoglous

Nationality: Australia
Active in: Australia

Director of Sitehost Pty Ltd

Gary Patrick Doherty

Nationality: Australian
Active in: Australia

Director of Sitehost Pty Ltd and Conceal Pty Ltd

Kampagnenposter 2011

Die meisten anderen »Taib-Helfer« sind Geschäftsleute, mit denen die Taib-Familie in Kontakt steht und zum Teil größere Transaktionen abgewickelt hat, beispielsweise im Rahmen der kanadischen Sakto-Gruppe und ihren Schwestergesellschaften in Großbritannien und den USA. Für Taib und seine Klientel spielen Figuren wie Sjøtveit und McWha eine wichtige Rolle als Türöffner von der kriminellen Welt des Kleptokraten in die der globalen Wirtschaft und Politik. Entsprechend üppig werden Taibs ausländische Helfer entlohnt oder mit »wohltätigen« Spenden gütig gestimmt. Im Gegenzug verschließen sie nur allzu gerne die Augen.

RETTET DIE FLÜSSE VON SARAWAK!

Die rasch fortschreitende Umwandlung des Regenwaldstaats Sarawak in eine »grüne Wüste« aus Ölpalmplantagen und Stauseen droht nicht nur die einzigartige Biodiversität von Borneo zu zerstören, sondern bringt auch eine folgenschwere Umschichtung der Nutzungsrechte an den natürlichen Ressourcen mit sich. Der öffentlich zugängliche Wald, das »Kapital der Armen«, verschwindet zugunsten von Plantagen und Energieprojekten, die durch wenige Holzbarone und eine kleine politische Elite kontrolliert werden.

Bereits seit Jahrzehnten wehren sich die Penan und andere indigene Communities gegen die Entrechtung und die Zerstörung ihres Lebensraums durch die Taib-Regierung – anfänglich mittels Blockaden von Holzfällerstraßen, im letzten Jahrzehnt zunehmend mittels Landrechtsklagen, die durch Anwälte des Indigenennetzwerks SILA (Sarawak Indigenous Lawyers' Association) vor lokalen Gerichten erhoben werden SIEHE KAPITEL 6. Über 200 Fälle wurden schon eingereicht; Dutzende sind abgeschlossen. Eine Bilanz der Landrechtsfälle zeigt, dass die Gerichte überdurchschnittlich häufig zugunsten der indigenen Gemeinden entscheiden.

Es bleibt allerdings ungewiss, ob Taib diese Gerichtsurteile respektieren wird. Ein besonderer Streitpunkt ist die Frage, ob neben dem kultivierten Landwirtschaftsland auch die meist viel größeren Flächen an Gemeindewald *(pulau gala)* und Gemeindeallmenden *(pemakai menua)* als Land der Ureinwohner anerkannt werden. Ende 2012 läutete Indigenenanwalt Baru Bian die Alarmglocke, nachdem ein Minister der Taib-Regierung sagte, diese Gebiete würden nicht als indigenes Land anerkannt. Baru Bian bezichtigte die Regierung von Sarawak, die Justiz zu missachten, nachdem in zwei Fällen alle Gerichtsinstanzen bis zum Bundesgericht von Malaysia bestätigt hatten, dass Gewohnheitsrechte der Ureinwohner über Gemeindewald und Allmenden anerkannt werden müssten.[58]

Ein Trick besteht darin, Land der Indigenen für Projekte im öffentlichen Interesse zu enteignen und so der Nutzung durch Taibs Günstlinge zuzuführen. Dazu eignen sich Staudammprojekte besonders gut, für die nicht nur das für den Stausee benötigte Land, sondern auch das Einzugsgebiet zum Projektperimeter geschlagen werden können. Dies geschah im Einzugsgebiet des Bakun-Staudamms, wo die Konzerne Shin Yang und Rimbunan Hijau riesige Flächen abholzen und durch Ölpalmen und Baumplantagen ersetzen durften. Trotz Versprechungen der malaysischen Regierung, dass der Wald im Einzugsgebiet des Staudamms erhalten werden sollte, erhielten die beiden Konzerne dort klammheimlich über 300 000 Hektar Plantagenkonzessionen.[59] Anwalt Baru Bian befürchtet, dass auch die neusten Staudammprojekte der Taib-Regierung als Vorwand für die Enteignung von indigenem Land dienen könnten.[60]

Nach den schlechten Erfahrungen der durch den Bakun-Staudamm umgesiedelten Indigenen, die heute fast alle in extremer Armut leben, haben Taibs neuste Staudammpläne die Ureinwohner aufgeschreckt. Insbesondere im dicht besiedelten Baram-Gebiet, dem Stammland der indigenen Völker der Kenyah, Kayan und Penan, ist seit Ende 2011 eine Widerstandsbewegung entstanden, die von internationalen Organisationen wie dem Bruno Manser Fonds, International Rivers, The Borneo Project und der Rainforest Foundation Norway unterstützt wird.

STAUDAMMPROJEKTE IN SARAWAK (STAND 2013)

Dammprojekt	Projektstand	Fläche (km^2)	Betroffene Dörfer	Wasserspiegel (m ü. M.)	Leistung (MW)
Bakun	fertiggestellt	700	31	255	2400
Baleh	geplant	527.3	1	241	1300
Baram 1	geplant	412.5	36	200	1200
Baram 3	geplant	6.3	4	435	300
Batang Ai	fertiggestellt	76.9	59	125	108
Belaga	geplant	37.5	0	170	260
Belepeh	geplant	71.8	5	570	114
Lawas	geplant	12.4	1	225	87
Limbang 1	geplant	6.3	1	100	42
Limbang 2	geplant	41.3	11	230	245
Linau	geplant	52	3	450	297
Murum	im Bau	241.7	10	560	944
Pelagus	geplant	150.8	78	60	410
Trusan	geplant	47.4	5	510	200

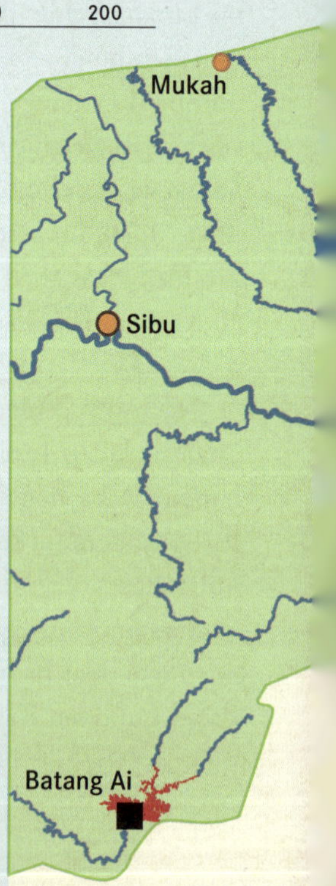

- Große Siedlungen
- Hauptflüsse
- Nebenflüsse
- Staudämme fertiggestellt
- Staudämme im Bau
- Staudämme geplant
- Überflutungsgebiete

Quellen: Sarawak Energy; BMF 2013

MALAYSIA
INDONESIEN
SÜDCHINESISCHES
MEER
BRUNEI
BRUNEI
Miri
Limbang
Lawas
Trusan
Limbang 1
Limbang 2
Baram 1
Bintulu
Baram 3
Belepeh
Belaga
Bakun
Murum
Linau
Pelagus
Baleh
INDONESIEN
N
0
25
50
Kilometer

Das Save Sarawak Rivers Network (SAVE Rivers) und das Baram Protection Action Committee engagieren sich mit Informationsveranstaltungen, öffentlichen Stellungnahmen und Protestaktionen gegen die zerstörerischen Staudammpläne. »Staudämme führen zu Armut, nicht zu Entwicklung«, schreiben die umtriebigen Campaigner auf ihrer Webseite. »Sarawaks Staudämme haben bereits 12 000 Leute vertrieben. In den Umsiedlungszentren für den Bakun-Damm und den Batang-Ai-Damm leben viele Indigene in Armut ohne Arbeit, ohne genügend Pflanzland und mit schlechtem Zugang zu Bildung und Gesundheitsversorgung.«[61]

Präsidiert wird die unabhängige Anti-Staudamm-Bewegung von Peter Kallang, einem pensionierten Ingenieur, der zuvor bei Shell tätig war und sich auch in der katholischen Kirche engagiert. Der besonnen, aber bestimmt auftretende Kallang nimmt kein Blatt vor den Mund, wenn er gefragt wird, wem die geplanten Staudämme nützen werden: »In Sarawak profitieren nur unsere Machthaber vom Bau dieser Staudämme. Für uns Indigene bedrohen sie nicht nur die wirtschaftliche Existenz, sondern auch das kulturelle Erbe.«[62]

Im Vorfeld eines internationalen Wasserkraft-Kongresses in Kuching vom Mai 2013, der von Sarawak Energy als Propagandaveranstaltung für Taibs Staudammprogramm konzipiert war, schrieben Peter Kallang und der Bruno Manser Fonds kritische Briefe an die International Hydropower Association (IHA). Die Wasserkraft-Lobbyorganisation und Sarawak Energy reagierten umgehend und sperrten den Indigenenvertreter Kallang und die Bruno-Manser-Fonds-Mitarbeiterin Annina Aeberli vom Kongress aus, obwohl beide die horrende Tagungsgebühr von 1750 US-Dollar bezahlt hatten. Kallang reagierte souverän und reichte beim nächsten Polizeiposten Strafanzeige gegen die IHA und Sarawak Energy ein.[63] Auf internationalen Druck hin wurden Kallang und Aeberli zu den weiteren Veranstaltungen des Kongresses zugelassen und konnten sich dort trotz Widerstand der Taib-Regierungsvertreter mit kritischen Voten zu Wort melden.[64]

Während im kühlen Kongresszentrum Delegierte aus 60 Staaten über den Fortschritt der »nachhaltigen« Wasserkraftnutzung debattierten, protestierten draußen 300 Ureinwohner mit erhobenen Fäusten und Transparenten mit Aufschriften wie »Stop Baram Dam«, »Bakun is Enough« und »Respect Native Rights« gegen Taibs Staudammpläne. Von IHA-Direktor Richard Taylor verlangten sie, dass sich die Wasserkraft-Lobbygruppe von den Staudammplänen von Sarawak Energy distanziere und Taibs norwegischen Vertrauensmann Torstein Dale Sjøtveit aus ihrem Vorstand entlasse.[65] Besonders erzürnt waren die Staudammgegner, dass die IHA ihre Tagung in einem Kongresszentrum der Taib-Familie durchführte (dem Borneo Convention Centre Kuching), bei dem Taibs Sohn Bekir und seine Schwester Raziah Geneid im Direktorium sitzen.[66]

So hatte sich Taib seinen Wasserkraft-Kongress in Kuching wohl nicht vorgestellt: vom ersten Tag an schlechte Presse und bei vielen Teilnehmern Stirnrunzeln über die Zustände in Sarawak. Zum Abschluss der Konferenz versandte Agence France Presse einen Bericht über Taib mit dem unzweideutigen Titel »Outrage grows over scandal-tainted Malaysian leader« (»Wachsende Empörung über skandalbehafteten malaysischen Politiker«), der von Medien in ganz Südostasien aufgenommen wurde. Viel deutlicher kann eine Agenturmeldung nicht mehr werden.[67]

Noch bleibt für die Landrechtsanwälte in Sarawak und die Kampagnenverantwortlichen von SAVE Rivers – neben Peter Kallang insbesondere auch Marc Bujang und Philipp Jau – viel Arbeit. Doch die große Resonanz ihrer Arbeit in der Öffentlichkeit lässt darauf hoffen, dass sich Taibs zerstörerische Pläne und die fast gänzliche Umwandlung des einstigen »Fair Land Sarawak« in eine grüne Wüste aus Plantagen und Stauseen noch stoppen lassen.

RETTET DEN REGENWALD

TROTZ WACHSENDEM WIDERSTAND GEGEN SEIN REGIME SITZT POTENTAT TAIB IMMER NOCH FEST IM SATTEL. ANGESICHTS DES ERSCHÜTTERNDEN AUSMASSES VON KORRUPTION UND

STOPPT DIE

UMWELTZERSTÖRUNG IN SARAWAK

KORRUPTION

IST DIE INTERNATIONALE GEMEINSCHAFT GEFORDERT. EIN ZEICHEN DER HOFFNUNG SETZEN DIE PENAN MIT IHREM SELBSTVERWALTETEN NATURPARK, DEM PENAN PEACE PARK.

10

TAIB IN DER KRITIK

Dreieinhalb Jahre sind vergangen, seit Clare Rewcastle und ich im Juni 2010 nach San Francisco gereist sind und von Taib Mahmuds verzweifeltem Ex-Angestellten Ross Boyert Insiderwissen und stapelweise Dokumente zum geheimen Immobilienimperium des greisen Potentaten erhalten haben.

Viel ist seither passiert: Der Bruno Manser Fonds hat seine Kampagnen gegen Korruption in Malaysias Tropenholzbusiness (»Stop Timber Corruption«) und gegen Taibs Staudammpläne (»Stop Corruption Dams«) lanciert, die beide ein bemerkenswertes internationales Echo gefunden haben. Anlässlich des 30. Amtsjubiläums von Taib als Chief Minister im Frühjahr 2011 koordinierte der Bruno Manser Fonds weltweite Proteste mit Kundgebungen in Ottawa, Seattle, San Francisco, London, Bern, Sydney, Adelaide und Huonville (Tasmanien).[1] Im Dezember 2011 berichtete die kanadische Fernsehstation *Global Television* erstmals ausführlich über die Geldwäschereivorwürfe gegen den Taib-Clan.[2] Ein Jahr später löste ein Report des Bruno Manser Fonds, der die Geschäfte der einzelnen Familienmitglieder analysierte, in Malaysia heftige Reaktionen aus.[3]

Clare Rewcastle rief den investigativen Blog *Sarawak Report* ins Leben und gründete die Kurzwellen-Radiostation *Radio Free Sarawak*, welche die Indigenen im Landesinneren mit unabhängigen Informationen versorgt.[4] Für dieses Engagement gewannen Rewcastle und ihr klandestin operierendes Team um die Moderatoren Peter John Jaban (»Papa Orang Utan«) und Christina Suntai im Mai 2013 den renommierten Free Media Pioneer Award des Internationalen Presseinstituts in Wien.[5] Dieses Engagement für freie Medien ist besonders wichtig, denn alle Zeitungen und elektronischen Medien mit Ausnahme des Internets unterstehen in Malaysia einer strikten Zensur durch die Regierung.[6]

Auch in Malaysia selbst hat sich einiges bewegt: Eine neu entstandene Facebook-Gruppe »Taib must go« erhielt Zuspruch von über 30 000 Personen, und über Korruption wird in Sarawak freier und öfter gesprochen. Das wäre noch vor wenigen Jahren undenkbar gewesen. Dazu beigetragen haben die Enthüllungen einer Reihe von Insidern und Geschäftspartnern des Taib-Clans auf *Sarawak Report*. Im Juni 2011 kündigte die malaysische Antikorruptionsbehörde MACC an, dass sie ein Verfahren gegen Taib Mahmud eröffnet habe.[7] Taibs Reaktion ließ nicht lange auf sich warten. Er setzte Clare Rewcastle auf eine schwarze Liste von unerwünschten Personen. Als sie im Juli 2013 nach Kuching flog, wurde ihr die Einreise nach Sarawak verweigert und sie musste mit dem nächsten Flug nach Singapur zurückkehren.[8]

Und doch sitzt Taib Mahmud politisch scheinbar fester im Sattel denn je zuvor und führt seinen verheerenden Raubzug auf den Regenwald unvermindert fort. Zwar verlor er bei Wahlgängen in den Jahren 2011 (regional) und 2013 (national) die städtische Mittelschicht an die Opposition, doch von der ländlichen Wählerschaft wurde er klar im Amt bestätigt. Natürlich hat Taib massiv Stimmen gekauft, und mit hoher Wahrscheinlichkeit wurde auch beim Auszählen geschummelt, insbesondere bei Sitzen mit knappem Ausgang, beispielsweise in der Baram-Region, wo der geplante Staudamm die Gemüter bewegt. Doch es ist auch ein paradoxes Phänomen, dass Taib seine fast uneingeschränkte Macht ausgerechnet denjenigen Leuten verdankt, die durch seine Politik am meisten zu verlieren haben. Die Abhängigkeit der verarmten Indigenen von der Regierung ist zu groß, als dass viele es wagen würden, gegen den Chief Minister aufzubegehren. »Never go against the towkay« (Rebelliere nie gegen deinen Herrn und Meister), wie Taib-Gefolgsmann James Masing formuliert,[9] scheint ein zutiefst verinnerlichter Leitsatz vieler Ureinwohner von Sarawak.

Seit dem Abzug der britischen Kolonialmacht vor 50 Jahren ist Taib Mahmud fast ununterbrochen Minister, seit bald 33 Jahren Regierungschef. Er hat in dieser weltweit fast einmalig langen Regierungszeit eine Machtfülle erreicht, die ihresgleichen sucht. Ohne Zweifel hat der Chief Minister ein außerordentlich stabiles Herrschaftssystem geschaffen, das sich nicht so leicht erschüttern lässt. Dennoch stehen die Zeichen in Sarawak auf Wandel, allein schon deshalb, weil Taibs biologische Uhr tickt – wogegen weder Geisterbeschwörer noch die Hochzeit mit einer 50 Jahre jüngeren Frau etwas ausrichten können.

Taibs Herrschaftssystem baut wesentlich auf Abhängigkeiten sowie auf seiner strikten Kontrolle über die wirtschaftlichen Ressourcen und die Informationsflüsse auf. Dass große Gebiete im Landesinnern von Sarawak noch immer nicht über anständige Straßen zu erreichen sind und nur über mangelhafte Bildungs- und Gesundheitseinrichtungen verfügen, dürfte einer bewussten Strategie entsprechen: Je besser ausgebildet und wirtschaftlich unabhängiger die ländliche Bevölkerung ist, desto weniger ist sie auf den Goodwill des Chief Ministers angewiesen. Der

Bau gewisser Straßenverbindungen wurde schon etliche Male als Wahlkampfversprechen von Taibs Barisan-Nasional-Regierung eingesetzt – realisiert wurden sie aber bis heute nicht.

Zwei Entwicklungen erodieren langsam, aber sicher die Machtbasis des Taib-Clans. Erstens sind die am einfachsten ausbeutbaren natürlichen Ressourcen – die wertvollen Tropenhölzer und die für die Ölpalmplantagen am besten geeigneten Ländereien – bald erschöpft. So fällt es Taib zusehends schwerer, Gewinne in der bisherigen Größenordnung abzuschöpfen und seine politische Klientel angemessen daran zu beteiligen. Dies könnte zu Unzufriedenheit führen, und die exzessiven Staudammprojekte sind möglicherweise der Versuch, über riesige Bauprojekte mit lukrativen Verdienstmöglichkeiten einen Ausweg aus diesem Problem zu finden. Gleichzeitig erwachsen aus diesen Projekten aber auch neue Konflikte, wie die heftige Auseinandersetzung um den Baram-Staudamm zeigt.

Die zweite, wohl noch größere Bedrohung für den Taib-Clan liegt in der Kommunikationsrevolution und dem zunehmenden Unvermögen der Herrschenden, die Informationsflüsse zu kontrollieren. Mit jedem neuen Mobiltelefon und Internetanschluss im Landesinnern droht Taib die Kontrolle über seine Machtbasis, die arme ländliche Bevölkerung, stärker zu entgleiten. Je besser informiert die Menschen sind, desto weniger lassen sie sich manipulieren. Zusätzlich macht es die rasche Globalisierung der Informationsflüsse für Taib schwieriger, seinen mittelalterlich anmutenden Feudalstaat von der Welt abzuschotten.

In einer Rede im Regionalparlament von Sarawak thematisierte Taib im Mai 2013 diese Bedrohung und beklagte die Kritik aus dem Ausland an seiner Führung der Staatsgeschäfte: »Weder die Regierung von Sarawak noch ich sind ausländischen NGOs, Journalisten und Medien gegenüber Rechenschaft schuldig noch werde ich ihnen erlauben, mich für Angelegenheiten der Regierungsführung zur Rechenschaft zu ziehen. Das über mich Geschriebene zu beantworten oder darauf zu reagieren, hieße, ihr Recht zur Einmischung und Teilhabe an den Angelegenheiten dieses Landes anzuerkennen.«

Taib ging noch weiter und beschuldigte die ausländischen NGOs, Sarawak rekolonisieren zu wollen. Dabei attackierte er namentlich den Bruno Manser Fonds sowie *Sarawak Report* und *Radio Free Sarawak,* welche sich angeblich darauf spezialisierten, »bösartige Vorwürfe zu erheben«, um die Regierung von Sarawak und Taib »in den Dreck zu ziehen«: »Ihre Motivation ist angeblich die Sorge um die Regierungsführung des Staates und die angebliche Notlage der Indigenen, aber wenn man ihre Aktivitäten einer vorurteilslosen und sorgfältigen Analyse unterzieht, kann man ihre Hintergedanken erkennen. Sie bestehen darin, politische Instabilität zu verursachen, die Entwicklung zum Stillstand zu bringen und das wirtschaftliche Wachstum abzuwürgen, das Sarawak seit der Unabhängigkeit unter seiner demokratisch gewählten Regierung erzielt hat. [...] Für mich ist das der getarnte Versuch, eine widerliche Form der Rekolonisierung einzuführen.«[10]

Wenn es noch eines Beweises bedurft hätte, dass dem dünnhäutigen Taib die zunehmende Kritik zusetzt – hier ist er.

WESHALB UNS SARAWAK NICHT EGAL SEIN DARF

Sind diese Argumente gegen eine Einmischung von außen ernst zu nehmen und sollten wir als Nicht-Malaysier vor Taibs Machenschaften und der korrupten Regierungsführung in Sarawak einfach die Augen verschließen, wie dies etwa der norwegische CEO von Sarawak Energy, die Universität Adelaide oder die amerikanische Bundespolizei FBI vorgelebt haben?

Es gibt gute Gründe dafür, dass wir das nicht tun sollten.

• **ERSTENS** verletzt das Taib-Regime in Sarawak kontinuierlich und systematisch die Menschenrechte der indigenen Bevölkerung, wie sie beispielsweise in der UNO-Deklaration über die Rechte der indigenen Völker (United Nations Declaration on the Rights of Indigenous Peoples, UNDRIP) kodifiziert sind.[11] Grundlegende Rechte wie das Recht auf Landeigentum, das Recht auf Selbstbestimmung und das Recht auf eine Respektierung ihrer Kultur werden täglich verletzt. Obwohl gemäß UNDRIP die Benutzung von indigenem Land für öffentliche Zwecke das Einverständnis der betroffenen Communities erfordern würde (Free, Prior and Informed Consent – FPIC), entscheiden in Sarawak der Regierungschef oder die zuständigen Ministerien oft ohne jede Konsultation und Transparenz über das Schicksal großer indigener Ländereien. Auch das von UNDRIP gewährleistete Recht der Indigenen, ihre eigenen politischen Repräsentanten zu wählen, wird verletzt: In Sarawak werden nur von der Regierung ernannte Gemeindevorsteher und Häuptlinge anerkannt.

Besonders anstößig ist, dass 50 Jahre nach der Unabhängigkeit von Malaysia viele Indigene noch immer über keine gültigen Ausweispapiere verfügen und durch Schikanen bei der Wählerregistrierung rund ein Drittel der Bürger von Sarawak seiner grundlegenden politischen Rechte beraubt ist.[12] Malaysia ist einer von nur ganz wenigen Staaten, welche den für den Schutz der Grundrechte maßgeblichen UNO-Pakt über die bürgerlichen und politischen Rechte nicht ratifiziert haben – zusammen mit Ländern wie Saudi-Arabien, Myanmar und Nordkorea.[13] Wenn ein Staat die Menschenrechte verletzt, anstatt sie zu schützen, muss die internationale Gemeinschaft besonders genau hinschauen und von den Regierenden Rechenschaft verlangen.

• **ZWEITENS** gelten Korruption und die damit verbundene Geldwäscherei in fast allen Ländern der Erde als Verbrechen, und sie zählen zu den wenigen Straftaten, die international justiziabel sind. Das heißt, dass Staatsbürger oder Unternehmen eines Landes auch für Korruptionshandlungen in einem anderen Staat zur Verantwortung gezogen werden können. So musste beispielsweise die Schweizer Niederlassung des französischen Alstom-Konzerns Ende 2011 eine Buße von 2,5 Millionen Franken bezahlen und 36,4 Millionen Franken an Gewinnen der Justiz abliefern, weil der Konzern Amtsträger in Malaysia, Lettland und Tunesien bestochen hatte.[14] Im August 2013 eröffnete die schweizerische

Bundesanwaltschaft ein Strafverfahren gegen die UBS wegen des Verdachts auf Geldwäscherei von Korruptionserträgen aus dem Tropenholzgeschäft in Sabah durch Bankfilialen in Singapur und Hongkong

SIEHE KAPITEL 7.[15]

Malaysia hat sich – zusammen mit 166 weiteren Staaten – durch die Ratifizierung der UNO-Konvention gegen Korruption eine völkerrechtliche Verpflichtung zur Bekämpfung von Korruption auferlegt. In der Präambel dieser 2003 von der UNO-Generalversammlung verabschiedeten Konvention wird Korruption als Bedrohung »für die Stabilität und Sicherheit der Gesellschaften« bezeichnet, welche die Demokratie sowie »die ethischen Werte und die Gerechtigkeit« untergrabe und »die nachhaltige Entwicklung und die Rechtsstaatlichkeit« gefährde.[16] Verschiedene Artikel nennen beispielsweise die Veruntreuung von öffentlichen Mitteln durch Amtsträger, die missbräuchliche Einflussnahme und Amtsausübung sowie die unerlaubte Bereicherung durch Amtsträger als Gebiete von besonderem Handlungsbedarf.[17]

Eine klare Beschreibung der von Korruption ausgehenden Gefahren ist ironischerweise auf der Webseite des (bei der Taib-Familie eingemieteten) FBI-Büros von Seattle zu finden: »Korruption in der Regierung bedroht die Demokratie und nationale Sicherheit unseres Landes und beeinflusst alles von der Grenzkontrolle über den Schutz der Wohnquartiere bis zu Gerichtsurteilen und der Qualität unserer Straßen und Schulen. Sie vergeudet jährlich Milliarden Dollar an Steuergeldern.«[18] Mit den Erfahrungen aus Sarawak könnte man anfügen, dass Korruption auch die Umwelt massiv bedroht. Politiker, die ihren Wahlkampf aus Bestechungsgeldern von Holzkonzernen finanzieren, werden die Regenwälder nie schützen, bis sie ganz verschwunden sind.

Die aus der Korruption in Sarawak stammenden Schwarzgelder in der Höhe von Milliarden von Dollar haben globale Auswirkungen. Die Geldwäscherei und Anlage von illegalen Geldern der Taibs passierte und passiert zu einem großen Teil außerhalb von Malaysia. Diese Aktivitäten sind mutmaßlich mit illegalen Handlungen (und Wettbewerbsverzerrungen) in einer Reihe von Staaten verbunden und dürften maßgeblich über im Graubereich der Legalität tätige Finanzdienstleister, Anwaltskanzleien und Bauunternehmen abgewickelt werden, die somit gegenüber legal operierenden Unternehmen wirtschaftlich gestärkt werden. Wenn die Taib-Familie beispielsweise aus Schwarzgeldern Immobilien im Wert von Hunderten von Millionen Dollar in Kanada, den USA, Großbritannien und Australien erwirbt, so hat dies direkte Konsequenzen für den Immobilienmarkt in den gewählten Zieldestinationen.

Im Fall des amerikanischen Immobilienverwalters Ross Boyert SIEHE KAPITEL 1 besteht der dringende Verdacht, dass die Taib-Familie eine Zersetzungskampagne gegen ihren ehemaligen Angestellten in Auftrag gab und ihn so in den Suizid trieb. Auch in Australien wurde ein ehemaliger Geschäftspartner der Taib-Familie, der Bauunternehmer Farok Majeed, bedroht und musste untertauchen.[19] Taibs Bruder Onn Mahmud wird vorgeworfen, in Australien Steuern in der Höhe von mehreren Millionen Dollar hinterzogen zu haben.[20]

Der Export von Schwarzgeldern aus Malaysia beschränkt sich nicht auf die Taib-Familie, auch wenn diese zu den reichsten Clans des Landes zählt. Gemäß Berechnungen der amerikanischen Organisation Global Financial Integrity hat Malaysia weltweit eine der höchsten Kapitalfluchtraten. Allein im Jahr 2010 wurden 64 Milliarden US-Dollar an Schwarzgeldern exportiert; innerhalb des Jahrzehnts von 2001 bis 2010 belief sich der Abfluss an ungesetzlichen Vermögen auf geschätzte 285 Milliarden Dollar.[21] Damit belegt Malaysia nach China (2740 Milliarden) und Mexiko (476 Milliarden Dollar) global den unrühmlichen dritten Platz auf dieser Skala. Der Transfer von illegalen Vermögen in dieser Größenordnung hat unweigerlich große Auswirkungen auf die Integrität des internationalen Finanzsystems und seiner Akteure.

• **DRITTENS** tragen Taib Mahmud und sein Regime die Hauptver antwortung für die systematische Zerstörung des Regenwalds von Borneo, eines jahrtausendealten Lebensraumes mit einer Vielzahl von endemischen Tier- und Pflanzenarten und einer indigenen Kultur, die sich an diesen einzigartigen Lebensraum angepasst hat. Es ist kein Zufall, dass der Naturforscher Alfred Russel Wallace 1855 gerade in Sarawak parallel zu Charles Darwin zu grundlegenden Einsichten über die Evolution

Stop timber corruptio
in Sarawak!
Freeze Taib assets n
er-corruption.org

2

3

4

5

6

7

8

9

Anlässlich des 30. Amtsjubiläums von Taib Mahmud als Chief Minister koordinierte der Bruno Manser Fonds 2011 Proteste vor Taib-Immobilien in Ottawa (1–2), Seattle (3–6) und London (12), vor der malaysischen Botschaft und dem Bundeshaus in Bern (7–9), am Hafen von Hobart (10) sowie an der Universität Adelaide (11).

10

11

12

der Arten gekommen ist SIEHE KAPITEL 2. Die Biodiversität von Borneo gehört zu den größten Naturschätzen der Erde.

Soll es wirklich allein im Ermessen eines Potentaten stehen, ob diese Tier- und Pflanzenarten und eine jahrtausendealte indigene Kultur weiterleben dürfen oder für immer ausgerottet werden?

Der Regenwald von Sarawak ist ein zu bedeutendes Weltnaturerbe, als dass er dem Taib-Clan überlassen werden dürfte, der dort innerhalb einer Generation bereits irreversible Schäden angerichtet hat. So sind die Torfsumpfwälder im Tiefland von Sarawak – der natürliche Lebensraum von Nasenaffen, Orang-Utans und den bedrohten Sarawak-Languren (eine der seltensten Affenarten der Welt)[22] – zu einem wesentlichen Teil zerstört worden. Torfsumpfwälder speichern besonders viel Kohlenstoff und ihre Zerstörung setzt riesige Mengen an Treibhausgasen in die Atmosphäre frei. Die Entwaldung schreitet in Sarawak äußerst schnell voran: Allein in den fünf Jahren zwischen 2005 und 2010 wurde ein Drittel der Torfsumpfwälder abgeholzt. Im einstmaligen Urwaldstaat Sarawak sind 50 Jahre nach dem Anschluss an Malaysia fast keine Urwälder mehr zu finden.[23]

In politischer Hinsicht war Taib immer in erster Linie ein Machttechniker und Advokat der wirtschaftlichen Macht seiner Familie. Trotz zahlreicher Versprechungen war er zu keiner Zeit ernsthaft bereit, den politischen Kräften entgegenzukommen, die sich für eine nachhaltige Entwicklung und eine Versöhnung ökologischer, sozialer und wirtschaftlicher Belange engagieren.

Natürlich ist es so, dass sich Taib beim Management der Wälder von Sarawak auf das Prinzip der nationalen Souveränität über die natürlichen Ressourcen als eines der zentralen völkerrechtlichen Prinzipien berufen kann. Und in der Verfassung von Malaysia von 1963 ist explizit festgeschrieben, dass Sarawak und Sabah, die beiden ost-malaysischen Staaten auf Borneo, in Fragen der Land- und Waldnutzung volle Autonomie genießen. Dies kann jedoch kein Freibrief für einen Chief Minister sein, nach Belieben und ohne öffentliche Rechenschaftspflicht den Wald zu zerstören und das Staatsland an seine Familienmitglieder und an politische Gefolgsleute zu verteilen.

Ein wichtiger Grundsatz im internationalen Umweltrecht ist das Prinzip der gemeinsamen, aber differenzierten Verantwortung für die Umwelt. Mit anderen Worten: Alle sind gemeinsam für die globale Umwelt verantwortlich, aber jeder wird dort aktiv, wo seine besondere Verantwortlichkeit und Zuständigkeit liegt. Dieses Prinzip wird gerne von Entwicklungs- und Schwellenländern herangezogen, wenn es darum geht, wer für die Beseitigung von Umweltschäden zu bezahlen habe (die Industrieländer, weil sie Geld haben und schon länger die Umwelt verschmutzen). Das Prinzip müsste aber auch umgekehrt gelten: Staaten, deren Biodiversität besonders reichhaltig und von globaler Bedeutung ist, müssten besonders aktiv werden zu deren Schutz.

Hier stehen Malaysia und andere Staaten mit tropischen Regenwäldern eindeutig in der Pflicht. Gerade Malaysia, das als Erdölförderstaat über beträchtliche finanzielle Mittel verfügt, müsste von der internationalen Gemeinschaft viel stärker zur Verantwortung gezogen werden.

Im Prinzip haben die Regierungen von Malaysia, Brunei und Indonesien mit Unterzeichnung der vom WWF initiierten »Heart of Borneo«-Deklaration von 2007 den besonderen Wert der Regenwälder von Borneo für die Menschheit auch anerkannt.[24] Doch in der Praxis lässt die malaysische Bundesregierung in Kuala Lumpur ihren politischen Verbündeten Taib Mahmud bei seinem Angriff auf den Regenwald gewähren und verhindert eine Ahndung seiner korrupten Machenschaften durch die Justiz.

DAS VERSAGEN DER INTERNATIONALEN GEMEINSCHAFT

Der Fall Taib zeigt empfindliche rechtsstaatliche Defizite sowohl in Malaysia als auch im internationalen Rechtssystem auf. Aufgrund seiner politischen Macht in Sarawak und seiner Wichtigkeit für die Bundesregierung von Premier Najib Razak, die auf die Stimmen aus Sarawak angewiesen ist, hat Taib Mahmud in Malaysia den Status eines »Unberührbaren« erlangt, der sich unbehelligt über nationales und internationales Recht hinwegsetzen kann. Ermahnungen durch Institutionen wie die malaysische Menschenrechtskommission SUHAKAM bezüglich des Umgangs mit indigenen Landrechten ignoriert Taib geflissentlich. Die nationale Antikorruptionsbehörde MACC, welche gegen ihn ermittelt, bezeichnete er öffentlich als »frech und unehrlich« und kündigte an, nicht mit ihr zu kooperieren.[25]

Solange in Sarawak und Malaysia die seit der Unabhängigkeit regierende Barisan-Nasional-Parteienkoalition an der Macht bleibt und die Justiz an der Kandare der Politik hält, hat Taib im eigenen Land offensichtlich nichts zu befürchten. Es stellt sich deshalb die Frage, ob die internationale Gemeinschaft und das internationale Rechtssystem willens und in der Lage sind, einen offensichtlich kriminellen Regierungschef aus einem Schwellenland zur Rechenschaft zu ziehen.

Im Rahmen seiner »Stop Timber Corruption«-Kampagne gegen Korruption im Tropenholzgeschäft schrieb der Bruno Manser Fonds 2011 unter anderem die Regierungen von Kanada, Australien, Großbritannien, Jersey, Deutschland und den USA an, lieferte konkrete Hinweise auf geschäftliche oder personelle Verbindungen der Taib-Familie in die betreffenden Länder und bat die jeweiligen Regierungschefs beziehungsweise die zuständigen Minister darum, Untersuchungen einzuleiten und etwaige Taib-Vermögen einzufrieren. Mit Ausnahme der USA antworteten alle angeschriebenen Regierungen und leiteten die Informationen den zuständigen Regierungsstellen weiter. Doch insgesamt waren die Antworten ernüchternd:

• **DER KANADISCHE FINANZMINISTER** James Flaherty bedankte sich für die Information und betonte, dass Kanada aktiv an internationalen Initiativen zur Bekämpfung der Korruption und der damit verbundenen illegalen Finanzströme und am Anti-Korruptions-Plan der G20-Länder teilnehme.[26] In einem separaten Schreiben zollte die kanadische

Bundespolizei RCMP dem Bruno Manser Fonds Respekt für seine Arbeit zum Schutz des Tropenwaldes und der indigenen Völker. Zum Fall Taib könne man aber leider keine Stellung nehmen.[27]

• **DAS AUSTRALISCHE AUSSENMINISTERIUM** und die australische Bundespolizei AFP betonten, man nehme die Umsetzung der UNO-Konvention gegen Korruption sehr ernst, sehe aber im Fall Taib zu wenig Beweise, um handeln zu können. Der Bruno Manser Fonds solle doch bitte Beweise dafür liefern, dass die Taib-Immobilien in Australien aus Korruptionsgeldern finanziert seien.[28]

• **DER BRITISCHE MINISTER** Jeremy Browne, der für die Beziehungen zu Malaysia zuständig ist, schrieb uns, man werde die Untersuchung der malaysischen Antikorruptionsbehörde MACC sehr genau verfolgen. Und man habe mit Malaysia soeben ein Memorandum über die Bekämpfung der internationalen Kriminalität unterzeichnet, das auch eine enge Kooperation im Bereich der Geldwäscherei umfasse.[29]

• **DIE FINANZAUFSICHT** der britischen Kanalinsel Jersey schrieb, wir sollten uns mit unserer Anzeige gegen die Deutsche Bank (wegen mutmaßlicher Geldwäscherei für die Taib-Firma Sogo Holdings Limited) am besten doch gleich an die Deutsche Bank selbst richten.[30]

Am ermutigendsten fiel vorerst noch die Antwort aus Deutschland aus:

• **DAS BUNDESFINANZMINISTERIUM** veranlasste eine Untersuchung zur Frage, ob die Geschäftsbeziehung der Deutschen Bank zur Taib-Familie mit der deutschen Geldwäschereigesetzgebung konform sei.[31] Doch die mit der Untersuchung beauftragte Aufsichtsbehörde BaFin (Bundesanstalt für Finanzdienstleistungsaufsicht) fand auch hier »keine Anhaltspunkte für ein aufsichtsrechtliches Einschreiten.«[32]

Die Quintessenz scheint klar: Keine nationale Regierung möchte es mit einem führenden regierenden Politiker eines anderen souveränen Staates einzig deshalb verderben, weil dieser korrupt ist. Die Hemmschwelle vor der Einmischung in Angelegenheiten anderer Staaten ist sehr hoch, wenn nicht wichtige Eigeninteressen im Spiel sind. Solange Taib wiedergewählt wird und solange ihn die malaysische Bundesregierung und die Justiz ungestraft schalten und walten lassen, werden ihn die Regierungen rund um den Globus wohl kaum anrühren.

Wenn die nationalen Regierungen nicht handeln, besteht auch für multilaterale Organisationen, die sich mit Korruption und Umweltverbrechen beschäftigen, kaum Spielraum. Dies kommt in einer Stellungnahme der internationalen kriminalpolizeilichen Organisation INTERPOL zum Ausdruck, welcher der Bruno Manser Fonds die Kopie einer Aufforderung an Malaysias Justiz und Polizei geschickt hatte, Taib Mahmud und 13 seiner Familienmitglieder zur Fahndung auszuschreiben und zu verhaften. Die in Lyon domizilierte INTERPOL betreibt ein aktives Programm zur Bekämpfung der illegalen Abholzung und weiterer Umweltverbrechen.[33] INTERPOL schreibt: »Bitte nehmen Sie zur Kenntnis, dass die Unterstützung von INTERPOL nur durch Beschluss der zuständigen nationalen Behörden und auf Ersuchen des nationalen Kontaktpunkts […] aktiviert werden kann. Sollten Sie wünschen, strafrechtliche Verfahren gegen die betreffenden Individuen einzuleiten, möchten Sie sich bitte an die nationale Polizei oder Justiz wenden.«[34]

Der Ratschlag von INTERPOL war vergeblich. Genau das hatte der Bruno Manser Fonds in Malaysia versucht, indem er der Polizei und Justiz eine detaillierte Anzeige mit zahlreichen Beweismitteln einreichte und die Verhaftung und strafrechtliche Verfolgung des Taib-Clans verlangte.[35] Doch Malaysias Bundespolizei, die Antikorruptionsbehörde MACC und die Bundesanwaltschaft von Malaysia hielten es nicht einmal für nötig, den Eingang unseres Schreibens zu bestätigen.

Solange weder Malaysia noch ein anderer Staat bereit ist zu handeln, sind INTERPOL und anderen multilateralen Organisationen die Hände gebunden.

NEUE INITIATIVEN GEGEN DIE ILLEGALE ABHOLZUNG

Nicht nur in Sarawak sind Korruption und illegale Abholzung ein riesiges Problem. Die Weltbank beziffert das jährliche Handelsvolumen für illegal geschlagenes Holz auf 10 bis 15 Milliarden US-Dollar.[36] David Higgins, Chef der INTERPOL-Abteilung zur Bekämpfung der Umweltkriminalität, geht noch weiter: Er schätzt den Wert des jährlich illegal geschlagenen Holzes auf über 30 Milliarden US-Dollar.[37] Es wäre naiv zu glauben, dass solch große Mengen Holz ohne das Wissen und die Komplizenschaft der Behörden in den Ursprungsstaaten geschlagen und ins Ausland geschmuggelt werden können. Es ist vielmehr davon auszugehen, dass sich wie Taib in Sarawak auch in vielen anderen Staaten führende Politiker und Verantwortliche der Forstbehörden an der Abholzung der Tropenwälder bereichern. Aktuelle Beispiele dafür gibt es unter anderem aus Papua-Neuguinea, Indonesien und von den Salomonen.[38]

Als INTERPOL 2012 in Zusammenarbeit mit dem UNO-Umweltprogramm UNEP eine neue Initiative zur Bekämpfung des illegalen Holzschlags lancierte, begründete die internationale Polizeiorganisation dies wie folgt: »Die für illegale Abholzung verantwortlichen Kriminellen zerstören Biodiversität, bedrohen die Lebensgrundlage der auf den Wald angewiesenen Menschen und tragen direkt zum Klimawandel bei. Da Korruption, Gewalt und sogar Mord mit illegaler Abholzung verbunden sein können, kann diese Art Verbrechen auch die Stabilität und Sicherheit eines Landes bedrohen.«[39]

Vieles an dieser Begründung trifft nicht nur auf den illegalen Holzschlag zu, sondern auch auf die ganz legale, rein ökonomisch motivierte und rechtlich scheinbar einwandfreie Ausbeutung der Holzressourcen. Wesentlich am weltweiten Raubzug auf den tropischen Regenwald ist allerdings, dass häufig die Grenzen zwischen legaler und illegaler Abholzung verwischen. Wenn die Vergabe und Ausbeutung von Holz- und Plantagenkonzessionen wie in Sarawak nach intransparenten Kriterien erfolgen und mit großen Bestechungszahlungen verbunden sind, kann schwerlich von legalem Holzschlag gesprochen werden.

Dies sieht auch das Büro der Vereinten Nationen für Drogen- und Verbrechensbekämpfung (UNODC) so. In einer Analyse der Bedrohungslage für transnationale organisierte Kriminalität in Ostasien und dem Pazifik kommt die UNO-Agentur zum Schluss, dass fast alles illegal geschlagene Holz bereits im Ursprungsland in den gesetzmäßigen Handelsstrom integriert und so gewaschen wird. So kann das illegale Holz ganz offiziell exportiert werden: Illegaler Holzschlag werde meist »durch bekannte Gesellschaften [...] ausgeführt, die schon im legalen Handel tätig sind und oft internationale Aktionäre haben. Die Abholzung wird

14 GROSSE MALAYSISCHE UNTERNEHMEN MIT TAIB-FAMILIEN-BETEILIGUNG (STAND 2011)

Firmenname	Nettovermögen (Ringgit)	Anteil der Taibs	Anteil Nettovermögen (Ringgit)
Cahya Mata Sarawak (CMS) Berhad	2 451 501 000	84 %	2 059 260 840
Achi Jaya Holdings Sdn. Bhd.	550 075 412	100 %	550 075 412
Ta Ann Holdings Berhad	1 397 121 272	35,30 %	495 978 051
Custodev Sdn. Bhd.	1 578 782 271	25 %	394 695 567
Lembah Rakyat Sdn. Bhd.	286 454 208	99,50 %	285 021 937
Perkapalan Damai Timur Sdn. Bhd.	387 017 150	60 %	232 210 290
Naim Holdings Berhad	1 076 687 000	16 %	172 269 920
Sarawak Plantation Berhad	495 446 000	30,45 %	150 863 307
Sanyan Holdings Sdn. Bhd.	109 567 757	86,25 %	94 502 190
Titanium Construction Sdn. Bhd.	94 142 694	60 %	56 485 616
KBE (Malaysia) Sdn. Bhd.	91 153 662	60 %	54 692 197
Sarawak Cable Berhad	142 950 414	32 %	45 744 132
SIG Gases Berhad	93 612 796	18 %	16 850 303
Smartag Solutions Berhad	34 447 350	30,60 %	10 540 889
Total Ringgit			4 619 190 652
Total US-Dollar			1 465 246 871

Quelle: Companies Commission of Malaysia

illegal, wenn die Bewilligungen durch Bestechung erlangt werden, wenn geschützte Arten gefällt werden oder wenn die Holzernte außerhalb der erlaubten Konzessionsgrenzen stattfindet.«[40]

Basierend auf dieser Definition schätzt UNODC den Anteil an illegalem Holz auf 50 Prozent des gesamten Holzexports aus Sarawak. Den höchsten Anteil an illegalem Holz im ostasiatisch-pazifischen Raum schätzt UNODC für die Exporte aus Papua-Neuguinea (90 %), von den Salomonen sowie aus Kambodscha und Myanmar (je 85 %) – Staaten, in denen die Holzkonzerne aus Sarawak ebenfalls aktiv sind oder waren SIEHE KAPITEL 8.[41]

Bezeichnenderweise hat es Malaysia bisher trotz jahrelanger Verhandlungen verpasst, sich für ein freiwilliges Partnerschaftsabkommen mit der Europäischen Union im Rahmen des EU-Programmes gegen den Import von illegal geschlagenem Holz (Forest Law Enforcement Governance and Trade, FLEGT) zu qualifizieren. Dafür sind maßgeblich die fragwürdigen Zustände in Sarawak verantwortlich sowie die Weigerung der malaysischen Regierung, korrekte und unparteiische Konsultationen mit Nichtregierungsorganisationen und Indigenenverbänden zuzulassen.[42]

Das FLEGT-Programm der EU ist einer der großen Lichtblicke in der Bekämpfung der illegalen Abholzung. Mittels bilateraler Verhandlungen und langfristig angelegter technischer Unterstützung hilft die EU Produzentenländern tropischer Hölzer dabei, ihre Holzwirtschaft zu reformieren und die Legalität des exportierten Holzes sicherzustellen. Im Gegenzug erhalten die Teilnehmerstaaten einen privilegierten Zugang zum europäischen Holzmarkt.[43] Eine im März 2013 in Kraft getretene neue EU Holzhandelsregulierung definiert neue Sorgfaltspflichten für den Holzhandel und soll den Import von illegalem Holz in die EU erschweren.[44]

Auch andere große Volkswirtschaften wie die USA und Australien haben in den letzten Jahren Gesetze erlassen, welche den Import von illegalem Holz unterbinden sollen und unter Strafe stellen. Inwieweit die Ausweitung des amerikanischen Lacey Act (2008) und die australische

FIRMEN MIT TAIB-BETEILIGUNG WELTWEIT

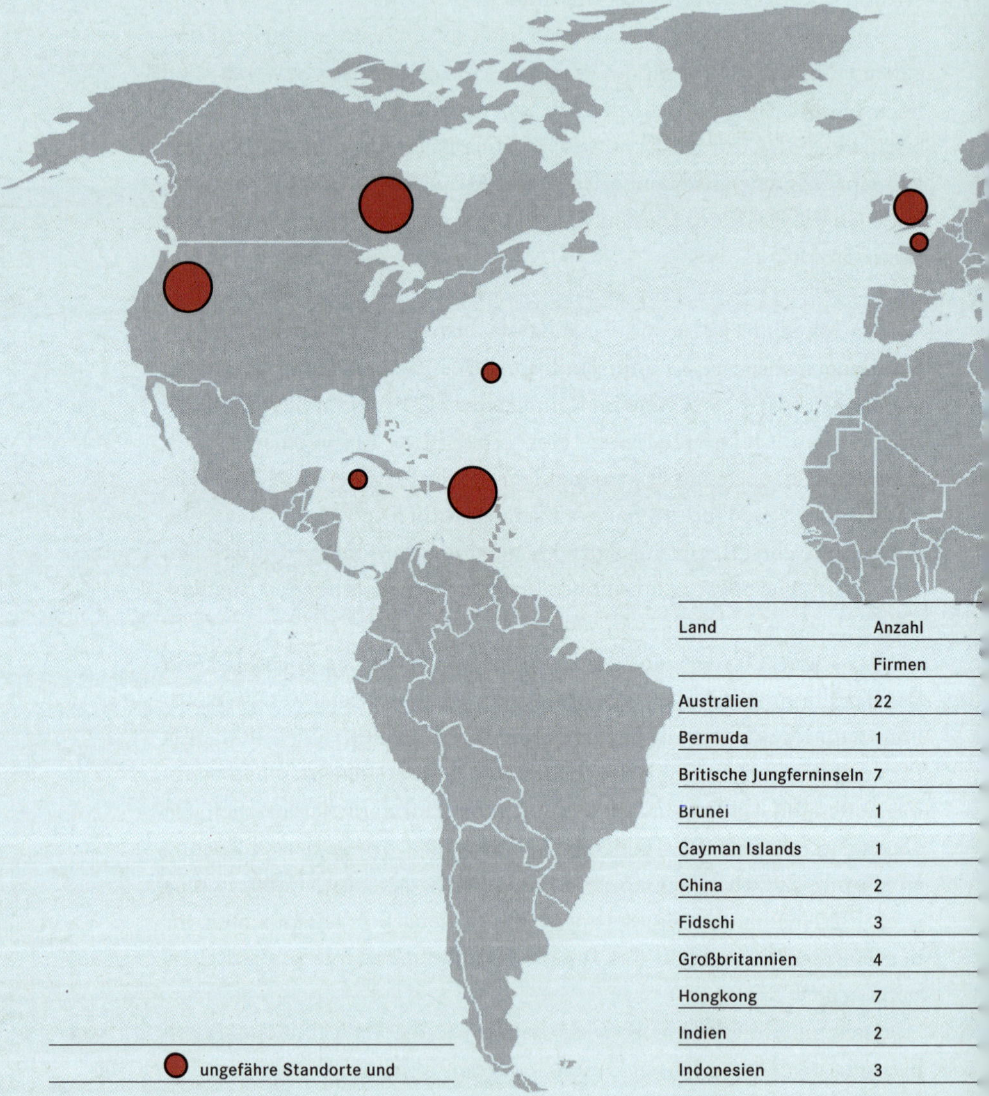

ungefähre Standorte und Dimensionen

Land	Anzahl Firmen
Australien	22
Bermuda	1
Britische Jungferninseln	7
Brunei	1
Cayman Islands	1
China	2
Fidschi	3
Großbritannien	4
Hongkong	7
Indien	2
Indonesien	3
Jersey	1

Land	Anzahl Firmen
Kambodscha	1
Kanada	9
Malaysia	333
Neuseeland	5
Philippinen	1
Saudi-Arabien	1
Singapur	2
Sri Lanka	1
Thailand	2
USA	7
Vereinigte Arabische Emirate	1
Vietnam	1

Quelle: BMF 2011 (Zusatzinformationen: www.stop-timber-corruption.org)

Illegal Logging Prohibition Bill (2012)[45] aber wirklich zu wirksamen Instrumenten gegen den illegalen Holzhandel werden, muss sich erst noch zeigen. Eine der großen Schwierigkeiten besteht darin, die illegale Herkunft von Hölzern nachzuweisen, da deren Papiere meist gefälscht sind und sich innerhalb der Handelsströme legal und illegal geschlagene Hölzer kaum unterscheiden lassen.

Reichen diese Maßnahmen gegen den illegalen Holzschlag, um die Regenwälder zu schützen, wenn die globale Nachfrage nach Tropenholz anhaltend hoch bleibt? Die neuere ökologische Forschung stellt grundsätzlich infrage, ob die Holzwirtschaft in den Tropen die Wälder erhalten könne, da die Erntezyklen von 30 bis 40 Jahren viel zu kurz seien und der Bau von Forststraßen oft die Waldökosysteme langfristig schädige. Ein australisches Forschungsteam hat deshalb prognostiziert, dass die Produktion tropischer Harthölzer wegen Übernutzung bald abnehmende Erträge zeigen könnte, nachdem ein Produktionsmaximum für Tropenholz – ähnlich wie beim Erdöl – erreicht werde.[46]

Wenig Grund zur Zuversicht gibt auch ein 2011 veröffentlichter Report der Internationalen Tropenholzorganisation ITTO, die sich die Förderung der nachhaltigen Forstwirtschaft in den Tropen auf die Fahnen geschrieben hat. Die unter dem Patronat der UNO gegründete ITTO hatte sich 1990 das ehrgeizige Ziel gesetzt, dass bis ins Jahr 2000 weltweit sämtliche Tropenholzexporte aus nachhaltiger Forstwirtschaft stammen sollten.[47] 20 Jahre später musste die ITTO eingestehen, dass weltweit noch weniger als 10 Prozent der 403 Millionen Hektar forstwirtschaftlich genutzten Tropenwälder nachhaltig bewirtschaftet werden.[48]

DIE LETZTE HOFFNUNG DER PENAN

Gibt es noch Hoffnung für den Regenwald von Borneo? Die Geschichte von Sarawak unter der Herrschaft von Taib Mahmud scheint nahezulegen, dass »Entwicklung« auf Gedeih und Verderb mit der Zerstörung der Wälder und einem erzwungenen Ende der indigenen Kulturen verbunden ist. Doch das muss nicht so sein, zumal die von Taib propagierte »Entwicklung« nur einer kleinen Elite zugutekommt und in keiner Weise nachhaltig ist. Und Sarawak ist ein extremes Beispiel dafür, wie ein Mann und seine Familie sich die natürlichen Ressourcen eines Staates unter den Nagel reißen und zu ihrer persönlichen Bereicherung missbrauchen.

Als Bruno Manser 1990 nach sechsjährigem Aufenthalt bei den Penan in die Schweiz zurückkehrte, schritt die Abholzung der Urwälder in Sarawak schneller voran denn je zuvor. Manser beschloss, sein Leben dem Kampf für die Penan zu widmen. Zur Unterstützung seiner Freunde im Regenwald rief er den Bruno Manser Fonds ins Leben.

Auf der ersten Jahresversammlung des neuen Vereins beschrieb Manser, wie dringlich die Situation in Borneo angesichts des raschen Vordringens der Holzgesellschaften mittlerweile geworden sei: »Die Situation in Sarawak hat sich verschlimmert. Wenn es so weitergeht, gibt es in sechs bis sieben Jahren keine Primärwälder mehr; zwölf Quadratkilometer Regenwald fallen pro Tag den Kettensägen zum Opfer«, warnte er. »Die Lage ist aussichtslos, wenn außerhalb Sarawaks nichts geschieht.«[49]

Mehr als 20 Jahre später hat sich die Situation in Sarawak dramatisch verschlechtert. Das Umschwenken der Taib-Regierung von der nicht nachhaltig betriebenen Holzwirtschaft auf die Palmölwirtschaft bedeutete, dass seit den 1990er-Jahren über eine Million Hektar Regenwald zugunsten der Plantagen verschwinden musste. Die Pläne der Regierung sehen vor, die Fläche an Ölpalmen bis 2020 auf zwei Millionen Hektar zu verdoppeln. Zusätzlich sollen auf weiteren sechs Millionen Hektar sogenannte »gepflanzte Wälder«, das heißt industriell angelegte Monokulturen, entstehen.[50] Werden diese Pläne verwirklicht, so würden dereinst zwei Drittel der Fläche von Sarawak aus Monokulturen bestehen und der einstige Urwaldstaat würde weitgehend zum Plantagenstaat degradiert.

Wenn es nach drei Jahrzehnten Taib-Regierung heute in Sarawak außerhalb der wenigen Schutzgebiete immer noch letzte Urwälder gibt, so ist dies auch dem entschlossenen Vorgehen einiger indigener Penan-Gemeinden zu verdanken. Sie haben sich seit den 1990er-Jahren kontinuierlich und entschlossen der verordneten Zwangs-»Entwicklung« widersetzt und sich den Bulldozern in den Weg gestellt. Insbesondere die gut organisierten, seit Längerem sesshaften Penan-Gemeinden der oberen Baram-Region haben durch systematische Blockaden von Holzfällerstraßen knapp 100 000 Hektar Urwald dem Zugriff der Motorsägen entzogen. Ohne die logistische, finanzielle und politische Unterstützung der Penan-Gemeinden durch Organisationen wie den Bruno Manser Fonds wäre das nicht möglich gewesen.

Der Erfolg mag bescheiden erscheinen, doch bedeutet er für die Betroffenen, dass sie weiterhin in ihren angestammten Gebieten leben, Landwirtschaft betreiben und jagen können.

»Der Widerstand hat sich gelohnt«, sagte mir der inzwischen verstorbene Penan-Häuptling und Landrechtskläger Kelesau Na'an, als ich ihn vor bald zehn Jahren zum ersten Mal traf. Sein Dorf Long Kerong im Stammgebiet der östlichen Penan am Selungo-Fluss ist noch heute eine wundervolle Urwaldoase.

Long Kerong ist eine von 18 Penan-Gemeinden, die sich Ende 2009 zusammenschlossen und im Regenwald des oberen Baram auf einer Fläche von 163 000 Hektar den Penan Peace Park, einen selbstverwalteten Naturpark, proklamierten. Nachhaltige Landwirtschaft, Tourismus und der Schutz des Waldes sollen den Penan dort ein selbstbestimmtes Leben und ein Überleben ihrer Kultur ermöglichen. Zentral an diesem Projekt ist, dass die Penan selbst ihre Zukunft in die Hand nehmen wollen.

Ihr Widerstand gegen die Abholzung hat sich in der Tat gelohnt. Und der Widerstand muss weitergehen, wenn auch künftige Generationen die Naturschätze des Regenwaldes von Borneo noch kennen sollen. Dazu brauchen die Indigenen die entschlossene Unterstützung der internationalen Gemeinschaft – nicht nur der Zivilgesellschaft (NGOs), sondern auch der Regierungen und verantwortungsvoller wirtschaftlicher Akteure. Gerade bei ihrem Widerstand gegen Staudammprojekte wie den geplanten Baram-Staudamm sind die Ureinwohner auf internationale Unterstützung angewiesen.

Die grundlegende Veränderung muss aber aus Malaysia selbst kommen und auf politischer Ebene stattfinden. Bei den Parlamentswahlen vom Mai 2013 hat sich bereits eine Bevölkerungsmehrheit für einen politischen Wandel ausgesprochen. Für einen Regierungswechsel nach 50 Jahren Herrschaft der Barisan-Nasional-Koalition reichte es wegen einer unfairen Wahlkreisgeometrie und mutmaßlichen Wahlbetrugs noch nicht. Die Hoffnung besteht aber, dass das korrupte Regime von Taib Mahmud – sollte er nicht im Amt versterben – bei den kommenden Wahlgängen in Sarawak und Malaysia auf demokratische Weise abgesetzt wird. Denn freiwillig abtreten wird der machttrunkene Potentat wohl nie.

賈靜雯跪寫悔過書
賈靜雯發表聲明
否認知女兒下落

ANHANG

DER AUTOR

Lukas Straumann (*1969), Dr. phil., ist seit 2004 Geschäftsleiter des Bruno Manser Fonds. Zuvor studierte er Geschichte, Philosophie und Botanik und forschte während sieben Jahren als Historiker, u.a. am Max-Planck-Institut für Wissenschaftsgeschichte in Berlin. Daneben schrieb er für *Online Reports, Sonntagszeitung, NZZ am Sonntag* und *Der Bund*. Für die Unabhängige Expertenkommission Schweiz–Zweiter Weltkrieg (»Bergier-Kommission«) untersuchte er die Geschäfte der Schweizer Chemie- und Pharmaindustrie mit dem nationalsozialistischen Deutschland (*Schweizer Chemieunternehmen im Dritten Reich*, Chronos 2001, mit Daniel Wildmann). 2005 erschien bei Chronos seine umwelthistorische Studie *Nützliche Schädlinge* zur Entstehung der Agrochemie. Er lebt mit seiner Familie in Bern.

DER BRUNO MANSER FONDS

Der Bruno Manser Fonds (BMF), ein gemeinnütziger Verein mit Sitz in Basel, engagiert sich für den Schutz der Tropenwälder und die Rechte der indigenen Bevölkerung im malaysischen Teil von Borneo. Der BMF wurde 1991 durch den Schweizer Regenwaldschützer Bruno Manser ins Leben gerufen. Manser lebte während sechs Jahren mit indigenen Penan-Gemeinden im malaysischen Bundesstaat Sarawak und dokumentierte diese Zeit in seinen *Tagebüchern aus dem Regenwald* (Christoph Merian Verlag, 2004). Seit seiner letzten Reise nach Sarawak im Jahr 2000 ist Manser verschollen.

Heute zählt der BMF rund 4000 Mitglieder. Die Arbeit des Vereins umfasst internationale Kampagnen, Projekte vor Ort im Regenwald und die Führung einer Dokumentationsstelle in der Schweiz. Zu seinen größten Erfolgen zählt die Einreichung von Landrechtsklagen für die Penan über mehrere tausend Quadratkilometer Regenwald in Sarawak.

KONTAKT:

Bruno Manser Fonds
Socinstrasse 37
CH-4051 Basel
Tel. +41 61 261 94 74
www.bmf.ch

bruno
manser
fonds
fairness im tropenwald

DANK

Für die moralische und tatkräftige Unterstützung bei der Arbeit an diesem Buch danke ich den vielen Beteiligten herzlich. Das sind in erster Linie meine Frau Dorothee Lanz, der Bruno Manser Fonds mit Marion Graber als Präsidentin sowie der Salis Verlag mit André Gstettenhofer als Verleger. Patrick Schär war für das minutiöse Lektorat des Manuskripts besorgt, Daniela Trunk zeichnet für die sorgfältige Gestaltung verantwortlich. Für die finanzielle Unterstützung der Recherchen danke ich einem großzügigen Gönner des Bruno Manser Fonds.

Clare Rewcastle danke ich für die inspirierende Zusammenarbeit bei den Recherchen und der Planung des Buches, Michael Leuenberger und Christoph Lanz für wichtige konzeptionelle Anregungen. Simon Kaelin erarbeitete die Kartengrundlagen und Johanna Michel die Daten zu den Grafiken.

Kritische Kommentare, Feedbacks und Anregungen verdanke ich unter anderem Annina Aeberli, Bruce Bailey, Jürgen Blaser, Amy Dodds, Mike Evans, Sally Holloway, Vernon Kedit, Tracey Lauriault, Ian Mackenzie, Kaspar Müller, John Palmer, Heini Pestalozzi, Asti Roesle, Monika Roth, Datuk Salleh Jaffaruddin, John Rewcastle, Eva Ruch, Eva Spehn, Felix Thomann, Mutang Urud, Valentine Vogel, Rainer Weißhaidinger, Daniel Wildmann, Wong Meng Chuo, Erwin Zbinden sowie vielen im Buch namentlich erwähnten und weiteren ungenannten Personen. Besonderen Dank schulde ich allen gegenwärtigen und früheren Mitarbeitenden des Bruno Manser Fonds sowie unseren NGO-Partnern in und außerhalb von Malaysia.

Franz Hohler trug das Gedicht »Für Bruno, wo immer er ist« bei. Julien Coquentin danke ich für seine eindrückliche Bildserie aus dem oberen Baram, Tristan Needham für die Genehmigung zur erstmaligen Publikation der Penan-Fotografien seines Vaters Rodney Needham.

Die für das Buch interviewten Penan-Häuptlinge Along Sega und Kelesau Na'an, Whistleblower Ross Boyert, Sozialanthropologe Rodney Needham und Ex-Kolonialoffizier Ian Urquhart sind vor der Publikation verstorben. Ihrem Andenken sei dieses Buch gewidmet.

BILDER

Annina Aeberli, 288, 289
Australian Greens, 313 unten Mitte
Bruno Manser Fonds 33 oben links, 156 unten Mitte und rechts, 157, 172 unten rechts, 173, 236/237, 254, 255, 256, 257
Christoph Lanz/moxi, 32 oben, 294/295
Linus Chung 290, 291
Julien Coquentin 20/21, 54/55, 68, 69, 72, 73, 74, 75, 78, 79, 80, 81, 82, 83, 116/117, 140/141, 178/179, 180/181, 191, 212/213, 268/269, 302/303, 328, 330/331
Glen Gaffney, Shutterstock 192 oben
Claude Giger 333
Hedda Morrison/National Gallery of Australia, Canberra, 8
Huon Valley Environment Centre, Huonville, 313 unten links
Angelo Musco/ photonature.it 193 unten
Rodney Needham 90/91, 104, 105, 106, 107, 110, 111
Clare Rewcastle/Sarawak Report, 313 unten rechts
Lukas Straumann 32, 33, 192 unten, 193 oben, 200, 201, 204 oben, 312, 313 oben
Szefei, Shutterstock, 190
Alberto Venzago, 156 oben und unten links, 172 oben und unten links
Erwin Zbinden 204,205

ANMERKUNGEN

PROLOG

1 Protokoll der ersten ordentlichen Generalversammlung des Bruno Manser Fonds vom 7. Dezember 1991 in Les Pommerats. Archiv des Bruno Manser Fonds.

2 Zu Taibs Reichtum vgl. Bruno Manser Fonds: The Taib Timber Mafia. Facts and Figures on Politically Exposed Persons (PEPs) from Sarawak, Malaysia, Basel, September 2012.

3 Eine Ausnahme bildet der UNESCO-geschützte Mulu-Nationalpark, an dessen exklusivem Tourismusresort Taib persönlich als Aktionär beteiligt ist. Vgl. Rewcastle, Clare: Taib Share Shock! – Exclusive, in: Sarawak Report, 25. November 2010.

4 O.Verf.: Sarawak chief minister remarries, a daily says, in: The Star (Malaysia), 18. Dezember 2010.

5 Taib machte diese Aussage am 13. Mai 2010 in einem Langhaus bei Sibu. Sie wurde von einem Zuhörer gefilmt und auf YouTube gestellt: www.youtube.com/watch?v=QAAXLR0EnUE.

6 Rewcastle, Clare: Taib's Secret Bomoh, in: Sarawak Report, 23. Oktober 2010; dies.: Raziah's Blond Bomoh Bewitched Taib, in: Sarawak Report, 22. März 2011.

7 Wikileaks: Sarawak: National Front's »safe deposit« secure, US Embassy Cables, 09KUALALUMPUR886, 2. November 2009 (http://www.wikileaks.org/cable/2009/11/09KUALALUMPUR886.html).

8 Bruno Manser Fonds: Taib Timber Mafia, 2012.

9 Barui, Fraser: Continued timber supply vital for industry: Taib, in: Sarawak Tribune, 3. April 2001.

10 Wong, Jack: Two million ha target for oil palm achievable, in: The Star (Malaysia), 17. Januar 2013.
11 Ogilvy Ruekeith, Geryl: 6 mln ha of planted forest by 2020, in: The Borneo Post, 26. März 2013.
12 Morrison publizierte dazu drei Bildbände unter den Titeln Sarawak (1957), Life in a Longhouse (1962) und Vanishing World: The Ibans of Borneo (1972). Ihr fotografischer Nachlass wird von der Cornell University Library, Ithaca, New York verwaltet.
13 Bryan, Jane E. et al.: Extreme Differences in Forest Degradation in Borneo: Comparing Practices in Sarawak, Sabah, and Brunei, in: PLoS ONE 8 (2013), Issue 7, e69679.
14 Brown, Gordon: Fight for the Borneo rainforest: Gordon Brown celebrates the role of journalist Clare Rewcastle, in: The Independent, 10. März 2011.

01 FOLLOW THE MONEY

1 Clare Rewcastle publizierte einen großen Teil der Dokumente, die uns Ross Boyert aushändigte, sowie ein Video-Interview mit dem Whistleblower auf ihrem Blog Sarawak Report (www.sarawakreport.org). Ein Teil der Unterlagen wurde auch auf der »Stop Timber Corruption«-Kampagnenseite des Bruno Manser Fonds aufgeschaltet (www.stop-timber-corruption.org/resources).
2 Vor Boyerts Eintritt bei Sakti wurde ein Taib-Gebäude in San Francisco zwangsversteigert und eine 3-Millionen-Dollar-Investition musste abgeschrieben werden. Vgl. Brief von Ross Boyert an Taib Mahmud, 20. November 2006, Archiv des Bruno Manser Fonds (http://www.sarawakreport.org/2010/10/taib-handed-rockefeller-100-million-whistle blowers-letter).
3 Limjoco, Kevin C.: The Philippines' Lost Opportunity, in: The Bugatti Review, Volume 7, Issue 4 [undatiert, um 2007].
4 Ritchie, James: A wedding to remember, in: New Straits Times, 4. August 1991, S. 7.
5 O.Verf.: Sarawak CM's son may be charged for assault, in: Malaysiakini, 30. April 2003.
6 City-Data.com: Property valuation of California Street, San Francisco (http://www.city-data.com/san-francisco/C/California-Street-2.html).
7 San Francisco Superior Courts: Ross J Boyert vs. Sakti International Corporation, Inc., Case Number CGC-07-460255, 6. Februar 2007.
8 Webseite FBI Seattle: http://www.fbi.gov/seattle/about-us/what-we-investigate/priorities.
9 Ross Boyert, Agenda December 8, 1994, Boyert-Unterlagen, Archiv des Bruno Manser Fonds.
10 Murray and Murray Associates Inc., MG 28, III 117, Finding Aid, Library and Archives Canada.
11 The Ashburian, Yearbook of Ashbury College, 1982 (http://archive.org/details/ashburian198200ashb), S. 28.
12 Ebd., S. 41, 174.
13 Elmwood School, Report to the Community, 2010–2011, S. 24.
14 The Ashburian, Yearbook, 1982, S. 28.
15 Die 1987 gegründete Sakto Property Management Corporation wurde 1992 in Orchid Corporation und 1994 in City Gate International Corporation umbenannt. Industry Canada;

Ontario Ministry of Consumer and Commercial Relations.

16 Zur Sakto-Gruppe gehören neben der Sakto Development Corporation auch die 1997 gegründete Sakto Corporation, die Tower One Holding Corporation, die Tower Two Holding Corporation, die Adelaide Ottawa Corporation, die Sakto Management Services Corporation, die Preston Building Holding Corporation sowie die 1041229 Ontario Inc. Alle diese Gesellschaften werden von Jamilah Taib und Sean Murray geleitet. Industry Canada; Ontario Ministry of Consumer and Commercial Relations.

17 Der früheren Webseite von Sakto aus dem Jahr 2002 ist für 1983 zu entnehmen: »Incorporated in August 1983, Sakto acquired over 400 residential units.« http://web.archive.org/web/20020208104337/http://sakto.com/company.html; vgl. Rewcastle, Clare: Exclusive – Taib's Foreign Property Portfolio, in: Sarawak Report, 17. Juni 2010.

18 Das Gebäude in der 333 Preston Street wurde als Xerox-Turm bekannt (http://www.emporis.com/building/xeroxbuilding-ottawa-canada).

19 Sakto Development Corporation: Balance Sheet as at August 31, 1990, Mikrofiche-Sammlung Western Libraries, London, Ontario.

20 Sakto Development Corporation: Balance Sheet as at August 31, 1992, Mikrofiche-Sammlung Western Libraries, London, Ontario.

21 So erhielt Sakto 1996 ein Darlehen über 20 Millionen kanadische Dollar von der Taib-Familie und ihren Gesellschaften Richfold Investment Ltd in Hongkong und Sogo Holdings Ltd in Jersey. Land Registry Office, Ottawa: Charge/Mortgage of Land, PIN 04104-0298, 04104-0031 und 04104-0067, 19. August 1996.

22 Im September 2008 erneuerten Sakto Corporation und drei mit ihr verbundene Gesellschaften (Adelaide Ottawa Corporation, Tower Two Corporation und Tower One Corporation) bei Manulife neun Hypotheken mit einem Gesamtvolumen von mindesten 73 Millionen Dollar, von denen 60 Millionen Dollar zu einem jährlichen Zinssatz von 20 Prozent abgeschlossen wurden. Bei Redaktionsschluss war der Hintergrund dieser Transaktionen noch Gegenstand der Untersuchung durch den Bruno Manser Fonds. Land Registry Office, Ottawa: Dokumente Nr. OC903223, OC903234, OC903254, OC903263, OC903306, OC903317, OC903343, PIN 04104-0429 LT und 04104-0430 LT, 16. September 2008.

23 Vgl. Rewcastle, Clare: Taibs' Lucrative Links with Ontario Government, in: Sarawak Report, 18. Juni 2010.

24 Murray & Murray wurde 2003 von der IBI Group, einem weltweit tätigen Architekturkonzern mit 2900 Angestellten in 79 Staaten, übernommen.

25 Sarah Murray, Seans Schwester, ist mit dem Architekten Nicholas Caragianis verheiratet. Beide sind heute gemeinsam im Architekturbüro Nicholas Caragianis Inc. in Ottawa tätig, das u.a. die prunkvolle 10-Millionen-Dollar-Villa von Sean Murray und Jamilah Taib in Rockcliffe Park gebaut hat. Vgl. http://ncarchitect.ca.

26 Zur Geschichte der Familie von Laila Taib vgl. Kapitel 4. Abu-Bekir Chalecki heiratete

in Ottawa nochmals und starb dort 2004 im Alter von 90 Jahren. Vgl. o.Verf.: Haji Chalecki. In memoriam, in: The Ottawa Citizen, 11. März 2010.

27 2002 übernahm er das Präsidium von CMS. Cahya Mata Sarawak: Annual Report 1995, S. 5; ders.: Annual Report 2002, S. 27.

28 Utama Banking Group: Annual Report 2005, Profile of Directors, S. 3; Phang, Stephanie: RHB Chairman Fails to Win Central Bank Approval for 2nd Term, in: Bloomberg, 3. August 2005. Zur Übernahme der Utama Banking Group durch die Taibs in den Jahren 1991 bis 1993 vgl. Aeria, Andrew: Politics, Business, the State and Development in Sarawak 1970–2000, Ph.D. thesis, University of London, London 2002, S. 154f.

29 Action by Unanimous Written Consent of the Holders of all Outstanding Shares of Sakti International Holdings, Inc., 27. Oktober 2006, Boyert-Unterlagen, Archiv des Bruno Manser Fonds.

30 San Francisco Superior Courts: Ross J Boyert vs. Sakti International Corporation, Inc., Case Number CGC-07-460255, 6. Februar 2007.

31 O.Verf.: Trauer, Tränen und Tod. Piero Grasso, Italiens oberster Mafiajäger, im Gespräch mit Walter De Gregorio, in: Das Magazin 30&31 2010, S. 20.

02 DAS VERLORENE PARADIES

1 Interview des Autors mit Penan-Häuptling Along Sega, 8. Juli 2005. Ich danke Ian Mackenzie für seine kritischen Kommentare zu diesem Interview und zu den Ausführungen über die Penan in diesem Kapitel.

2 *Eugeissona utilis,* Familie der Palmengewächse *(Arecaceae)*. Neben *uvut* nutzen die Penan auch sechs weitere stärkehaltige Sagopalmen, darunter *jakah (Arenga undulatifolia)*.

3 *Antiaris toxicaria,* Familie der Maulbeergewächse *(Moraceae)*.

4 *Goniothalamus tapis,* Familie der Annonengewächse *(Annonaceae)*.

5 *Getimang* wurde von Bruno Manser in seinen Tagebüchern aus dem Regenwald als Antidot genannt. Ian Mackenzie traf auf verschiedene andere Pflanzen, welche die gleiche oder eine ähnliche Wirkung haben sollen. Mackenzie stellt infrage, ob dies über den Placeboeffekt hinaus wirklich zutrifft. Wissenschaftliche Untersuchungen dazu sind keine bekannt.

6 Vgl. Mackenzie, Ian: The Eagle Augurs War, unpublizierter Auszug aus: My Life as a Nomad, the Memoirs of Galanga Ayu.

7 Wallace, Alfred Russel: Der Malayische Archipel, Frankfurt 1983 (überarbeitet nach der deutschen Übersetzung von 1869), S. 36.

8 Ebd., S. 70.

9 Ebd., S. 55.

10 Ebd., S. 64.

11 *Rhacophorus nigropalmatus.*

12 Wallace, Alfred Russel: On the law which has regulated the introduction of new species, in: Annals and Magazine of Natural History for September 1855, zitiert nach: Webseite London Natural History Museum (http://www.nhm.ac.uk/nature-online/collections-at-the-museum/wallace-collection/closeup.jsp?itemID=138&theme=Evolution).

13 Wallace, Alfred Russel: Tropical Nature and

Other Essays, London 1878, S. 20f.

14 Hose, Charles: A Descriptive Account of the Mammals of Borneo, London 1893.

15 Vgl. Hose, Charles: The Pagan Tribes of Borneo, London 1966, 2 Bde.

16 Hose, Charles: Natural Man, London 1987, Einführung von Brian Durrans, S. VII.

17 Ebd., S. 39.

18 Hose, Charles: The Natives of Borneo, in: The Journal of the Anthropological Institute of Great Britain and Ireland 23 (1894), S. 156–172, hier S. 158.

19 Hose: Pagan Tribes, 1966, Bd. 2, S. 180.

20 Hose: Natives, 1894, S. 157f.

21 Ellingson, Ter: The myth of the noble savage, Berkeley 2001. Ein Vers aus Drydens Schauspiel The Conquest of Granada (1672) lautete: »I am as free as nature first made man, Ere the base laws of servitude began, When wild in woods the noble savage ran«, zitiert nach: Ellingson: Myth, 2001, S. 36.

22 Vgl. Rousseau, Jean-Jacques: Schriften zur Kulturkritik, eingeleitet, übersetzt und herausgegeben von Kurt Weigand, Hamburg 1983, S. 71, 79 und 89.

23 Harrisson, Tom et al. (Hgg.): Borneo Jungle. An account of the Oxford University Expedition of 1932, Singapore 1988.

24 Die von den Penan gejagten Wildschweine gehören zur Art *Sus barbatus* (Bartschwein).

25 Der kanadische Linguist und Penan-Forscher Ian Mackenzie weist darauf hin, dass Needhams Dissertation eigentlich ein einziger Beweis dafür war, dass es sich bei den westlichen Penan und den östlichen Penan um zwei verschiedene Völker handelte. Needham habe es aber verpasst, die Konsequenz aus seinen Beobachtungen zu ziehen.

26 Dieser Begriff wurde vom amerikanischen Anthropologen Peter Brosius geprägt.

27 Needham, Rodney: The Social Organisation of the Penan, a Southeast Asian People, Oxford 1955.

28 Needham an den Autor, 7. September 2006.

29 Die folgenden Abschnitte sowie die Zitate von Ian Mackenzie beziehen sich auf Gregg, Andrew: Die letzten Nomaden im Dschungel Borneos, Dokumentarfilm (53 min.), ARTE/CBC 2008, und auf ein Interview mit Ian Mackenzie in Basel.

03 DIE »WEISSEN RAJAS«

1 Runciman, Steven: The White Rajahs. A History of Sarawak from 1841 to 1946, Cambridge 2009 [Original 1960], S. 35–41.

2 Reece, R.H.W.: The Name of Brooke, The End of White Rajah Rule in Sarawak, Kuala Lumpur, Oxford 1982, S. 3.

3 Vgl. Transfer by Pangeran Muda Hassim of the Government of Sarawak, 1841; Appointment by Sultan of Brunei of James Brooke to Govern as His Representative, 1842, in: Reece: Name of Brooke, 1982, S. 284f.

4 Ebd., Geleitwort.

5 Hazis, Faisal S.: Domination and Contestation. Muslim Bumiputera Politics in Sarawak, Singapore 2012, S. 28.

6 Runciman: White Rajahs, 2009, S. 156.

7 Longhurst, Henry: The Borneo Story. The History of the First 100 Years of Trading in the Far East by the Borneo Company Limited, London 1956.

8 Reece: Name of Brooke, 1982, S. 7.

9 Zitiert nach: Ebd., S. 6.

10 Explizite Kritik am Imperialismus übte er in seinem 1907 erschienenen Pamphlet Queries,

Past, Present and Future.

11 Brooke, Anthony: The Facts about Sarawak, Bombay 1946, S. 32, zitiert nach: Reece: Name of Brooke, 1982, S. 7.

12 Der australische Historiker Bob Reece beurteilte diese wie folgt: »The justifiying myth of Brooke rule, as it had evolved by the end of the nineteenth century, was the idea of trusteeship – that Sarawak belonged to the people and that the Rajah exercised authority on their behalf and in their interests.« Reece: Name of Brooke, 1982, S. 11.

13 Ebd., S. 87; The Straits Times, 24. September 1941.

14 Gammans, Leonard David: Report by MP Sir Leonard David Gammans on his Parliamentary Mission to Sarawak, Juni 1946, S. 22f., Bodleian Library of Commonwealth and African Studies at Rhodes House, Oxford, Gammans papers, Mss. Pac. r. 10.

15 Ebd., S. 13.

16 Ebd., S. 23.

17 Reece: Name of Brooke, 1982, S. 98f.

18 Runciman: White Rajahs, 2009, S. 252f.

19 Ooi, Keat Gin: The Japanese Occupation of Borneo, 1941–1945, London 2011, S. 87–94.

20 Reece: Name of Brooke, 1982, S. 194.

21 Ebd., S. 200. Zur Ehrenrettung des betreffenden Datu Patinggi muss gesagt werden, dass er als einziger der bestochenen Datus später das Bestechungsgeld an den Staat Sarawak zurückzahlte. Bis zu seinem Tod im November 1946 war er die Symbolfigur des Widerstands gegen die Zession von Sarawak an die britische Krone.

22 Ebd., S. 236

23 Ebd., S. 221.

24 »We found everywhere affectionate loyalty for the Brooke rule and Rajah, whose personal and intimate form of government they understand and appreciate«. In: Gammans, Parliamentary Mission to Sarawak, 1946, S. 18.

25 Vgl. Reece: Name of Brooke, 1982, S. 267.

26 Ebd., S. 270.

27 Ebd., S. 276f.

28 Ein Nachruf erschien am 3. März 2011 in The New Zealand Herald und am 9. März 2011 in The Telegraph. Der von Anthonys Sohn James präsidierte Brooke Trust widmet sich heute der Erinnerung an die Brooke-Dynastie: www.brooketrust.org. Vgl. auch die Webseite von Gita und Anthony Brooke: http://www.angelfire.com/journal/brooke2000.

29 Ritchie, James: Temenggong Oyong Lawai Jau. A Paramount Chief in Borneo, Kuching 2006, S. 43.

30 Speech of Temonggong [sic] Oyong Lawai Jau, MBE, QMC, Januar 1962, S. 24, Bodleian Library of Commonwealth and African Studies at Rhodes House, Oxford, Mss s.109.

31 Ebd., S. 25.

32 Ebd.

33 Ebd., S. 26.

34 Statement by Penghulu Jok Ngau, Note on [Cobbold] Commission Hearing, Long Akah, 13. März 1962. The National Archives, London.

35 Report of the Commission of Enquiry, North Borneo and Sarawak, London 1962, S. 2.

36 Majid, Harun bin Abdul: The Brunei Rebellion: December 1962. The Popular Uprising (www.bruneiresources.com/pdf/nd06_harun.pdf); vgl. Morrison, Alastair: Fair Land Sarawak. Some Recollections of an Expatriate Official, Ithaca 1993, S. 141–143.

37 In einer geheimen Notiz an Kabinettssekretär Norman Brook unterstrich Premier Macmillan im

Juni 1962 die militärische Schwäche der Briten in Südostasien und räumte insbesondere der Übergabe der Sicherheitsprobleme in Singapur an einen neuen malaysischen Staat höchste Dringlichkeit ein. Prime Minister's personal minute, No.161/62, to Sir Norman Brook, 21. Juni 1962, The National Archives, London.

38 Ho Ah Chon: Datuk Stephen Kalong Ningkan (First Chief Minister of Sarawak), Kuching 1992, S. 1.

04 DER MACHIAVELLI VON SARAWAK

1 Aeria, Andrew: Politics, Business, the State and Development in Sarawak, 1970–2000. Ph.D. thesis, University of London, London 2002, S. 164. Die Abstammung Taibs von Setia Raja Tanai wird auch im Familienstammbaum hervorgehoben. Vgl. Siva Kumar G.: Taib. A Vision for Sarawak, Kuching 1991, S. XIV.

2 Kumar: Taib, 1991, S. 12.

3 Loussikian, Kylar: Student protest over Taib Mahmud Plaza in Adelaide, in: The Australian, 18. September 2013; o.Verf.: YAB Datuk Patinggi Tan Sri (Dr) Haji Abdul Taib bin Mahmud, in: The Colombo Plan for cooperative economic development in South and South East Asia 1951–2001. The Malaysian-Australian Perspective. A commemorative Volume to celebrate the 50th Anniversary of the Colombo Plan, Adelaide 2001, S. 29.

4 O.Verf.: New court honours Chief Minister, in: The Adelaidean, Dezember 2008 (http://www.adelaide.edu.au/adelaidean/issues/30821/news30825.html,).

5 Australian Securities and Investments Commission (ASIC): Dokumente zu Sitehost Pty Ltd, Australian Company Number 062312743, eingesehen am 25. März 2010.

6 Laila (bzw. Lejla) Chalecki (1941–2009) und ihre Eltern Abu-Bekir Chalecki (1914–2004) und Dzemila Chalecki (Chalecka) (1916–1952) trafen am 22./23. November 1949 mit einem von der International Refugee Organization (IRO) organisierten Flüchtlingstransport mit der *SS Oxfordshire* im Hafen von Adelaide ein. Das Schiff war in Neapel in See gestochen (http://www.immigrantships.net/v6/1900v6/oxfordshire19491123_01.html). Zur Familie Chalecki gibt es auch Unterlagen in den National Archives von Australien.

7 Zu den seit über 600 Jahren in Polen und Litauen lebenden Lipka-Tataren vgl. Šiaučiūnaitė-Verbickienė, Jurgita: The Tatars, in: Potašenko, Grigorijus (Hg.): The Peoples of the Grand Duchy of Lithuania, Vilnius 2002, S. 73–82.

8 Jakubauskas, Adas: Abu Bekiras Chaleckis (1914–2004), Nachruf, in: Lietuvos totorių bendruomenių sàjungos laikraðtis, Nr. 3 (74), 2004.

9 Lailas Mutter starb am 25. Februar 1952 im Royal Adelaide Hospital. Todesanzeige in: The Advertiser, Adelaide, 26. Februar 1952.

10 Zu Hijjas Kasturi als Colombo-Plan-Stipendiat vgl. National Archives of Australia, A 1501, A2839/1.

11 Vgl. Bild Nr. A 2840/1, Serie A 1501, National Archives of Australia.

12 Leigh, Michael B.: The Rising Moon. Political Change in Sarawak, Sydney 1974, S. 30f.

13 Tunku soll sich später beklagt haben, dass der von ihm politisch aufgebaute Rahman zu wenig loyal zu ihm war. Vgl. Kumar: Taib, 1991. S. 4.

14 Leigh: Rising Moon, 1974, S. 31.

15 Porritt, Vernon: British Colonial Rule in Sarawak, 1946–1963, Kuala Lumpur 1997, S. 45f.

16 Vgl. Morrison, Alastair: Fair Land Sarawak. Some recollections of an Expatriate Official, Ithaca 1993.

17 Ritchie, James: Abdul Taib Mahmud. 41 Years in the News, Kuching 2005, S. 15.

18 Interview mit einem Zeitzeugen, Kuching, September 2012.

19 Mohammad Tufail Bin Mahmud/Cik Hanifah Taib/Ritchie, James (Hrsg.): Responsible Brother, in: Happy Wedding Anniversary Abang Taib and Kak Laila, January 13, 1999, Kuching 1999.

20 Vgl. Morrison: Fair Land Sarawak, 1993, S. 147f.

21 Ho Ah Chon: Datuk Stephen Kalong Ningkan, First Chief Minister of Sarawak, Kuching 1992. Vgl. auch o.Verf.: Remembering Dad (Tan Sri Stephen Kalong Ningkan), in: The Borneo Post, 3. April 2010 (http://www.theborneopost.com/2010/04/03/remembering-dad-tan-sri-stephen-kalong-ningkan).

22 Kumar: Taib, 1991, S. 15.

23 Die Posten des State Secretary, Financial Secretary und des Attorney General waren durch britische Expatriates besetzt. Vgl. Leigh: Rising Moon, 1974, S. 83.

24 Ebd., S. 88–94.

25 Ho: Stephen Kalong Ningkan, 1992, S. 73.

26 Ritchie: Abdul Taib Mahmud, 2005, S. 34.

27 Sarawak Tribune, 4. Juli 1966, zitiert nach: Leigh: Rising Moon, 1974, S. 105.

28 Leigh: Rising Moon, 1974, S. 111.

29 So sagte Taib 1991 über Sli: »[He was] not tough enough to deal with a number of undercurrents he faced in Sarawak at the time.« Vgl. Kumar: Taib, 1991, S. 16.

30 Milne, R.S./Ratnam, K.J.: Malaysia – New States in a New Nation. Political Development of Sarawak and Sabah in Malaysia, London 1974, S. 345.

31 Ebd.

32 Sabah Times, 15. Juni 1967, zitiert nach: Milne/Ratnam: Malaysia, 1974, S. 317.

33 Brown, David Walter: Why Governments Fail to Capture Economic Rent: The Unofficial Appropriation of Rain Forest Rent by Rulers in Insular Southeast Asia Between 1970 and 1999, Ph.D. thesis, University of Washington, Washington, D.C. 2001, S. 302ff.

34 Ross, Michael L.: Timber Booms and Institutional Breakdown in Southeast Asia, Cambridge 2001, S. 64 und S. 71–80.

35 Milne/Ratnam: Malaysia, 1974, S. 318.

36 Vgl. Wong, James: The Price of Loyalty, Singapore 1983, S. 5.

37 Milne/Ratnam: Malaysia, 1974, S. 318; vgl. auch Leigh: Rising Moon, 1974, S. 116.

38 Kumar: Taib, 1991, S. 17.

39 Vanguard, 9. Oktober 1967, zitiert nach: Leigh: Rising Moon, 1974, S. 115.

40 Leigh: Rising Moon, 1974, S. 115.

41 Milne/Ratnam: Malaysia, 1974, S. 318 und 329; vgl. auch Leigh: Rising Moon, 1974.

42 Ritchie: Abdul Taib Mahmud, 2005, S. 55.

43 Kumar: Taib, 1991, Vorwort von Tunku Abdul Rahman Putra Al-Haj Bapa Malaysia, S. VII.

44 Vgl. Sarawak Tribune, 16. November 1969, zitiert nach: Leigh: Rising Moon, 1974, S. 132.

45 Das Ölfeld von Miri erreichte 1929 seine Produktionsspitze. Bis 1945 wurden fast 90 Prozent der totalen Ölfördermenge (80 Mio. Barrel) erreicht. 1972 wurde die Förderung eingestellt. Vgl. Wannier, Mario et al.: Geological Excursions around Miri, Sarawak, Miri 2011, S. 18.

46 Leigh: Rising Moon, 1974, S. 133.

47 Hazis, Faisal S.: Domination and Contestation. Muslim Bumiputera Politics in Sarawak, Singapore 2012, S. 92.

48 Ebd., S. 93.

49 Wee Chong Hui: Sabah and Sarawak in the Malaysian economy, Kuala Lumpur 1995, S. 43, zitiert nach: Hazis, Domination, 2012, S. 93. Der Wechselkurs Anfang 1980 lag bei 46 USD zu 100 MYR.

50 Die LNG-Anlage (Liquid Natural Gas) in Bintulu war ein Joint Venture zwischen PETRONAS, Shell und Mitsubishi. Produziert wurde vor allem für Japan. Vgl. Hills, Peter/Bowie, Paddy: China and Malaysia. Social and economic effects of petroleum development, Geneva 1987, S. 104.

05 BLASROHRE GEGEN BULLDOZER

1 Ontario Ministry of Consumer and Commercial Relations: Records on Sakto Development Corporation.

2 ICRIS CSC Companies Registry, The Government of the Hong Kong Special Administrative Region: Regent Star Company Ltd, Certificate of Incorporation, 22. November 1983.

3 Ders.: Regent Star Company Ltd., Annual Return 1984; ders.: Richfold Investment Ltd., Annual Return 1984.

4 Bruno Manser Fonds: The Taib Timber Mafia. Facts and Figures on Politically Exposed Persons (PEPs) from Sarawak, Malaysia, Basel 2012, S. 16f.

5 Baker, Mark: Tycoon dodges millions in land tax, in: The Age, 28. April 2013.

6 Sarawak Timber Industry Development Corporation, 1988, zitiert nach: Manser, Bruno: Stimmen aus dem Regenwald. Zeugnisse eines bedrohten Volkes, Bern 1992, S. 280.

7 Ross, Michael L.: Timber Booms and Institutional Breakdown in Southeast Asia, S. 146. Die Studie wird durch die FAO immer noch unter Verschluss gehalten und wurde dem Bruno Manser Fonds auf Anfrage nicht ausgehändigt.

8 Jomo, K.S. et al.: Deforesting Malaysia. The Political Economy and Social Ecology of Agricultural Expansion and Commercial Logging, London 2004, S. 172.

9 O.Verf.: Report Submitted to the International Tropical Timber Council by Mission Established Pursuant to Resolution I (VI). The Promotion of Sustainable Forest Management: A Case Study in Sarawak, Malaysia, Bali, 7. Mai 1990, S. 71.

10 Forest Department Sarawak: Log Production and Forest Revenue 2000–2012 (http://www.forestry.sarawak.gov.my/page.php?id=1030&menu_id=0&sub_id=28).

11 New Straits Times, 10. April 1987 und 12. April 1987, zitiert nach: Aeria, Andrew: Politics, Business, the State and Development in Sarawak, 1970–2000, Ph.D.

thesis, University of London, London 2002, S. 165 und S. 272–278.

12 Aeria: Politics, 2002, S. 165.

13 Faeh, Daniel: Development of Timber Tycoons in Sarawak. History and Company Profiles, Basel 2011.

14 James Wong durchlief eine abwechslungsreiche Karriere. Er war bereits 1963 Minister im ersten Sarawak-Kabinett, wurde später Mitglied des Bundesparlaments und war 1974 während kurzer Zeit parlamentarischer Oppositionsführer. Im Oktober 1974 wurde er wegen angeblicher Verschwörung verhaftet. Später wurde er rehabilitiert. Vgl. Wong, James Kim Min: The Price of Loyalty, Singapore 1983.

15 Interview mit Harrison Ngau Laing, Miri, 4. September 2012.

16 Dieser Protest ist auch beschrieben bei: Hong, Evelyne: Natives of Sarawak. Survival in Borneo's Vanishing Forests, Pulau Pinang 1987.

17 Manser: Stimmen, 1992, S. 263.

18 Zur »Operation Lalang« vgl. Wain, Barry: Malaysian Maverick. Mahathir Mohamad in Turbulent Times, London 2009, S. 65–67.

19 Zitiert nach: Suter, Ruedi: Bruno Manser. Die Stimme des Waldes, Bern 2005, S. 35f.

20 Manser, Bruno: Tagebücher aus dem Regenwald, Basel 2004, Tagebuch 12, S. 149.

21 Bökemeier, Rolf: Ihr habt die Welt – lasst uns den Wald!, in: GEO Nr. 10, Oktober 1986, S. 12–36; Suter: Manser, 2005, S. 147f.

22 Interview mit Roger Graf, Mitbegründer des Bruno Manser Fonds, in: Tong Tana, Zeitschrift des Bruno Manser Fonds, Dezember 2011.

23 Vgl. Suter: Manser, 2005, S. 133f. und 141f.

24 Hazis, Faisal S.: Domination and Contestation. Muslim Bumiputera Politics in Sarawak, Singapore 2012, S. 124.

25 Ebd., S. 132. Vgl. auch die etwas anders gelagerte Darstellung bei Leigh, Michael: Money Politics and Dayak Nationalism: The 1987 Sarawak State Election, in: Said, Muhammad Ikmal/Saravanamuttu, Johan (Hgg.): Images of Malaysia, Kuala Lumpur 1991.

26 Leigh: Money Politics, 1991, S. 191.

27 Ebd., S. 192.

28 Ebd., S. 194.

29 Ritchie, James: Sarawak. A Gentleman's Victory for Taib Mahmud, Petaling Jaya 1987.

30 Vgl. Jaffaruddin, Salleh: Pricking Conscience, unveröffentlichtes Manuskript, Kuala Lumpur 2011, insbesondere Kapitel 3 über die »Ming-Court-Affäre«.

31 Interview mit einem Freund von Rahman Ya'kub, September 2012.

32 Ujang, Azman: Truly memorable 80th birthday, in: The Star (Malaysia), 11. Januar 2008.

33 Interview mit Jürgen Blaser, Zollikofen, 21. September 2012.

34 Vgl. Blaser, Jürgen: ITTO Project Supervisory Mission: 1–9 March 2006 – PD 224/03: Transboundary Biodiversity Conservation: The Pulong Tau National Park, Sarawak State, Malaysia (http://www.tropicalforests.ch/PD_224_03.php).

35 Aeria: Politics, 2002, S. 169–174.

36 Ebd., S. 167.

37 Ebd., S. 170.

38 Ebd., S. 169.

39 Ebd., S. 173.

40 Ebd.

41 Ebd., S. 172.

42 Vgl. Mersat, Neilson Ilan: Politics and Business in Sarawak (1963–2004), Ph.D. thesis, Australian National

University, Canberra 2005.

43 Manser: Stimmen, 1992, S. 197.

44 Suter: Manser, 2005, S. 180.

45 Webseite Registry of Societies Malaysia: http://www.ros.gov.my.

46 Siang, Lim Kit: The re-arrest of Anderson Mutang Urud under the Emergency Ordinance after he was released on a court bail is a gross abuse of powers by the government and a blot on the human rights record of Malaysia, Stellungnahme des parlamentarischen Oppositionsführers Lim Kit Siang, 4. März 1992 (http://bibliotheca.limkitsiang.com/1992/03/04/the-rearrest-of-anderson-mutang-urud-under-the-emer%C2%ACgency-ordinance-after-he-was-released-on-a-court-bail-is-a-gross-abuse-of-powers-by-the-government-and-a-blot-on-the-human-rights-record-of-ma).

47 Dr. Mahathir Mohamad, Premierminister von Malaysia, an Bruno Manser, 3. März 1992. Archiv des Bruno Manser Fonds.

48 Davis, Wade/Mackenzie, Ian/Kennedy, Shane: Nomads of the Dawn. The Penan of the Borneo Rainforest, San Francisco 1995, S. 140.

49 Vgl. IDEAL (Institute for Development and Alternative Lifestyle): »Not Development, but Theft«. The testimony of Penan communities in Sarawak, Sibu 2000, S. 9.

50 Ebd., S. 46f.

51 Ebd., S. 43f.

52 Suter, Ruedi: Bruno Manser will sich in Malaysia stellen, in: Online Reports, 7. April 1998 (http://archiv.onlinereports.ch/1998/ManserMalaysia.htm).

53 Interview mit Roger Graf, Mitbegründer des Bruno Manser Fonds, in: Tong Tana, Dezember 2011.

54 Suter, Ruedi: Das unerklärliche Verschwinden von Bruno Manser, in: Online Reports, 19. November 2000 (http://archiv.onlinereports.ch/2000/ManserVermisst Hintergrund.htm).

55 Knechtli, Peter: »Der Erfolg in Sarawak ist unter Null«, in: Online Reports, 10. Mai 1999 (http://archiv.onlinereports.ch/1999/Manser Augenzeuge.htm).

56 Ich danke Franz Hohler für die Genehmigung zum Abdruck dieses Gedichtes.

06 BRUNO MANSERS ERBE

1 Bruno Manser Fonds (Hg.): Bruno Manser. Tagebücher aus dem Regenwald, Basel 2004.

2 Testament von Bruno Manser, 14. Februar 2000, Archiv des Bruno Manser Fonds, Basel.

3 Ende 1997 entschied der Supreme Court of Canada, dass die Delgamuukw in British Columbia ein Recht auf Landtitel und nicht nur Nutzungsrechte zum Fischen und Jagen etc. hatten. Der Fall wird als Wendepunkt in der Frage indigener Landrechte angesehen. Vgl. BC Treaty Commission: Delgamuukw. A Lay Person's Guide to Delgamuukw, Vancouver 1999 (www.bctreaty.net/files_3/pdf_documents/delgamuukw.pdf).

4 High Court (Kuching): Nor Anak Nyawai & Ors v Borneo Pulp Plantation Sdn Bhd & Ors, Suit No 22-28 OF 1999-I, in: Malayan Law Journal 6 (2001), S. 241–299.

5 O.Verf.: Justice Ian Chin tells of threats and indoctrination attempt, in: The Star (Malaysia), 11. Juni 2008.

6 Zwei Jahrzehnte später beurteilte ein internationales Expertengremium

die Absetzung von Salleh Abas als verfassungswidrig. Vgl. Surin, Jacqueline Ann: Eminent panel finds sacking of Salleh Abas and two others »unjustified« and »unconstitutional«, in: The Nutgraph, 29. August 2008.

7 O.Verf.: Sarawak doesn't recognise community mapping, in: New Straits Times, 4. November 2001.

8 Die UNDRIP (United Nations Declarations on the Rights of Indigenous Peoples) wurde nach langjährigen Verhandlungen am 13. September 2007 durch die UNO-Vollversammlung in New York verabschiedet (www.un.org/esa/socdev/unpfii/documents/DRIPS_en.pdf).

9 Bruno Manser Fonds: Report slams Sarawak logging on native lands, Medienmitteilung, 15. April 2010; Yong, Carol: Logging in Sarawak and the Rights of Sarawak's Indigenous Communities. A Report Produced for JOANGOHUTAN by IDEAL, April 2010.

10 O.Verf.: Ian Urquhart, 1919–2012, Nachruf, in: The Telegraph, 20. September 2012.

11 Urquhart, Ian Alexander Norfolk: Teknonyms of the Baram River, in: Sarawak Museum Journal VIII (1958), S. 383–393; ders.: Baram Teknonyms – II, in: Sarawak Museum Journal VIII (1958), S. 735–740; ders.: Some Sarawak Kinship Terms, in: Sarawak Museum Journal IX (1959), S. 33–46.

12 Ian Urquhart unterzeichnete Ende 2005 ein Affidavit zugunsten der Penan für einen Landrechtsfall. Eine Kopie des Affidavits befindet sich im Archiv des Bruno Manser Fonds.

13 Samling Global Limited: Samling Global Sets Record Straight on Long Benalih Issue, Medienmitteilung, 13. September 2007.

14 TK Bilong Oyoi and TK Kelesau Naan to Mr. Leongchin Cheun, Manager Kelesa Camp, 22. Juli 2007, Archiv des Bruno Manser Fonds, Basel.

15 O.Verf.: Discovery of the remains of Kelesau Na'an (deceased), Penan Community Report, Archiv des Bruno Manser Fonds, Basel.

16 Parry, Richard Lloyd: Jungle Tribal Leader Kelesau Naan Took on The Loggers. It May Have Cost Him His Life, in: The Times/The Times Online, 4. Januar 2008.

17 SUARAM: Circumstances surrounding late Long Kerong Headman's death require transparent and accountable Police probe, Medienmitteilung, 18. März 2008, Archiv des Bruno Manser Fonds.

18 Chiew, Hilary: Violated by loggers. Teenage schoolgirls have become the latest target of unscrupulous timber workers, in: The Star (Malaysia), 6. Oktober 2008.

19 Thien, Tony: Taib: Stop the ›lies‹ about Sarawak, in: Malaysiakini, 9. Oktober 2008.

20 Davidson, Desmond: Sarawak Deputy Chief Minister dismisses claims by Bruno Manser Fund, in: New Straits Times, 24. September 2008; Kiew, Philip: Jabu blames Bruno for Penans' backwardness, in: The Borneo Post, 11. Dezember 2008.

21 Devindran, Puvaneswary: Assemblyman questions credibility of Bruno Manser Foundation, in: The Borneo Post, 13. November 2008.

22 Companies Commission of Malaysia: Kristal Harta Sdn Bhd, Company No. 279832-U; ders.: Hanib Corporation Sdn Bhd., Company No. 482186-V; ders.: Tribune Press

Sdn. Bhd, Company N0. 719095-V, abgerufen im September 2011. Vgl. Bruno Manser Fonds: The Taib Timber Mafia. Facts and Figures on Politically Exposed Persons (PEPs) from Sarawak, Malaysia, Basel 2012, S. 32.

23 Companies Commission of Malaysia: Borneo Post Sdn Bhd, Company No. 35650-V, abgerufen am 15. September 2011. Großen Einfluss auf die Medien hat auch Holzbaron Tiong Hiew King, der Gründer von Rimbunan Hijau (siehe Kapitel 8). Seiner Media-Chinese-International-Gruppe gehören die chinesischsprachige malaysische Tageszeitung Sin Chew Daily sowie weitere Medien in Malaysia, China, Hongkong, Indonesien, Kanada und den USA. Vgl. Firmen-Webseite www.mediachinese group.com.

24 Im Dezember 2008 bedankte sich die Ministerin für einen Brief des Bruno Manser Fonds zum Thema. Andere malaysische Regierungsstellen beantworteten die Korrespondenz des Bruno Manser Fonds nicht. Vgl. Bruno Manser Fonds: Confidential Report for the Royal Malaysian Police, Sexual Investigation Unit, 28. November 2008; Ministry of Women, Family and Community Development an den Bruno Manser Fonds, 18. Dezember 2008.

25 Der Untersuchungsbericht der Regierung erschien einzig auf Malay unter dem Titel: Laporan jawatankuasa bertindak peringkat kebangsaan bagi menyiasat dakwaan penderaan seksual terhadap wanita kaum penan di Sarawak, September 2009.

26 Vgl. Yoong, Sean, The Associate Press: Malaysia gov't report: Loggers raped Borneo girls, in: The Washington Post online, 9. September 2009.

27 Penan Support Group/FORUM-ASIA/Asian Indigenous Women's Network: A Wider Context of Sexual Exploitation of Penan Women and Girls in Middle and Ulu Baram, Sarawak, Malaysia. An Independent Fact-Finding Mission Report by the Penan Support Group, FORUM-ASIA and Asian Indigenous Women's Network (AIWN), Petaling Jaya 2010.

28 Weisung von Chin That Thong, General Manager Syarikat Samling Timber Sdn Bhd, an alle Samling-Angestellten vom 9. Juli 2010. Archiv des Bruno Manser Fonds, Basel.

07 OFFSHORE-GESCHÄFTE

1 Schmid, Beat: Ökologen kritisieren CS, in: Sonntagszeitung, 11. März 2007.

2 Hong Kong Stock Exchange: Samling Global Limited, 23. Februar 2007.

3 Ders.: Samling Global Limited, IPO Allotment Results, 6. März 2007; Börse Berlin: Bekanntmachung betr. Delisting von Samling Global Ltd, 15. Juni 2012.

4 Hong Kong Stock Exchange: Samling Strategic Corporation und Samling Global Limited: Proposal to privatise Samling Global Limited, 30. April 2012.

5 Ministry of Finance: Three companies excluded from the Government Pension Fund Global, Medienmitteilung, 23. August 2010 (http://www.regjeringen.no/en/dep/fin/press-center/Press-releases/2010/three-companies-excluded-from-the-govern.html?id=612790).

6 Global Witness: In the future, there will be no forests left, London 2012, S. 3.

7 Rewcastle, Clare: Samling at ›Epicentre‹ of Sub-prime Crash!, in: Sarawak Report, 3. September 2010; vgl. auch die Webseiten von SunChase Holdings (http://www.sunchaseholdings.com/pages/featured_investments/national_land_fund.htm) und Mountainhouse (http://www.mountainhouse.net/development_team/trimark.php).

8 Rewcastle, Clare: $1 Dollar Mansion?, in: Sarawak Report, 25. August 2010.

9 Companies Commission Malaysia: Perdana ParkCity Sdn Bhd, 6. November 2012; ders.: Perkapalan Damai Timur Sdn Bhd, 4. Oktober 2011.

10 Diese Darstellung stützt sich auf Zeugenaussagen eines Whistleblowers (»Ling«) sowie auf dem Bruno Manser Fonds vorliegende Bankunterlagen der UBS.

11 Rewcastle, Clare: Malaysian Foreign Minister Named in MACC Investigation into Sabah Timber Corruption, in: Sarawak Report, 5. April 2012.

12 Vgl. die Strafanzeige des Bruno Manser Fonds bei der Staatsanwaltschaft III des Kantons Zürich gegen die UBS AG und gegen Unbekannt vom 25. Mai 2012, Archiv des Bruno Manser Fonds; vgl. Schätti, Guido: UBS im Korruptionsdschungel, in: SonntagsZeitung, 22. April 2012.

13 Schreiben der Schweizerischen Bundesanwaltschaft an Anwältin Monika Roth, 29. August 2012, Archiv des Bruno Manser Fonds.

14 Rewcastle, Clare: Barging Into Profit – The Chia Family Sue Yayasan Sabah for RM 84.4 million in Monopoly Row, in: Sarawak Report, 19. April 2012.

15 Chan, Tony: In Malaysia, Sarawak has a Cash Register on the Port, in: Malaysiakini, 14. November 2007.

16 Pereira Goncalves, Marilyne et al.: Justice for Forests. Improving Criminal Justice Efforts to Combat Illegal Logging, Studie der Weltbank, Washington, D.C. 2012, S. 1.

17 Rewcastle, Clare: »Hold on Trust For Aman« – More Devastating Evidence from The ICAC Investigation, in: Sarawak Report, 15. April 2012.

18 Schreiben der Deutschen Bank Privat- und Geschäftskunden AG, Duisburg, an den Bruno Manser Fonds, 8. Oktober 2004, Kündigung Konto Nr. (134) 1678556 00.

19 Schreiben der Deutschen Bank Privat- und Geschäftskunden AG, Qualitätsmanagement, an den Bruno Manser Fonds, 6. Januar 2005.

20 UBS Investment Bank: Sarawak Corporate Sukuk Inc., US$ 350,000,000 Trust Certificates due 2009, Emissionsprospekt, 17. Dezember 2004, S. 67.

21 O.Verf.: LFX market cap reaches USD 12 billion with the listing of Sarawak International Incorporated Notes, in: LFX News, Labuan, 4. August 2005.

22 UBS Investment Bank: Sarawak Corporate Sukuk Inc., US$ 350,000,000 Trust Certificates due 2009, Emissionsprospekt, 17. Dezember 2004. Die Anleihe erfolgte gemeinsam mit der UBS-Tochter Noriba in Bahrain, die 2006 voll in den Konzern integriert wurde. Vgl. UBS AG: UBS integriert Noriba in den Konzern, Medienmitteilung, 14. März 2006.

23 Goldman Sachs platzierte 2011 und 2012 je eine 800-Millionen-Dollar-Anleihe für die von der Sarawak-Regierung kontrollierten Unternehmen Equisar International und SSG Resources. Vgl. o.Verf.: Goldman flexes its muscle on rare Malaysian bond, in: IFR Asia 705, 9. Juli 2011; Rogers, Jonathan: Sarawak defies weak market, in: IFR Asia 766, 29. September 2012.

24 Wirz, Matt/Frangos, Alex: Goldman Sees Payoff in Malaysia Bet – Firm Has Pocketed Over $200 Million from Bond Deals, but Also Provided Fuel in a Political Fight, in: The Wall Street Journal, 1. Mai 2013; Wirz, Matt: Goldman and Malaysia: BFF From Way Back, in: The Wall Street Journal, 3. Mai 2013.

25 Thien, Tony: Sarawak CM defends state investment in troubled 1st Silicon, in: Malaysiakini, 16. Dezember 2004.

26 Tawie, Joseph: Bad investment leaves Sarawak RM2.5 billion poorer, in: Free Malaysia Today, 20. Oktober 2010.

27 Ders.: Where has RM11bil gone, Taib?, in: Free Malaysia Today, 2. Januar 2013; o.Verf.: We could have had more roads, schools, hospitals, in: Free Malaysia Today, 3. Januar 2013.

28 Democratic Action Party: Democratising Sarawak's Economy. Sarawak DAP's Alternative Budget 2010, Kuching 2009, S. 4.

29 Kar, Dev/Freitas, Sarah/Global Financial Integrity: Illicit Financial Flows From Developing Countries: 2001–2010, Washington, D.C. 2012, S. 16.

30 2012 waren dies Raymond Yeoh, Landeschef der Deutschen Bank Malaysia, Nilesh Navlanka von der Deutschen Bank Singapur sowie der Italo-Australier Luigi Fortunato Ghirardello, ehemals Asien-Pazifik-Finanzchef der Deutschen Bank in Singapur. Companies Commission Malaysia: Company file on K & N Kenanga Holdings Berhad, 8. September 2011; K & N Kenanga Holdings Berhad: Annual Report 2011.

31 Die Deutsche Bank hält über ihre Tochter Deutsche Asia Pacific Holdings direkt 27 Prozent an Kenanga Deutsche Futures Sdn Bhd. Weitere 10,4 Prozent hält sie über ihre Beteiligung an K & N Kenanga Holdings. Companies Commission of Malaysia: Company Records on Kenanga Deutsche Futures Sdn Bhd, eingesehen am 9. August 2011.

32 K & N Kenanga Holdings Berhad: Annual Report 2011, S. 13.

33 Ebd.

34 Ebd., S. 65.

35 San Francisco Superior Courts: Ross J. Boyert vs. Sakti International Corporation, Complaint by Ross J. Boyert, 6. Februar 2007, S. 3.

36 Sogo Holdings schloss am 31. Dezember 1995 ein Finanzierungsabkommen mit Sakto, Taibs Tochter Jamilah und weiteren Familienmitgliedern. Land Registry Office, Ottawa: Charge/Mortgage of Land, LT994559, 19. August 1996.

37 Jersey Companies Registry: Annual Return of Sogo Holdings Limited, Company No. 43148, made up to the 1st January 2013.

38 Bruno Manser Fonds: Geldwäschereibehörde ermittelt gegen Deutsche Bank, Medienmitteilung, 12. September 2011.

39 Schreiben von Hartmut Koschyk, Parlamentarischer Staatssekretär im Bundesministerium der Finanzen, an MdB Dr. Thomas Gambke,

8. März 2012, Archiv des Bruno Manser Fonds.

40 E-Mail der Deutschen Bank Privat- und Ge schäftskunden AG, Vertriebs Region Südbaden, an den Bruno Manser Fonds, 27. Mai 2013, Archiv des Bruno Manser Fonds.

41 Bruno Manser Fonds an Bundespräsidentin Micheline Calmy-Rey, 17. März 2011, Archiv des Bruno Manser Fonds.

42 Bundespräsidentin Micheline Calmy-Rey an den Bruno Manser Fonds, 8. April 2011, Archiv des Bruno Manser Fonds.

43 Ang Ngan Toh: Taib: I have no secret bank account, in: Malaysiakini, 22. Juni 2011.

44 Bernama: Taib under MACC probe, 9. Juni 2011.

45 Yatim, Hafiz: Taib is richest person in Malaysia, says Shahnaz, in: Malaysiakini, 2. Oktober 2012.

46 Shahnaz war im CMS-Direktorium von 1995 bis Januar 2004 Stellvertreterin von Taibs Bruder Onn Mahmud. Cahya Mata Sarawak: Annual Reports, 1995 bis 2004.

47 Ebd.

48 Motion Carlo Sommaruga und 21 Mitunterzeichnende für eine Blockierung der Taib-Potentatengelder in der Schweiz, Geschäft Nr. 12.4251, eingereicht im schweizerischen Nationalrat am 14. Dezember 2012.

49 Schweizerisches Strafgesetzbuch (StGB), Art. 72.

50 Medienmitteilung der Bundesanwaltschaft vom 24. September 2013; vgl. auch das Schreiben der Bundesanwaltschaft an Carlo Sommaruga und an den Bruno Manser Fonds vom 23. September 2013, Archiv des Bruno Manser Fonds, Basel.

08 SPUR DER ZERSTÖRUNG

1 Bruno Manser Fonds/Gesellschaft für bedrohte Völker: Credit Suisse soll Urwaldvölker mit 10 Millionen Dollar entschädigen, Medienmappe zur Pressekonferenz vom 3. Mai 2007 (http://www.bmf.ch/de/news/?show=51). Vgl. auch: Bulkan, Janette/Palmer, John: Lazy days at international banks: how Credit Suisse and HSBC support illegal logging and unsustainable timber harvesting by Samling/Barama in Guyana, and possible reforms, Report to Chatham House (Royal Institution for International Affairs, London), FLEGT update meeting, 10. Juli 2007 (http://www.illegal-logging.info/uploads/Samling_Barama.pdf).

2 Bericht von *toshao* David Wilson auf dem Treffen mit der Credit Suisse, Samling und einer NGO-Delegation in Zürich vom 3. Mai 2007; Wilson, David: Akawini Village calls for support to end »bad faith« agreement with Barama, Referat auf einer Medienkonferenz in Zürich, 3. Mai 2007.

3 Vgl. die Übersicht zu Guyana auf Wikipedia: http://de.wikipedia.org/wiki/Guyana.

4 Guyana Bureau of Statistics: 2002 Population and Housing Census, Guyana National Report (http://www.statisticsguyana.gov.gy/census.html).

5 Statement von Janette Bulkan auf dem Treffen mit der Credit Suisse, Samling und einer NGO-Delegation in Zürich vom 3. Mai 2007.

6 Bulkan, Janette/Palmer, John: Illegal logging by Asian-owned enterprises in Guyana, South America, Briefing paper for

Forest Trends' 2nd Potomac Forum on Illegal Logging & Associated Trade, Washington, D.C., 14. Februar 2008, S. 5.

7 Bulkan, Janette: Failures by Credit Suisse to implement its own commitments, Beitrag auf der Medienkonferenz des Bruno Manser Fonds und der Gesellschaft für bedrohte Völker in Zürich, 3. Mai 2007.

8 WWF: Barama and WWF to Influence Global Markets Through Responsible Forest Management in South America, Medienmitteilung, 27. März 2006.

9 O.Verf.: FSC audit of SGS leads to suspension of largest tropical forest logging certificate, in: FSC Watch, 18. Januar 2007 (http://www.fsc-watch.org/archives/2007/01/18/FSC_audit_of_SGS_leads_to_suspension_of_largest_tropical_logging_certificate).

10 Martin, Tusika: Akawini forces Barama to withdraw from concession, in: Kaieteur News, 30. Mai 2007.

11 Bruno Manser Fonds: Guyana's Head of State condemns Samling, Medienmitteilung, 19. Oktober 2007 (http://www.bmf.ch/en/news/?show=77).

12 Bulkan/Palmer: Illegal logging, 2008, S. 7.

13 Ebd., S. 8.

14 O.Verf.: WWF has »disconnected« from Barama, in: Stabroek News, 11. Januar 2009.

15 Zu Sarawak als »global hotspot of tropical deforestation« und zur Rolle der Holzkonzerne aus Sarawak vgl. Bryan, Jane et al.: Extreme Differences in Forest Degradation in Borneo: Comparing Practices in Sarawak, Sabah, and Brunei, in: PLoS ONE 8 (2013), Issue 7, e69679.

16 Global Witness: In the future, there will be no forest left, London 2012, S. 7.

17 Vgl. Webseite Rimbunan-Hijau-Gruppe: http://www.rhg.com.my.

18 Vgl. Karsenty, Alain: Overview of Industrial Forest Concessions and Concession-based Industry in Central and West Africa, Montpellier 2007.

19 Vgl. Forest Trends: Logging, Legality and Livelihoods in Papua New Guinea: Synthesis of Official Assessments of the Large-Scale Logging Industry, Vol. 1, 2006, S. 10f.

20 Vgl. Greenpeace: WTK and the Deni: A Malaysian logging giant and indigenous people in the Amazon, 2003.

21 O.Verf.: Malaysia's 40 Richest, in: Forbes, 2010 (http://www.forbes.com/lists/2010/84/malaysia-rich-10_Yaw-Teck-Seng-Yaw-Chee-Ming_GSVV.html); o.Verf.: Singapore's 40 Richest, in: Forbes, 2010 (http://www.forbes.com/lists/2010/79/singapore-10_Yaw-Chee-Siew_WX0Y.html); ebd. (http://www.forbes.com/lists/2012/84/malaysia-billionaires-12_Abdul-Hamed-Sepawi_N73D.html).

22 Bruno Manser Fonds: The Taib Timber Mafia. Facts and Figures on Politically Exposed Persons (PEPs) from Sarawak, Malaysia, Basel 2012.

23 Runciman, Steven: The White Rajahs, Cambridge 2009 [Original 1960], S. 208f.

24 Ebd.

25 O.Verf.: The great Foochow factor, in: New Straits Times, 21. März 2011. Die von Fuzhou-Chinesen geleiteten Unternehmen sind KTS, WTK, Rimbunan Hijau, Shin Yang und Ta Ann. Im Gegensatz dazu stammen die Eigentümer

von Samling, die Yaw-Familie, ursprünglich aus Kanton.

26 Webseite Rimbunan Hijau: http://www.rhg.com.my/about/early years.html.

27 James Wong schrieb nach seiner Freilassung ein Buch, in dem er über seine Erfahrung berichtete: James Wong Kim Min: The Price of Loyalty, Singapore 1983.

28 Dies schrieb Journalist SK Lau aus Sibu in seinem Mitte der 1990er-Jahre publizierten Manuskript »Immortal-Tiger-Dog«. Vgl. Brown, David Walter: Why Governments Fail to Capture Economic Rent: The Unofficial Appropriation of Rain Forest Rent by Rulers in Insular Southeast Asia Between 1970 and 1999, Ph.D. thesis, University of Washington, 2001, S. 160.

29 Ebd., S. 161–163.

30 Bei einer angenommenen Ernte von beispielsweise 80 Kubikmetern Holz pro Hektar und 120 US-Dollar Nettoertrag pro Kubikmeter (bei Kosten von ca. 80 USD/m^3) lässt sich aus der Nutzung von 1,5 Millionen Hektar Primärwald ein Gewinn von 14,4 Milliarden US-Dollar erwirtschaften.

31 Studwell, Joe: Asian Godfathers. Money and Power in Hong Kong & South-East Asia, London 2008, S. 50f.

32 Wong Meng Chuo an den Autor, 23. Januar 2013, Archiv des Bruno Manser Fonds.

33 Wallace, Alfred Russel: Der Malayische Archipel, Frankfurt 1983 (überarbeitet nach der deutschen Übersetzung von 1869), S. 402.

34 WWF: Final Frontier: Newly discovered species of New Guinea (1998–2008), WWF Western Melanesia Programme Office, 2011.

35 Barnett, Thomas E.: The Barnett report: a summary of the report of the Commission of Inquiry into aspects of the timber industry in Papua New Guinea, Asia-Pacific Action Group, 1990. Zur Situation heute vgl. Transparency International: Forest Governance Integrity Baseline Report Papua New Guinea, 2011.

36 Chin, James: Contemporary Chinese Community in Papua-New Guinea: Old Money versus New Migrants, in: Chinese Southern Diaspora Studies 2 (2008), S. 120f.

37 Greenpeace: Rimbunan Hijau Group: Thirty Years of Forest Plunder, Amsterdam 2006, S. 3.

38 Greenpeace: Partners in Crime. Malaysian loggers, timber markets and the politics of self-interest in Papua New Guinea, Amsterdam 2002.

39 Radio Australia: Big win against illegal logging in PNG, 27. Juni 2011 (http://www.radioaustralia.net.au/international/radio/onairhighlights/big-win-against-illegal-logging-in-png).

40 Greenpeace: Rimbunan Hijau, 2006, S. 4f.

41 World Bank: Weak Forest Governance Costs us over US$ 15 Billion a Year, News Release No 2007/86/SDN, 16. September 2006.

42 Greenpeace: Rimbunan Hijau, 2006, S. 4–7.

43 Vidal, John: Forest campaigners deplore knighthood for Asian logging magnate, in: The Guardian, 1. Juli 2009.

44 Webseite Rimbunan Hijau, Milestones – Overview: http://www.rhg.com.my/about/mstone.html.

45 Vgl. Karsenty: Overview, 2007, S. 45; Chatel, Bénédicte: Bois tropicaux et conflit sur

les terres: la Malaisie un exemple pour l'Afrique?, in: Les Afriques Nr. 185, 12. Januar 2012, S. 12.

46 International Union for Conservation of Nature (IUCN)/China Wood International Inc.: Scoping study of the China-Africa timber trading chain, Beijing 2009.

47 Vgl. Maass, Peter: Who's Africa's Worst Dictator?, in: Slate online magazine, 24. Juni 2008; United States State Department 2008 Human Rights Report: Equatorial Guinea (http://www.state.gov/j/drl/rls/hrrpt/2008/af/118999.htm).

48 O.Verf.: Teodorin Obiang, le fils gâté qui siphonne son pays, in: Courrier International, 12. April 2012. In einer spektakulären Aktion beschlagnahmte 2011 die französische Polizei verschiedene Luxuskarossen von »Teodorin« in Paris, nachdem französische NGOs eine Klage gegen Obiang eingereicht hatten. Harel, Xavier/Hofnung, Thomas: Le Scandale des biens mal acquis. Enquête sur les milliards volés de la françafrique, Paris 2011, S. 7–11.

49 2012 verklagte das US-Justizdepartment »Teodorin« Obiang und ließ seine Vermögenswerte in den USA beschlagnahmen. Vgl. US District Court for the Central District of California: United States of America vs. One White Crystal-Covered »Bad Tour« Glove and others, Second Amended Verified complaint for Forefeiture in rem, 11. Juni 2012.

50 Karsenty: Overview, 2007, S. 18.

51 Billard, Emeric: Nouveaux acteurs, vieilles habitudes. L'implantation des opérateurs forestiers asiatiques au Gabon à l'heure de la transition vers la gestion durable, Thèse pour obtenir le grade de docteur du Muséum national d'Histoire naturelle, Paris 2012, S. 43; Karsenty: Overview, 2007, S. 14f.

52 Canby, Kerstin et al.: Forest Products Trade Between China & Africa. An Analysis of Imports and Exports, Forest Trends and Global Timber, London 2008, S. 21–24.

53 Samling Global Limited: Global Offering, Global Coordinator: Credit Suisse (Hong Kong) Limited, Hong Kong, 23. Februar 2007, S. 115–121.

54 Brown: Governments, 2001.

55 Zu Samling in Kambodscha vgl. Global Witness: The Untouchables. Forest crimes and the concessionaires – can Cambodia afford to keep them?, Briefing Document, Dezember 1999, S. 10f.; ders.: Just Deserts for Cambodia, 1997.

56 Global Witness: Logging anarchy continues despite border closure, Medienmitteilung, 3. März 1997.

57 Vgl. Global Witness: Untouchables, 1999, S. 10f.

58 Global Witness: SL International guilty of illegal forest exploitation – official, Medienmitteilung, 23. Mai 1997.

59 Asian Development Bank Sustainable Forest Management Project: Cambodian Forest Concession Review Report, 2000.

60 Samling Global: Statement on Cambodia involvement, Mai 2007, Archiv des Bruno Manser Fonds.

61 Carter, Trixie: Logging company told to pack up and leave, in: Solomon Star, 29. Dezember 2009.

62 www.observertree.org.

63 http://www.taann.com.my/corporate-profile.

64 Ende 2011 hielt Sepawi 9,37 Prozent der Aktien

der Muttergesellschaft Ta Ann Holdings. Über indirekte Beteiligungen hielt er weitere 26,1 Prozent der Ta-Ann-Aktien. Ta Ann Holdings Berhad: Annual Report 2011, S. 213f.

65 Nachweislich benutzte Taib eine solche Konstruktion für seine US-Immobilien-Holding Sakti International (vgl. Kapitel 1). Dieselbe Vermutung gilt für Taibs Parteifreund Wahab Dolah, einen weiteren großen Ta-Ann-Aktionär.

66 Bruno Manser Fonds: Taib Timber Mafia, 2012, S. 24f.

67 Global Witness: Pandering to the loggers. Why WWF's Global Forest and Trade Network isn't working, Juli 2011, S. 8–11.

68 http://www.taann.com.my/bs-timber, http://www.taann.com.my/bs-oil-palm und http://www.taann.com.my/reforestation.

69 Huon Valley Environment Centre: Behind the Veneer: Forest Destruction and Ta Ann Tasmania's lies, September 2011, S. 10 und S. 25. In den ersten fünf Jahren erhielt Ta Ann Tasmanien direkte Subventionen aus Steuergeldern in der Höhe von 10,3 Millionen australischen Dollar (9,7 Mio. CHF). Dazu kommen indirekte Subventionen von 23 Millionen australischen Dollar (21,7 Mio. CHF) an eine staatseigene Betreibergesellschaft der Ta-Ann-Sägereien.

70 Clark, Nick: Ta Ann in $10m loss, in: The Mercury, 20. Juli 2013.

71 O.Verf.: Hydro Tasmania to Withdraw from Sarawak Dam-Building Program, in: Environment News Service, 5. Dezember 2012.

72 Burke, Tony/Crean, Simon/Ludwig, Joe: Supporting the Tasmanian Forestry Agreement: Joint media release by The Hon Tony Burke MP, The Hon Simon Crean MP und Senator the Hon Joe Ludwig, 31. Januar 2013.

73 http://observertree.org/2013/03/07/bushfire-forces-exit-from-observertree-mirandas-epic-tree-sit; Martin, Hannah: Miranda's epic tree-sit ends, in: The Mercury (Online-Ausgabe), 7. März 2013.

74 http://observertree.org/2013/06/24/media-release-the-world-celebrates-the-success-of-community-action-to-protect-forests; vgl. http://whc.unesco.org/en/list/181.

75 Greenpeace: Logging the Planet. Asian Companies marching across our last forest frontiers. Greenpeace submission to: External commission about foreign logging companies in the Amazon. An overview of Asian companies, in particular Malaysian companies, Mai 1997.

76 Ebd., S. 4–6.

77 Forests Monitor und World Rainforest Movement: High Stakes: The Need to Control Transnational Logging Companies, a Malaysian Case Study, August 1998.

78 Figueiredo Tautz, Carlos Sergio: The Asian Invasion. Asian Multinationals Come to the Amazon, in: The Multinational Monitor 18, 1997.

09 DIE GRÜNE WÜSTE

1 Vgl. Then, Stephen: Plantation workers nabbed for staging hijacking, robbery, in: The Star (Malaysia), 19. April 2009.

2 Fitzherbert, Emily B. et al.: How will oil palm expansion affect biodiversity?, in: Trends in Ecology and Evolution 23 (2008), S. 529–588.

3 Ebd.

4 In der Schweiz darf seit März 2008 pflanzliches Speiseöl nicht mehr als 2 Prozent Transfettsäuren enthalten. Auskunft des Bundesamtes für Gesundheit (BAG), 28. Mai 2013. Vgl. Migros-Genossenschafts-Bund: Migros: Gebäck mit weniger als 2 Prozent Transfettsäure, Medienmitteilung, 6. September 2007; Grämiger, Andreas: Ungesund und sehr gut versteckt, in: saldo 9/2004, 12. Mai 2004.

5 United States Department of Agriculture, Economic Research Service: World vegetable oils supply and distribution.

6 The Rainforest Foundation: Seeds of Destruction. Expansion of industrial oil palm in the Congo Basin. Potential impacts on forests and people, London 2013.

7 Fitzherbert et al.: Oil palm, 2008.

8 van Gelder, Jan Willem: Greasy palms – European buyers of Indonesian palm oil, Friends of the Earth, 2004.

9 Colchester, Marcus/Jalong, Thomas/Wong Meng Chuo: Sarawak: IOI Pelita and the community of Long Teran Kanan, Pre-Publication Text for Public Release, September 2012, S. 9–11.

10 Statement Baya Sigah von Long Teran Kanan, zitiert nach: Colchester/Jalong/Wong: Sarawak, 2012, S. 9.

11 O.Verf.: Malaysia's 40 Richest, in: Forbes 2012 (http://www.forbes.com/lists/2012/84/malaysia-billionaires-12_Lee-Shin-Cheng_HZCA.html).

12 Vgl. die RSPO-Webseite: http://www.rspo.org.

13 Stickler, Angus: Borneo tribes ›driven from land‹, in: BBC News (http://news.bbc.co.uk/2/hi/asia-pacific/8424156.stm).

14 Milieudefensie/Friends of the Earth International: Too Green to be True. IOI Corporation in Ketapang District, West Kalimantan, März 2010.

15 Roundtable on Sustainable Palm Oil RSPO: Announcement on IOI by RSPO Grievance Panel: Breach of RSPO Code of Conduct 2.3 & Certification Systems 4.2.4c, 5. April 2011 (http://www.rspo.org/news_details.php?nid=34&lang=1).

16 O.Verf.: IOI in talks to buy Achi Jaya for RM800mil to RM900mil, in: Malaysiakini, 17. April 2013.

17 Persönliche Mitteilung Matthias Diemer, Leiter der Abteilung Internationale Projekte beim WWF Schweiz, 13. März 2013.

18 Lian Pin Koh/Wilcove, David S.: Is oil palm agriculture really destroying tropical biodiversity?, in: Conservation Letter 1 (2008), S. 60–64.

19 Swiss-Impex: Import-Statistik der schweizerischen Oberzolldirektion, Zolltarifposition 1511, 2004 bis 2012.

20 Butler, Rhett A.: E.U. OKs biofuels produced from certified palm oil, in: mongabay.com, 28. November 2012.

21 Neste Oil Corporation: Neste Oil commits to using solely certified palm oil by the end of 2015, Medienmitteilung, 4. Juni 2009.

22 Allein die im November 2010 in Betrieb genommene Raffinerie in Singapur kostete 550 Millionen Euro. Vgl. Neste Oil Corporation: Singapore renewable diesel refinery (http://www.nesteoil.com/default.asp?path = 1,41, 537,2397,14090); ders.: Rotterdam renewable diesel refinery (http://www.nesteoil.com/default.asp?path=1,41, 537,2397,14089).

23 NESTE Oil Corporation: Annual Report 2012, S. 128.

24 Rainforest Foundation Norway: World's largest sovereign wealth fund divests from palm oil companies, Medienmitteilung, 15. März 2013.

25 Vgl. Rewcastle, Clare: We release the land grab data!, in: Sarawak Report, 19. März 2011.

26 Bruno Manser Fonds: Oil palm plantation land leased to Taib linked companies in Sarawak, 19. Januar 2012 (http://www.stop-timber-corruption.org/resources/Mapping_Taib_s_Land_Grabs___NEW_Blatt1_1.pdf); ders.: Summaries of Companies linked to Taib which have been leased palm oil land in Sarawak (http://www.stop-timber-corruption.org/resources/Companies_linked_to_Taib_which_have_been_leased_palm_oil.pdf).

27 Rewcastle, Clare: Deepening Scandal – Taib's Land Grabs Exposed!, in: Sarawak Report, 3. Dezember 2010 (http://www.sarawakreport.org/2010/12/deepening-scandal-taibs-land-grabs-exposed/).

28 Global Witness: Inside Malaysia's Shadow State, Film (16:25 Minuten), 2012 (http://www.malaysiashadowstate.org und http://www.youtube.com/watch?v=_1RRNggnM6A).

29 Ample Agro ist eine 100-prozentige Tochter von Sateras Holdings, die sechs Rahman-Töchtern gemeinsam gehört. Companies Commission of Malaysia: Ample Agro Sdn Bhd (Company Number 821926-T); ders.: Sateras Holdings Sdn Bhd (Company Number 67886-D), eingesehen am 19. März 2013.

30 http://www.malaysiashadowstate.org, Film, Minute 05:55.

31 Bruno Manser Fonds: Malaysian authorities urged to close Taib's land-grab firms, Medienmitteilung, 25. März 2013.

32 Bruno Manser Fonds: Sold Down the River. How Sarawak Dam Plans Compromise the Future of Malaysia's Indigenous Peoples, September 2012, S. 12.

33 Vgl. die offiziellen Webseiten der beiden Staudämme: www.bakundam.com.my und www.grande-dixence.ch.

34 Sovacool, Benjamin K./Bulan, L.C.: Meeting Targets, Missing People: The Energy Security Implications of the Sarawak Corridor of Renewable Energy (SCORE), in: Contemporary Southeast Asia 33 (2011), S. 56–58.

35 Bruno Manser Fonds: Leaked document details Sarawak's excessive hydropower plans, Medienmitteilung, Juni 2008 (http://www.bmf.ch/en/news/?show=101); Sarawak Energy: Hydropower Projects in Sarawak 2008–2020, China-ASEAN Power Corporation & Development Forum, 28.–29. Oktober 2007, Nanning, China.

36 Agence France Press (AFP): Malaysian government approves 700 kilometer undersea cable, 26. April 2009 (http://www.bmf.ch/en/news/?show=147).

37 Bruno Manser Fonds: Sold Down the River, 2012, S. 17 und 28.

38 Ders.: Complicit in Corruption. Taib Mahmud's Norwegian Power Man, Mai 2013, S. 16.

39 Ders.: Sarawak Dams to Flood 2300km^2 of Rainforests, Displace Tens of Thousands of Natives, Medienmitteilung, 17. Mai 2013 (http://www.bmf.ch/en/news/?show=344).

40 Wong, Jack: SEB plans another five power plants, in: The Star

(Malaysia), 18. Oktober 2012.

41 Vgl. den Prioritätssektor »Oil-based Industries« auf der offiziellen SCORE-Webseite: http://www.recoda.com.my/priority-sectors/oil-based-industries.

42 100 Prozent der Aktien von Sarawak Energy werden vom Finanzministerium von Sarawak gehalten. Companies Commission Malaysia: Sarawak Energy, 8. September 2011.

43 Bruno Manser Fonds: Sarawak Dams, 2013.

44 Sjøtveit, Torstein Dale: My Hometown, Rjukan, 16. April 2013 (http://sarawakenergy.wordpress.com/2013/04/16/my-hometown-rjukan).

45 Ders.: Sarawak Energy Torstein Dale Sjøtveit Long Wat Murum 4, 25. März 2013 (http://sarawakenergy.wordpress.com/2013/03/26/my-visit-to-long-wat/sarawak-energy-torstein-dale-sjotveit-long-wat-murum-4).

46 E-Mail von Torstein Dale Sjøtveit vom 14. Mai 2013, Archiv des Bruno Manser Fonds.

47 Sarawak Energy: Work Resumes at Murum Hydroelectric Plant, Medienmitteilung, 30. September 2013 (http://www.sarawakenergy.com/index.php/news-events-top/latest-news-events/latest-media-release/461-work-resumes-at-murum-hydroelectric-plant).

48 Ebd.

49 Bruno Manser Fonds: Complicit in Corruption, 2013.

50 The Sun Daily, 30. Oktober 2013.

51 E-Mail von Torstein Dale Sjøtveit an den Autor vom 6. Juni 2013.

52 O.Verf.: Torstein receives honorary ›Datuk‹, in: New Sarawak Tribune, 15. September 2013.

53 Zum Staatsbesuch von Albert II. vgl. Principauté de Monaco: H.S.H. Prince Albert II's visit to Asia, Medienmitteilung, April 2008 (http://www.presse.gouv.mc/304/wwwnew.nsf/1909$/40ba823445829043c125742d002c5e2egb?OpenDocument&2Gb); Rewcastle, Clare: Billions Abroad! – Questions about Taib's Contacts with Foreign Property Tycoons, in: Sarawak Report, 27. Januar 2011. Kallakis wurde von Albert II. im November 2008 geadelt und in den Ordre de Grimaldi aufgenommen.

54 Bowers, Simon: Bogus Mayfair property tycoon convicted of £750m fraud, in: The Guardian, 16. Januar 2013; Serious Fraud Office: Achilleas Kallakis and Alexander Williams jailed, Medienmitteilung, 17. Januar 2013.

55 Die Gentas waren unter anderem zu Gast auf der Hochzeit von Taib-Nichte Elia Geneid. O.Verf.: Elia's Wedding, in: The Star (Malaysia), 11. November 2007.

56 Islamic Fashion Festival 2010, Monaco, 9. August 2010 (http://www.youtube.com/watch?v=3O4nJuoh4_M). Evelyne Genta wurde 2011 vom malaysischen König mit dem Adelstitel »Datuk« ausgezeichnet.

57 Mills, Robyn: New court honours Chief Minister, in: The Adelaidean, Dezember 2008 (http://www.adelaide.edu.au/adelaidean/issues/30821/news30825.html).

58 Tawie, Joseph: Sarawak defying court on NCR, says PKR, in: Free Malaysia Today, 26. November 2012.

59 Friends of the Earth: Malaysian palm oil – green gold or green wash? A commentary on the sustainability claims of malaysia's palm oil lobby, with a special focus on the state of Sarawak, Oktober 2008, S. 38, 54f.

60 Bruno Manser Fonds: »Sarawak's natives

must stand up for their rights and fight for them«, Interview mit PKR-Präsident Baru Bian, Januar 2010 (http://www.bmf.ch/en/news/?show=193).

61 SAVE Rivers: About Sarawak Dams (http://www.savesarawakrivers.com/about-the-dams).

62 Vgl. dazu das Interview mit Peter Kallang in: Tong Tana, Zeitschrift des Bruno Manser Fonds, März 2012.

63 Environment News Service: Sarawak Native Leader Barred from Hydropower World Congress, 20. Mai 2013 (http://ens-newswire.com/2013/05/20/sarawak-native-leader-barred-from-hydropower-world-congress).

64 International Institute for Sustainable Development: Summary of the Fourth International Hydropower Association World Congress on advancing sustainable hydropower, 21.–24. Mai 2013 (http://www.iisd.ca/hydro/iha2013/html/crsvol139num10e.html).

65 Cheng, Lian: Group protests building of more mega dams, in: The Borneo Post, 23. Mai 2013 (http://www.theborneopost.com/2013/05/23/group-protests-building-of-more-mega-dams).

66 Vgl. die Webseite des Konferenzzentrums unter Board of Directors: http://www.bcck.com.my/about.

67 Agence France Presse: Outrage grows over scandal-tainted Malaysian leader, in: South China Morning Post, 23. Mai 2013.

10 RETTET DEN REGENWALD – STOPPT DIE KORRUPTION

1 Vgl. die Kampagnenwebseite http://www.stop-timber-corruption.org.

2 Die Sendung ist auf YouTube zugänglich unter: http://www.youtube.com/watch?v=JObNkSds3lA; vgl. auch die Webseite Global Television: http://globalnews.ca/news/185008/family-trees-2.

3 Bruno Manser Fonds: The Taib Timber Mafia. Facts and Figures on Politically Exposed Persons from Sarawak, Malaysia, Basel 2012. Vgl. dazu etwa: o.Verf.: Groundbreaking study details Taib's US$ 21 bil empire, in: Malaysiakini, 19. September 2012; Pushparani Thilaganthan: Taib is worth RM45b, believe it or not, in: Free Malaysia Today, 19. September 2012.

4 Vgl. www.sarawak-report.org und www.radiofreesarawak.org.

5 International Press Institute: IPI hands 2013 awards to two women journalists killed in Syria, independent Malaysian radio station, Medienmitteilung, 2. Mai 2013.

6 Malaysia belegt im internationalen Press Freedom Index den miserablen 145. Platz. Reporters without borders: Press Freedom Index 2013 (http://en.rsf.org/spip.php?page=classement&id_rubrique=1054).

7 O.Verf.: Taib Mahmud being investigated, says MACC, in: The Star (Malaysia), 9. Juni 2011.

8 Mullany, Gerry: Malaysia Denies Entry to Journalist, in: New York Times, 4. Juli 2013.

9 Vgl. o.Verf.: Masing's wife received millions in contracts, in: Free Malaysia Today, 13. März 2012.

10 Statement by Ketua Menteri Sarawak (Y.A.B. Pehin Sri Haji Abdul Taib bin Mahmud), Hansard of the Sarawak State Assembly, 29. Mai 2013.

11 Zur UNO-Deklaration über die Rechte indigener Völker vgl. http://undesadspd.org/IndigenousPeoples/DeclarationontheRightsofIndigenousPeoples.aspx.
12 Die NGO Malaysian Election Observers Network schätzte, dass 2010 rund 480 000 Wähler in Sarawak nicht registriert waren, davon 80 Prozent in den ländlichen Gebieten. E-Mail BK Ong, Malaysian Election Observers Network, an den Autor, 11. März 2011.
13 Vgl. http://treaties.un.org/Pages/ViewDetails.aspx?src=TREATY&mtdsg_no=IV-4&chapter=4&lang=en.
14 Roth, Monika: Aufsichtsrechtliche Vorgaben für Banken und Art. 102 StGB. Ein Diskussionsbeitrag zu den beiden Alstom-Entscheiden der Bundesanwaltschaft, in: Jusletter, 18. Juni 2012; dies.: Compliance darf weder Papiertiger noch lahme Ente sein. Zwei Alstom-Entscheide in der Schweiz, in: ZRFC 4/12, S. 174–179.
15 O.Verf.: Bundesanwaltschaft ermittelt gegen die UBS, in: Schweizer Radio DRS, 31. August 2012 (http://drs.srf.ch/www/de/drs/nachrichten/wirtschaft/359851.bundesanwaltschaft-ermittelt-gegen-die-ubs.html).
16 Übereinkommen der Vereinten Nationen gegen Korruption, Präambel, Systematische Rechtssammlung der Schweizerischen Eidgenossenschaft SR 0.311.56.
17 Übereinkommen der Vereinten Nationen gegen Korruption, Art. 17, 18, 19 und 20, Systematische Rechtssammlung der Schweizerischen Eidgenossenschaft SR 0.311.56.
18 Webseite FBI Field Office in Seattle, 10. Juni 2013: http://www.fbi.gov/seattle/about-us/what-we-investigate/priorities.
19 Rewcastle, Clare: Where is Farok Majeed and How Wealthy is Onn Mahmud?, in: Sarawak Report, 18. März 2011 (http://www.sarawakreport.org/2011/03/where-is-farok-majeed-and-how-wealthy-is-onn-mahmud).
20 Baker, Mark: Tycoon dodges millions in land tax, in: The Age, 28. April 2013 (http://www.theage.com.au/national/tycoon-dodges-millions-in-land-tax-20130427-2ilmn.html).
21 Kar, Dev/Freitas, Sarah: Illicit Financial Flows from Developing Countries 2001–2010, Global Financial Integrity, Dezember 2012.
22 IUCN Red List: Presbytis chrysomelas, 10. Juni 2013 (http://www.iucnredlist.org/details/39803/0).
23 SarVision: Impact of oil palm plantations on peatland conversion in Sarawak 2005–2010, Summary report, 25. Januar 2011, S. 11–13; vgl. Global Witness: Sarawak's Forests: Myths & Reality, Mai 2013.
24 Vgl. http://wwf.panda.org/what_we_do/where_we_work/borneo_forests/borneo_rainforest_conservation/declaration.cfm.
25 Aw, Nigel: MACC plays down Taib's 'naughty, dishonest' remark, in: Malaysiakini, 29. Juni 2013.
26 Schreiben des kanadischen Finanzministers James Flaherty an den Bruno Manser Fonds, 14. September 2011.
27 Schreiben der Royal Canadian Mounted Police an den Bruno Manser Fonds, 26. Juli 2011.
28 Australian Government, Department of Foreign Affairs and Trade an den Bruno Manser Fonds, 28. September 2011; Australian Federal Police

an den Bruno Manser Fonds, 28. Oktober 2011.

29 Foreign & Commonwealth Office an den Bruno Manser Fonds, 8. November 2011.

30 John Harris, Director General, Jersey Financial Services Commission, an den Bruno Manser Fonds, 6. Oktober 2011.

31 E-Mail von Sarah Merzbach, Bundesministerium der Finanzen, Referat VII A 3 (Zahlungsverkehr, Geldwäscheprävention)/ Abteilung VII, an den Bruno Manser Fonds, 5. September 2011.

32 Hartmut Koschyk, Parlamentarischer Staatssekretär, Bundesministerium der Finanzen, an MdB Dr. Thomas Gambke, 8. März 2012.

33 Vgl. die INTERPOL-Webseite zu Umweltverbrechen: http://www.interpol.int/Crime-areas/Environmental-crime/Environmental-Compliance-and-Enforcement-Committee/Pollution-Crime-Working-Group.

34 Schreiben des INTERPOL-Generalsekretariats, Office of Legal Affairs, an den Bruno Manser Fonds, 20. Dezember 2011.

35 Schreiben des Bruno Manser Fonds an die malaysische Antikorruptionsbehörde MACC, den Attorney General of Malaysia und den Inspector General of Police, 13. Dezember 2011 (http://www.stop-timber-corruption.org/resources/Taib_Arrest_Letter_1.pdf).

36 Pereira Goncalves, Marilyne et al.: Justice for Forests. Improving Criminal Justice Efforts to Combat Illegal Logging, World Bank Study, Washington, D.C. 2012, S. VII.

37 Aussage von David Higgins, Leiter des Environmental-Crime-Programms von INTERPOL, zitiert nach: Environment News Service: Interpol Arrests 194 in Illegal Logging Sting, 20. Februar 2013.

38 United Nations Office on Drugs and Crime: Transnational Organized Crime in East Asia and the Pacific. A Threat Assessment, April 2013.

39 INTERPOL: INTERPOL launches Project LEAF to combat illegal logging worldwide, Medienmitteilung, 5. Juni 2012 (http://www.interpol.int/News-and-media/News-media-releases/2012/N20120605Bis).

40 United Nations Office on Drugs and Crime: Transnational Organized Crime, 2013, S. 90.

41 Ebd., S. 95.

42 FERN: Forest Watch Special – VPA Update, November 2012, S. 4.

43 Zum FLEGT-Prozess der EU vgl. die hervorragende Themenwebseite des britischen Royal Institute of International Affairs (Chatham House): www.illegal-logging.info.

44 Vgl. ec.europa.eu/environment/eutr2013/index_de.htm.

45 Parliament of Australia: Illegal Logging Prohibition Bill 2012 (http://www.aph.gov.au/%20Parliamentary_Business/%20Bills_Legislation/%20Bills_Search_Results/%20Result?bId=r4740).

46 Shearman, Philip/Bryan, Jane/Laurance, William F.: Are we approaching ›peak timber‹ in the tropics?, in: Biological Conservation 151 (2012), 1, S. 17–21.

47 Poore, Duncan/Thang Hooi Chiew: Review of Progress towards the Year 2000 Objective, International Tropical Timber Council, November 2000.

48 Blaser, Jürgen et al.: Status of Tropical Forest Management 2011. ITTO Technical Series No 38. International

Tropical Timber Organization, Yokohama 2011; vgl. Staatssekretariat für Wirtschaft (SECO): Das globale Engagement zum Schutz des Tropenwaldes muss gesteigert werden, Medienmitteilung, 7. Juni 2011 (http://www.seco.admin.ch/aktuell/00277/01164/01980/index.html?lang=de&msg-id=39477).

49 Protokoll der ersten ordentlichen Generalversammlung des Bruno-Manser-Fonds (BMF) vom 7. Dezember 1991 in Les Pommerats. Archiv des Bruno Manser Fonds, Basel.

50 O.Verf.: 6 mln ha of planted forest by 2020, in: The Borneo Post. 26. März 2013.

FIRMEN UND ORGANISATIONEN

W

X

Z

PERSONEN

DIE REGIERUNGSCHEFS (CHIEF MINISTER) VON SARAWAK SEIT 1963

1963–1966:	Stephen Kalong Ningkan
1966–1970:	Tawi Sli
1970–1981:	Abdul Rahman Ya'kub
seit 1981	Abdul Taib Mahmud

Quelle: The official portal of the Sarawak Government, www.sarawak.gov.my

DIE PREMIERMINISTER VON MALAYSIA SEIT 1957:

1957–1970:	Tunku Abdul Rahman Putra Al-Haj (»Tunku«)
1970–1976:	Abdul Razak Hussein
1976–1981:	Hussein Onn
1981–2003:	Dr. Mahathir Mohamad
2003–2009:	Abdullah Ahmad Badawi
seit 2009:	Najib bin Tun Abdul Razak

Quelle: Prime Minister's Office of Malaysia, www.pmo.gov.my

SARAWAK-CHRONOLOGIE

UM 40 000 V. CHR
Menschliche Besiedlung der Niah-Höhlen in Sarawak

14. JH.
Erste urkundliche Erwähnung von »Serawak«

1841
James Brooke erlangt vom Sultan von Brunei die Regierungsgewalt als »Raja« von Sarawak

1855
Naturforscher Alfred Russel Wallace formuliert das »Sarawak-Gesetz« der Evolution

1868
Tod des ersten »weißen Rajas« James Brooke; Nachfolger wird sein Neffe Charles Brooke

1894
Kolonialoffizier Charles Hose beschreibt erstmals das Urwaldvolk der »Punan« (Penan) aus Sarawak

1917
Charles Vyner Brooke wird dritter Raja von Sarawak

1936
Taib Mahmud wird als ältestes von zehn Kindern eines Tischlers bei Miri geboren

1941
Japanische Truppen besetzen Sarawak

1946
Ein Jahr nach Ende des Zweiten Weltkriegs wird Sarawak zur britischen Kronkolonie

1951
Der spätere Oxford-Professor Rodney Needham beginnt mit seiner Dissertation über die Penan

1956
Taib Mahmud studiert Jurisprudenz an der Universität Adelaide

1957
Unabhängigkeit der Föderation Malaya (das heutige West-Malaysia) von britischer Kolonialherrschaft

1962
Taib Mahmud kehrt mit Ehefrau Laila Chalecki und Tochter Jamilah nach Sarawak zurück

1963
Sarawak wird Teil des neuen Staats Malaysia; Taib Mahmud wird Minister in Sarawak

1966
Stephen Kalong Ningkan, der erste Chief Minister von Sarawak, wird widerrechtlich des Amts enthoben

1966
Friedensvertrag zwischen Malaysia und Indonesien, Ende der dreijährigen Konfrontation zwischen den beiden Staaten

1968
Taib Mahmud beginnt seine Ministerkarriere in der malaysischen Bundesregierung

1969
Rassenunruhen in West-Malaysia; Sarawak-Chief-Minister Tawi Sli wird entmachtet

1970
Rahman Ya'kub, der Onkel von Taib Mahmud, wird Chief Minister von Sarawak

1980
Erster organisierter Protest von Indigenen gegen die Abholzung in Sarawak

1981
Taib Mahmud wird Chief Minister von Sarawak, sein Onkel übernimmt das Amt des Gouverneurs

1983
Onn Mahmud gründet in Kanada für seinen Bruder Taib die Immobilienfirma Sakto

1984
Bruno Manser trifft in Sarawak ein, um mit den Penan ohne Geld im Urwald zu leben

1985
Taib Mahmud schafft das Forstministerium ab und übernimmt die Zuständigkeit für alle Holz- und Plantagenkonzessionen

1986
Das deutsche Magazin *GEO* berichtet über Bruno Manser und den Widerstand der Penan gegen die Abholzung

1987
Gründung der Taib-Immobiliengesellschaft Sakti in Kalifornien

1987
Tausende von Indigenen protestieren mittels Straßenblockaden gegen die Holzindustrie

1987
Machtkampf zwischen Taib Mahmud und seinem Onkel (»Ming-Court-Affäre«)

1987
Verhaftung von über 100 Oppositionellen im Rahmen der »Operation Lalang« (»Operation Unkraut«)

1989
Über 4000 Indigene beteiligen sich an neuen Blockaden gegen die Abholzung

1990
Rückkehr von Bruno Manser in die Schweiz

1992
Indigenenanwalt Baru Bian eröffnet seine Kanzlei Messrs. Baru Bian in Kuching

1993
Die Taib-Familie beginnt mit dem »Reverse Takeover« des staatlichen Baukonzerns Cahya Mata Sarawak (CMS)

1993
300 Polizisten lösen die Penan-Blockade bei Long Sebatu unter Einsatz von Tränengas auf; ein Kind wird getötet

1994
Ross Boyert wird Direktor der Taib-Immobiliengesellschaft Sakti in den USA

1996
Gründung der Taib-Immobiliengesellschaft Ridgeford Properties in London

1997
Taib Mahmud lässt den von der Weltbank unterstützten Plan eines Biosphärenreservats für die Penan platzen

1998
Das FBI mietet sich im Taib-eigenen Abraham-Lincoln-Gebäude in Seattle ein

2000
Bruno Manser verschwindet spurlos im Regenwald von Sarawak

2001
Die Taib-Familie kauft für 1,8 Milliarden Ringgit (600 Mio. CHF) Malaysias viertgrößte Bank RHB

2001
Der High Court von Sarawak und Sabah spricht erstmals einer indigenen Gemeinde Landrechte über intakten Urwald zu

2004
Die UBS legt für das Taib-Regime eine Staatsanleihe von 350 Millionen US-Dollar auf

2005
Die Deutsche Bank legt für das Taib-Regime eine Staatsanleihe von 600 Millionen US-Dollar auf

2005
Das Zivilgericht Basel-Stadt erklärt Bruno Manser für verschollen

2006
Ross Boyert wird bei Sakti entlassen und durch Taib-Schwiegersohn Sean Murray ersetzt

2007
Credit Suisse bringt den malaysischen Holzkonzern Samling in Hongkong an die Börse

2008
Die Universität Adelaide benennt einen Platz auf ihrem Campus nach Taib Mahmud

2010
Taib Mahmud sagt auf einer Wahlveranstaltung: »Ich habe mehr Geld, als ich je in meinem Leben ausgeben kann.«

2011
Inbetriebnahme des Bakun-Staudamms, den Transparency International als ein »Monument der Korruption« bezeichnet

2011
Die malaysische Antikorruptionsbehörde MACC eröffnet eine Untersuchung gegen Taib Mahmud

2011
Goldman Sachs platziert auf dem Finanzmarkt eine erste Anleihe von 800 Millionen US-Dollar für das Taib-Regime

2012
Schweizer Strafverfahren gegen die UBS wegen Geldwäscherei von Korruptionserträgen aus Malaysia

2013
Radio Free Sarawak erhält den Free Media Pioneer Award des Internationalen Presseinstituts in Wien

2013
In Kuching protestieren Hunderte von Indigenen gegen die Wasserkraftpläne des Taib-Regimes